调味品工艺学

张艳荣　王大为　主编

科学出版社
北　京

内 容 简 介

全书共分七章，包括概论、咸味调味品、甜味调味品、酸味调味品、鲜味调味品、酒类调味品、香辛调味料。全书对调味品的历史、现状及发展，调味品的分类、特点，调味技术基本理论、生产工艺，调味品在食品加工及烹饪中的应用等方面进行了较为系统的介绍。

本书可作为高等院校食品专业教材，同时也可作为从事调味品生产的科研人员、生产技术人员的参考资料。

图书在版编目（CIP）数据

调味品工艺学/张艳荣，王大为主编. —北京：科学出版社，2008

ISBN 978-7-03-022893-2

Ⅰ. 调…　Ⅱ. ①张…②王…　Ⅲ. 调味品-生产工艺　Ⅳ. TS264

中国版本图书馆 CIP 数据核字（2008）第 135007 号

责任编辑：席　慧/责任校对：宋玲玲

责任印制：张　伟/封面设计：耕者设计工作室

科学出版社出版

北京东黄城根北街 16 号

邮政编码：100717

http://www.sciencep.com

北京虎彩文化传播有限公司印刷

科学出版社发行　各地新华书店经销

*

2008 年 9 月第　一　版　　开本：B5（720×1000）

2023 年 3 月第九次印刷　　印张：19

字数：358 000

定价：59.80 元

（如有印装质量问题，我社负责调换）

《调味品工艺学》编委会

主　编　张艳荣　王大为

编　委（按姓氏笔画排序）

王大为	吉林农业大学
邓开野	广州仲恺农业技术学院
朱　珠	吉林工商学院
吴淑清	长春大学
李润国	沈阳师范大学
张艳荣	吉林农业大学
张雁南	吉林工程技术师范学院
邱芳萍	长春工业大学
金立明	吉林农业科技学院
林松毅	吉林大学
周春田	内蒙古轻工业学院
董继生	哈尔滨商业大学

前　言

自古以来，食品就讲究色、香、味俱全，体现了人们对食品口味特征综合性与协调性的要求。调味品是食品加工或烹调中能够调整或调和食物口味的食品加工辅料或添加剂。

食品加工中运用各种调味品及调味方法调配食品口味是获得色、香、味、形、养的必需过程。“民以食为天，食以味为先”，我国大约在3600年前就有五味之说，即甘、咸、苦、辛、酸。从周代起，人们即已认识到饮食中调味与健康的密切关系以及调味品的医药用途，亦有因季节不同及时变换调味品烹调饮食的习惯。《周礼·天官·食医》记载“凡和，春多酸、夏多苦、秋多辛、冬多咸，调以滑甘。”2000年前，《尔雅·释名》中有“酱，将也，制饮食之毒，如将之平祸乱也。”孔子不但是一位思想家、政治家、教育家，还是一位养生学家、美食家，主张“食不厌精，脍不厌细”，告诫弟子的“八不食”之一“不得其酱，不食”，即指调味品不恰当的饮食不能食用。作为调味品的某些珍贵香料如豆蔻、胡椒、丁香等曾为古代贸易的主要获利来源，促进了欧洲海事的发展和文艺复兴。我国调味品具有悠久的历史，调味品的生产源远流长，可以说没有调味品、没有巧妙的调味技术，也就没有中国璀璨的饮食文化。据记载，开创我国烹调之先河的彭祖活八百余岁亦得益于其知食善味。在长达三千多年的历史过程中，我国劳动人们在原始调味料和酿造调味品的加工制作技术方面积累了丰富的经验，生产出许多具有特色的调味品。目前，调味品工业已成为食品工业的重要组成部分之一，调味品工业与人民生活紧密相关，随着食品工业的发展和餐饮业及方便食品的兴盛，调味品在生产工艺、品种、质量等方面都取得了较大进步，并逐步向营养、卫生、方便、适口和风味多样方向发展，使人们在消费过程中得到对美味的物质享受，在大块朵颐的同时心旷神怡、健身强体，充分体现饮食文化的物质与精神的双重内涵。

本书对调味品的历史现状及发展、调味品与调味技术、咸味调味品、甜味调味品、酸味调味品、鲜味调味品、酒类调味品、香辛调味料的历史变迁、基本理论、分类、特点、生产工艺、在食品加工及烹饪中应用等方面进行了介绍，为高等院校食品专业师生及从事调味品生产的科研人员、生产技术人员提供参考。旨在让读者了解与掌握国内外调味品工业的发展现状及趋势、系统掌握主要调味品的生产工艺与质量控制的相关理论与技术，借鉴国内外已成功应用于调味品生产领域的新成果、新技术，分析研究动态，使读者在调味品生产理论与新产品研发思路方面有较大的提高，为我国调味品工业的人才培养提供高水平的理论教材，促进我国调味品工业蓬勃发展。

本书的编撰借鉴了许多前辈及同仁的文献和书刊，特表谢意。由于调味品的研究开发及应用技术发展迅速，且作者掌握的资料数量及水平有限，书中难免有不当及遗漏之处，敬请读者不吝赐教。

张艳荣

2008年3月

目　　录

第一章　概　　论

第一节　调味品的概念及其分类

一、调味品的概念

调味品指在食品加工或烹调中能够调整或调和食物口味的食品加工辅料或添加剂。

调味品也称调料。调味品种类繁多，它不仅能赋予食品一定的滋味和气味，还能改善食品的质感和色泽。只有了解调味品的属性和调味原理，掌握调味品的应用方法、相互作用及使用量等，才能加工出色、香、味俱全的美味食品。

调味品工艺学的研究内容包括调味品的种类、分类，调味品有关质量标准、质量特点、口味特点，调味品的应用以及调味品生产的配方、工艺、设备及产品质量控制措施等。

二、调味品分类

（1）按来源分：动物性（鸡精）；植物性（芥末、八角、黑胡椒）；矿物性（食盐）；化学合成类。

（2）按状态分：液态；油态；粉状；糊状；膏状。

（3）按加工过程分：酿造类；腌渍类；果品蔬菜类；干品类；水产类；其他类。

（4）按味感分：咸味调味品；甜味调味品；酸味调味品；鲜味调味品；酒类调味品；辛香料调味品；复合及专用调味品。

（5）按人们的口味和习惯分为①单味调味品。如盐、糖、醋等。②基础调味品。如酱油、味精、黄酱、面酱、辣椒油等。③复合调味品。如番茄酱、辣椒酱、蛋黄酱、沙茶酱、烤肉酱、调味醋、蚝油等。

（6）按调味品的性质、来源等可将其分为化学调味料、复合调味料、核苷酸调味料、原始辛香调味料、天然调味料、酿造调味料和西式调味料等 8 类。

（7）按用途主要分为快餐调味料、复合调味料、方便食品调味料、西式调味料、膨化食品调味料、火锅调味料、海鲜品调味料及速冻食品调味料等。

第二节　调味品与调味的关系

一、味的概念、特征及分类

（一）味的概念

味是指人体味觉器官因食物成分对人口腔内的刺激而产生的感觉和反应。可理解为通常所说的口味，其基本表述为好吃或不好吃，味是食品的性质和特色，而口味则是对这一特性的感觉和反应。

（二）味的特征

人的口腔味觉器官对食品味的感觉受视觉、嗅觉、听觉、触觉的影响，尤其嗅觉对味觉的影响更直接、更大。食品气味因感觉器官的不同而分为香气和香味，香气是用鼻子嗅到的，香味则指在口内咀嚼时所感觉到的。视觉是指人们对食品形态、色泽和组织构成搭配的反应。触觉包括对食物的温度、软硬度、黏性、弹性及舌感等反应，对食品口味的影响亦很重要，越来越受到人们的重视。

（三）味的分类

（1）物理性味觉：是指人对食物的软硬度、黏度、冷热度、咀嚼感、口感、触感等物理因素或指标的感受。

例如，鲁菜中的五香肉干，具有一定的硬度和较强的耐咀嚼性；而元宵则柔软、黏糯，并具有一定的热度和咀嚼性等。

（2）化学性味觉：是指人对食物中所含化学物质的味觉和嗅觉的总体感受，如酸、甜、苦、辣、咸、鲜。

各国对化学性味觉的分类有较大差别，如中国有酸、甜、苦、辣、咸；日本有酸、甜、苦、咸、鲜（或辣）；欧美有酸、甜、苦、咸、金属味、碱味六种味觉；印度则有酸、甜、苦、辣、咸、涩味、淡味和不正常味八种味。目前世界上对味的分类一般是分为基本味和复合味。基本味又分为“四原味”和“五原味”。四原味是指由酸、甜、苦、咸组成的四种基本味，其他滋味都可由它们调配组合而成。五原味是指由酸、甜、苦、咸、鲜组成的五种基本味，其他滋味都可由它们调配组合而成。复合味是指由两种或两种以上含基本味的调味品混合后产生的味觉。这种味觉是十分复杂的，例如，糖与醋按不同比例混合，产生的复合效果差异极大。所以人们常说，单一味可数，复合味无穷。食品加工中正是利用复合味这一特点，调制出丰富多彩的各类食品与美味佳肴。

另外有关研究认为辣味是辣味成分刺激口腔黏膜、鼻腔黏膜、皮肤和三叉神经而引起的疼痛感觉；涩味则是触觉神经对口腔蛋白受到刺激后发生凝固产生的收敛感的反应，与甜、酸、咸、苦等不同，不应将其列为基本味。但由于辣和涩在饮食和食品调味中的重要性，目前普遍将其视为两种独立的味感。也有人把薄荷（包括薄荷醇）类的清凉感认为是一种味，而人们日常接触到的哈喇味、呕吐味、腐败味和尿味等异味有明显的反常性，不应属于食品的正常味，则不列入食品味觉的分类中。

(3) 心理味觉：是指食物的色泽、形状以及就餐环境、季节、风俗、生活习惯等因素对人的味觉而产生的可口与不可口的感觉。

例如，一盘美味佳肴最初给客人的感觉是其颜色，它对客人的口味、情绪、食欲有着重要影响，所以我国对菜点的评定有“色、香、味、形、器、养”几方面的品评要求与品评标准。

二、味的定量评价

在数量上对食品和呈味物质的味觉强度和味觉范围进行量度，以保证描述、对比和评价的客观和准确，常用的评价数据有阈值（CT）、等价浓度（PSE）、辨别阈（DL 或 JND）等，其中，应用最多的是阈值。

（一）阈值

阈值指可以感觉到特定味的最小浓度，是刺激的临界值或划分点。阈值是心理学和生理学的术语，获得感觉的差异必须达到最小刺激值。如感觉到食盐水咸味的浓度应达到0.2%以上，低于该数值则不能感觉到咸味，那么0.2%即是食盐水的阈值。但是由于个体差异特性及不同的测试条件，测试的阈值会稍有差别。一般来说，应有一定数量的有专业品评经验的人士参加评味，半数以上的人感到味的最小浓度（最低呈味浓度），即刺激反应的出现率达到50%的数值，称为该呈味物质的阈值。采用由品评小组品尝一系列以绩效差别递增浓度水溶液而确定的阈值称为绝对阈值或感觉阈值，这是一种对从无到有刺激的感觉。对给定刺激所需的最小量，称为差别阈值。能感觉到呈味物质的浓度变化的最小变化值，即能区别出的刺激差异，称为辨别阈，也称为差阈或最小可知差异。当一种呈味物质浓度较高时，能辨别的最小浓度变化量增大，即辨别阈有变得“较大”的现象；相反，辨别阈则感觉“较小”。不同的呈味物质浓度，其辨别阈不同，一般浓度越高或刺激越强，辨别阈就越大。当在某一浓度再增加也不能增加刺激强度时，则是最终阈值。可见，绝对阈值最小，而最终阈值最大，若没有特别说明阈值则都是指绝对阈值。几种常见物质的味的阈值见表 1-1，供参考。

表 1-1　几种物质的味的阈值

名称	味感	CT/%	
		25℃	0℃
蔗糖	甜	0.1	0.4
食盐	咸	0.05	0.25
柠檬酸	酸	2.5×10^{-3}	3.0×10^{-3}
硫酸奎宁	苦	1.0×10^{-4}	3.0×10^{-4}

（二）等价浓度（PSE）

在比较两种同类不同味质的呈味物质时，将对共同属性达到相同感觉时的浓度称之为等价浓度。例如，醋酸和柠檬酸都是酸味物质，但具有不同的味质，0.0188%（0.313×10^{-2}mol/L）的醋酸溶液在酸味强度上与0.0263%（0.125×10^{-2}mol/L）的柠檬酸溶液等同。

（三）香气值

1. 概念

香气值也称为芳香值、香味强度嗅感值。任何一种食品的嗅感风味，并不完全是由嗅感物质的浓度高低和阈值大小决定的。因为有些组分虽然在食品中的浓度高，但如果其阈值也大时，它对总的嗅感作用的贡献也就不会很大。嗅感物质浓度与其阈值之比值就是香气值，即

$$\text{香气值(FU)} = \text{嗅感物质浓度} / \text{阈值}$$

若食品中某嗅感物质的香气值小于1.0，说明这个食品中该嗅感物质没有嗅感，或者说嗅不到食品中该嗅感物质的气味。香气值越大，说明越有可能成为该体系的特征嗅感物质。

2. 评价术语

1）香型（type）

描述某一种香精或加香制品的整体香气类型或格调，如果香型、玫瑰型、茉莉型、木香型、古龙型等。

2）香韵（note）

香韵是用来描述某一种香料、香精或加香产品中带有某种香气韵调，而不是整体香气的特征。分为柔、刚、清、浊4种香韵。任何一种香料或香精的香气都含有这4种香韵，但每一种香料或香精，由于其所含各香韵的比例不同，形成醇、润、鲜、清、凉、幽、辛、干、宿、腻、温、圆12种香调。

3）香势（odor concentration）

亦称香气强度，是指香气本身的强弱程度，这种强度可以有定性的描述，也

可以用定量的评价（即阈值）。在稀释至万分之一时能嗅辨出称为特强，在稀释至千分之一时能嗅辨出称为强，在稀释至百分之一时能嗅辨出称为平，在稀释至十分之一时能嗅辨出称为弱，在不稀释时能嗅辨出称为微。香气是芳香成分在物理、化学上的质与量在空间和时间上的表现，所以在某一固定的质与量、某一固定的空间或时间所观察到香气现象，并不是其真正的香气全貌。有些香料冲淡后香气变强；有些香料在冲淡后香气显著减弱，使人易于高估它们的强度。

4）头香（topnote）

亦称顶香，是指嗅辨中最初时刻的香气印象，也就是首先能嗅感到的香气特征。头香一般是由香气扩散能力较强的芳香成分所产生，在香精中起头香作用的成分称为头香剂。

5）体香（bodynote）

亦称中段香韵，是香精的主体香气，代表香精最主要的香气特征。应在头香之后立即被嗅觉感到，并能在相当长的时间内保持稳定或一致。在香精中起体香作用的香料称为主香剂（base）。

6）基香（basicnote）

亦称尾香或底香，是香精的头香和体香挥发过后，留下的最后香气。一般是由挥发性较差的香料或定香剂所产生。在香精中起香基作用的香料称为定香剂（fixer）。

7）调和（blend）

是指将几种香料混合在一起，使香精的香气变得或者优美或者清新或者强烈或者微弱，并发出一种协调一致的香气，使香精的主剂更能发挥作用。在香精中起调和作用的香料称为调和剂或者协调剂（blender）。

8）修饰（modify）

是指用一种香料的香气去修饰另一种香料的香气，使香气变得别具风韵。在香精中起修饰作用的香料称为修饰剂或变调剂（modifier）。

9）香基（base）

亦称香精基，具有一定的香气特征或代表某种香型，是由数种香料组合而成的香精主剂。香基一般不在加香产品中直接使用，而是作为香精中的一种原料来使用。

三、风味

自古以来，食品就讲究色香味俱全，体现了人们对食品口味特征综合性与协调性的要求，进而出现了对食品风味的描述与要求。风味是指食物入口之后，人的味觉器官、嗅觉器官和触觉神经等对其的综合感觉。食品的风味是丰富多彩、变化万千的，同时每一种食品又具有明显的风格特征，使斑斓的食品世界中的每一成员之间存在差异，因而得以区分和利用。由于食品的风味是几种味综合作用的结果，目前尚无一个全面、完整而又严谨的分类方法，一般按照食品加工原料来源、加工方法及食品分类有水果风味、蔬菜风味、饮料风味、肉食风味、调味品风味、发酵风味、焙烤风味等说法，要求被评价食品风味纯正不得有异杂邪味。由于调味品品种繁多、包罗万象，调味品的应用往往对食物的风味起着至关重要的影响和作用，调味品在食品工业中的作用日益受到广泛的关注。

四、调味品的作用

（一）赋味

通过加入调味品可以使许多因原料本身无味或滋气味不良的产品被赋予优良的风味。

（二）除异矫味

可使许多带有不良气味的原料通过加入调味品调味后去除或矫正其不良气味。

（三）确定食品的口味

某些食品加入调味品后，可以赋予这种食品特定的味型。如甜香味型、麻辣味型等。

（四）增加食品的香气

食品中添加一定量的某种调味品后，可使食品中的某种香气进一步突出。

（五）赋予食品特殊的颜色

在食品中添加有颜色的调味品会赋予食品特殊的色泽，起到既调味又赋色的双重作用。

（六）添加营养成分

利用某种调味品对食物进行调味时，由于这种调味品中含有被调味食品中含量较少或易缺乏的营养物质，从而起到营养强化作用。

（七）食疗养生

选择具有保健功能的、国家相关规定允许加入到食品中的、药食兼用的某种调味品对食品进行调味，可起到食疗养生的作用。

（八）杀菌抑菌

许多调味品含有杀菌、抑菌成分，食品中加入此类调味品后，可有效延长此类食品的保质期。

（九）影响口感

某些调味品可影响食品的黏度、软硬度等物理性能，从而影响食品的口感。

五、调味与味型

（一）调味与味型的概念

（1）调味：是指在食品加工中运用各种调味品及调味方法调配食品口味的工艺过程。

（2）味型：是指经过添加调味品后，使食品呈现出独特味道的类型。

（二）调味的方法与要求

1. 调味的方法

（1）原料加热前进行调味。如肉制品在加热前进行腌制调味。

（2）原料加热过程中进行调味。如海产品可在油炸蒸煮过程中调味。

（3）原料加热后进行调味。如软饮料。这三种调味方法既可单独使用，也可交叉使用。如果调味料热稳定性好，可在加热前进行调味，由于调味品被加热杀菌或灭菌，对延长产品保质期有利。对于热敏性调味品可在加热后进行调味。

2. 调味的要求

（1）调味品的选择要恰当、适时。

（2）严格按照工艺要求进行调味。

（3）要根据季节、消费人群、食品种类的不同选择适当的调味品。如夏季气温高，人体盐分损失较大，食物可咸味重一些；随着年龄的增长，味觉衰退给饮食造成很大影响，老年人食品口味应有明显的风格特征，以提高食欲；每个人生活的环境差异很大，在饮食方面表现为对食物风味的嗜好性不同。

（4）根据原料性质的不同选择调味品。

（5）调味后的食品应风味纯正、自然或浓郁，不得有异、杂、邪味等不良滋气味。

（6）充分考虑温度对调味的影响。味觉与食品温度密切相关。食品与菜肴的美味，应该在一个合适的温度下，有最佳的表现。不同的食品，理想的品尝温度是不同的。以人体正常体温为依据，热菜的温度最好在 60～65℃，冷菜最好在

10℃左右，冷食则应在－4℃食用为好。如砂糖甜味的阈值在28℃左右是0.1%，而0℃时为0.4%；冰淇淋的最适食用温度为－6℃，若将冰淇淋融化后再吃，就会有太甜、太腻的感觉。因此食用温度不同，即使同一种调味料，其用量和调味技术亦不相同。

（三）常见的味型

(1) 甜香味型：由甜味和香味调味品调配而成，主要呈现甜味和香味，因甜味与香味比例的差别可分为甜味突出型和香味突出型。

(2) 咸鲜味型：由咸味和鲜味调味品调制而成，主要呈现咸味和鲜味，因咸味与鲜味比例的差别可分为咸味突出型和鲜味突出型。

(3) 咸辣味型：由咸味和辣味调味品调制而成，主要呈现咸味和辣味，因咸味与辣味比例的差别可分为咸味突出型和辣味突出型。

(4) 咸甜味型：由咸味和甜味调味品调制而成，主要呈现咸味和甜味，因咸味与甜味比例的差别可分为咸味突出型和甜味突出型。

(5) 咸香味型：由咸味和香味调味品调制而成，主要呈现咸味和香味，因咸味与香味比例的差别可分为咸味突出型和香味突出型。

(6) 酸甜味型：由酸味和甜味调味品调制而成，主要呈现酸味和甜味，因酸味与甜味比例的差别可分为酸味突出型和甜味突出型。

(7) 酸辣味型：由酸味和辣味调味品调制而成，主要呈现酸味和辣味，因酸味与辣味比例的差别可分为酸味突出型和辣味突出型。

(8) 香辣味型：由香味和辣味调味品调制而成，主要呈现辣味和香味，因香味与辣味比例的差别可分为香味突出型和辣味突出型。

(9) 麻辣味型：由麻味和辣味调味品调制而成，主要呈现麻味和辣味，因麻味与辣味比例的差别可分为麻味突出型和辣味突出型。

(10) 怪味味型：由酸甜、甜味、苦辣、辣味、咸味等调味品调制而成，主要呈现多味复合的特殊味型。

(11) 五香味型：由五香粉或多种香辛料配以咸味及其他调味品调制而成，主要呈现香辛料特有味感及咸鲜等味型。

(12) 各种香辛料味型：是以香辛料及咸味调味品等配制而成，具有独特香辛料气味及咸鲜味型。

在使用调味品配制不同味型时，因选用的调味品种类及其配比不同，人对其味感可有较大差异。例如，咸甜味可以分为甜进口、咸收口，咸主甜辅，微有甜味等多种。另外，调味品除极个别外，大多数本身就是多味组合体，如酱油，虽主味是咸，但还有鲜、甜、微苦等味。

（四）调味规律

（1）味的对比：将两种以上不同味道的调味品，按悬殊的比例混合使用，导致量大的那种调味品的味道特别突出，这种规律叫味的对比。

公式：主味＋A 子味＋B 子味＝主味突出及完美

（2）味的相乘：两味的相乘是将两种以上同一味道的成味物质混合使用，导致这种味道进一步加强的方式。

公式：主味×子味 A×子味 B＝主味积的扩大

（3）味的掩盖：是将两种以上味道明显不同的主味物质混合使用，导致各种主味物质味道均减弱的方式。

公式：主味＋子味＝主味完美

（4）味的转化（变味）：是将多种味道不同的风味物质混合使用，导致各种成味的本味均发生转变的调味方式。

公式：子味 A＋子味 B＋子味 C＋子味 D＝无主味。例如，怪味豆。

第三节 调味品的历史、现状及发展

一、调味品的历史

“民以食为天，食以味为先”，调味品是人们生活必需品。俗话说的“柴、米、油、盐、酱、醋、茶”这开门七件事中，除了柴、米两件事，其余五件都是调味品或与调味品有关，可见调味品在人们日常生活占有相当重要的地位。我国大约在 3600 年前就有五味之说，即甘、咸、苦、辛、酸。从周代起，人们即已认识到饮食中调味与健康的密切关系以及调味品的医药用途，亦有因季节不同及时变换调味品烹调饮食的习惯。《周礼·天官·食医》：“凡和，春多酸、夏多苦、秋多辛、冬多咸，调以滑甘。”2000 年前，《尔雅·释名》中有：“酱，将也，制饮食之毒，如将之平祸乱也。”孔子不仅是一位思想家、政治家、教育家，还是一位养生学家、美食家。在当时的历史条件下，孔子能享年 73 岁与他“心胸开阔以养性”、“饮食讲究以养生”有密切关系。他主张“食不厌精，脍不厌细”，就是指饭食一定要做得精细，讲究卫生、保证营养。《论语·乡党篇》记载孔子有八不食：“鱼馁而肉败，不食。色恶，不食。臭恶，不食。失饪，不食。不时，不食。割不正，不食。不得其酱，不食。”这里的“失饪”即指烹饪得不好，“不得其酱”即指调味品不恰当。明朝李时珍认为“不得其酱不食，亦兼取其杀饮食百药之毒也”。唐朝孙思邈《千金方》载：“獭狗啮人，豆酱清涂之。手足指掣痛，酱清和蜜温涂之。”胡椒除用作调味品外，还是常用中药之一，《本草纲目》言其“大辛热，纯阳之物，肠胃寒湿者宜之”。《新修本草》言其“下气，温中去痰，除脏腑中风冷”。《本草求真》言其“比之蜀椒，其热更甚。凡因火衰寒入，痰食内滞，肠滑冷痢及阴毒腹痛，胃寒吐水，牙齿浮热作痛者，治皆有效。以其寒气既除而病自愈也”。作为调味品的某些珍贵香料如豆蔻、胡椒、丁香等曾为古代贸易的主要获利来源。据记载，当时北欧上流社会人士食用大量的肉食，若没有胡椒调味，这种肉食乏味难咽，而且胡椒还具有一定的防腐作用。欧洲历史上，罗马的沦陷、十字军东征、美洲的发现等重大历史性事件，无不弥漫着胡椒的刺激性气味。中世纪时，一场场胡椒贸易大战曾在威尼斯人、西班牙人、葡萄牙人、荷兰人、英国人和法国人之间展开。1492 年哥伦布航海的目的之一就是为了胡椒去寻找“出产香料的印度群岛”。他第二次航海时，还带了植物学家，以便找到胡椒这种神奇而昂贵的调味植物。1519 年 9 月麦哲伦的航海探险亦包括寻找胡椒。在古代，控制胡椒生意的阿拉伯人曾对罗马人说，胡椒只能生长在由龙看守着的瀑布下面；威尼斯的商人曾编造出胡椒是从天上摘下来的神话，把胡椒称作“天堂的种子”。

调味品的生产和使用在我国具有悠久的历史，调味品的生产源远流长，可以说没有调味品、没有巧妙的调味技术，也就没有中国璀璨的饮食文化。据记载开创我国烹调之先河的是彭祖（名彭铿），他被称为中国烹饪之鼻祖，为使帝颛顼之孙，自尧历夏至殷末，活八百余岁。尧当时“太羹不和，粢食不足，藜藿之羹，饭于土簋 ”，他烹制了“雉羹”（至今 4330 年有余），尧食后，不但尽赏美味，尚得“延年”。另外早在《周礼》中就记有六牲八珍的美宴。儒家代表孔夫子是著名的美食专家，他通过实践总结的“食不厌精”、“脍不厌细”之说，也是现代的美食高论，他不吃不新鲜的食物，而且十分讲究刀法，讲究调料，讲究佐料搭配，以获得极佳的味道。《吕氏春秋·本味篇》是成书于战国末期的中国第一部烹饪专著，亦即世界首创，其所述“和之美者，阳朴之姜、招摇之桂、越骆之菌、大夏之盐、宰揭之露，其色如玉”中的“和”即指调味技艺，还记载了伊尹“调五味为相”的典故，伊尹首先用甘、酸、苦、辛、咸五种调味品来烹制菜肴。有一次他用一只大雁精心制作了一道美味的“鹄羹”，商汤品尝后异常高兴，便把其叫去探问缘故，伊尹先讲了做菜既不能太咸，也不能太淡，只有选料好、调味得当、火候得当，菜肴的滋味才能最佳等道理。并用做菜的道理来比喻治理国家，既不能过急，也不能松弛懈怠，只有恰到好处，才能把事情办好。商汤听后大悦，随后便解除伊尹的奴隶身份，委以宰相之职。

从古至今，我国烹调经过漫长的发展，形成具有地方特色的众多菜系，如浓郁的鲁菜、麻辣的川菜、鲜美的粤菜及清淡的苏菜等菜系，不仅使中餐多滋多味、丰富多彩，并已走出国门，几乎使全世界的人品尝到中国菜的风味。但是菜肴的制作离不开调味品及调味技术，没有多种多样的调味品，就没有中餐的丰富多彩与千变万化。但是由于漫长的封建社会束缚了生产力的发展，致使调味品行业长期停留在古老的自然发酵阶段。直到20世纪40年代，全国除上海、天津、北京、济南、青岛和东北几家属于私人资本经营的调味品工厂外，绝大部分作坊仍以传统方式从事手工作业。新中国成立初期，调味品的生产和经营大多数是一家一户的小作坊。1956年，在调味品行业实行公私合营的同时，商业部中国蔬菜食品杂货公司为维护消费者利益，召开了全国调味品经营工作会议，提出“发展生产，保证供应，稳定价格”的方针和“以地产地销为主，外地调剂为辅”的发展方向，1975年全国调味品工作会议后，在全国范围内牵头建立了东北、华北、西北、华东、中南和西南六个调味品技术协作区，广泛开展技术交流、技术协作和各种培训活动，有力地促进了调味品行业的技术进步，为调味品行业培养了一大批技术骨干和管理人才。组建了全国、地区、省市、企业四级科技情报网，成立了全国调味品科技情报中心站，成为我国调味品行业传播信息、交流管理经验、推广国内外先进技术的中心。该中心主办的《中国调味品》杂志，在国内外公开发行，为行业和企业发展提供了第一手资料，成为我国调味品行业具有权威性的科技刊物。1978年商业部、轻工业部、全国供销合作总社和卫生部联合发布《酱油、食醋、酱类质量标准和卫生标准》，这是我国调味品行业有史以来首次制定的质量标准，为鉴定调味品质量卫生标准提供了依据，对提高我国调味品的质量、发展传统名特产品和开发新产品起到了较大的促进作用。中共十一届三中全会以后，国家把发展调味品生产摆到了重要位置，确定调味品工业必须有一个较快的发展，以适应人民生活水平日益提高的需要。1979年，商业部召开了第二次全国调味品工作会议，制定了1979～1985年《全国调味品、副食产品科技发展规划》，在提出对老企业挖潜、革新、改造和开展调味品科技研究的同时，建议在大、中城市商业局领导下设立调味品专业公司，如酿造公司，对加强调味品生产的行业管理起到了重要作用。1980年根据调味品行业发展的实际情况，商业部、卫生部和全国供销合作总社联合发布《豆制品、酱腌菜质量、卫生标准和检验方法》，从而使酱腌菜在生产、质量监督等方面有了切实可行的依据，调味品行业标准得以完善和提高。1982年，国务院向各省、自治区、直辖市人民政府批准了中国食品工业协会、商业部《关于大力发展调味品生产的报告》，对商办工业的发展重点，实行的扶持政策等问题做了明确规定，决定对“专门生产酱油、醋、豆制品、腌腊制品、酱、酱腌菜”等加工企业减半征收所得税。1986年，为适应调味品行业发展的要求，部分省市的调味品公司在自愿、平等、互利、互助的基础上，自发组建了“全国副食调味品展销联合会”，在促进交流、沟通信息、联产联销活动方面做了大量工作，取得了较大成绩。根据调味品工业的发展情况，商业部于1987年以来会同轻工部、卫生部和中华全国供销合作总社，制定了酱油、食醋、酱类和酱腌菜的分类行业标准，包括基础标准、质量标准和检验规则等，卫生部于1991年修订了《调味品卫生管理办法》，为加强调味品行业产销的管理奠定了进一步的基础。1994 年，原国内贸易部工业司与中国微生物学会联合举办了“全国酸水解液生产技术研讨会”，本着“百花齐放、百家争鸣”的方针，提出了我国酱油工业的发展方向和对“酸水解液”加强生产管理的若干意见，以规范市场行为。通过全国调味品科研工作者及生产企业的辛勤劳动、努力工作，在产品产量、质量、品种、工艺、技术改造、效益等方面都取得了可喜的成绩。同时随着食品工业的发展和餐饮业及方便食品的兴盛，促进了调味品工艺改进，品种增加、质量提高，并使其逐步向营养、卫生、方便、适口和多元化方向发展。

二、调味品工业的现状

调味品工业是食品工业的重要组成部分之一。调味品工业与人民生活紧密相关，我国是具有悠久饮食文化传统的文明古国，在长达三千多年的历史过程中，劳动人们在原始调味料和酿造调味品的加工制作技术方面积累了丰富的经验，生产出许多具有特色的调味品。后来又将其传至东南亚各国，成为当地重要的调味品。我国调味品的生产经过几千年的发展，造就了不少脍炙人口的传统调料名品，如山西陈醋、镇江香醋、王致和腐乳、四川榨菜、绍兴料酒、扬州酱菜、北京六必居酱菜、四川郫县豆瓣、广州阳江豆豉、徐州万通酱油等，而且调味品的生产也由传统的家庭型、作坊型，发展到今天的规模化、工业化生产。近年来随着生活水平的提高，人们对调味品的品种和质量的要求也越来越高。调味品的生产和经营出现了空前的繁荣和兴旺，调味品产量呈持续增长局面，总产量已超过 1000 万 t，成为食品行业中新的经济增长点。中国调味品、发酵制品制造行业的工业总产值、累计产品销售收入等经济指标的增长速度保持 10%以上，调味品行业近年销售收入 2003 年为 380 亿元、2004 年 590 亿元、2005 年 614 亿元。2006 年全国调味品、发酵制品制造实现工业总产值 722.47 亿元、产品销售收入 686.47 亿元、利润总额为 50.6 亿元。2007 年全国调味品、发酵制品制造实现工业总产值实现总产值 914 亿元，同比增长 27.9%；产品销售收入 775.44 亿元，同比增长 30.42%；利润总额为 44.38 亿元，同比增长 8.34%。2008 年，随着食品业和餐饮业的发展，调味品、发酵制品行业将会在现有基础上有更快的发展。中国调味品市场经过几轮的行业整合和国内、国际资本整合之后，已经从一个相对滞后的行业大跨越地转型为激烈的市场竞争行业。随着消费的不断升级，调味品表现出向高档化发展的趋势，中高档调味品市场容量在进一步扩大，品牌产品的市场份额进一步提高。国家对调味品行业的不断规范，使得门槛逐步提高，加上国际化、专业化的并购重组，调味品行业集中程度将逐步提高，中小企业的优胜劣汰也将加速。传统调味品生产企业纷纷投资进行技术改造，调味品产品的技术含量日益增强，产品质量进一步提高。

中国目前餐桌经济大概有1万亿，调味品占500亿，其中，酱油又占较大比例，是调味品之王。预计在2010年，调味品发酵行业将有较快的发展，如味精预计2010年的产量在150万t左右，淀粉糖行业生产量保持在300万t。调味品已经成为中国食品行业中增速最快的门类之一，虽然外资对国内调味品市场的渗透力度加大，但由于我国调味品消费的区域性特色明显，在未来相当长时期内，国内名优品牌仍将占据主导地位。2005年，上海太太乐调味食品有限公司的年销售收入突破13.5亿元，其中，鸡精的销量占到国内鸡精市场的42%，成为绝对领先的品牌。2006年1月1日，上海太太乐调味食品有限公司正式更名为上海太太乐食品公司，这标志着太太乐不再局限于鸡精行业的发展，相继推出蘑菇精、辣酱、特色调料等新型复合调味料，不断地丰富产品线和利润源。2007年，太太乐十年前提出的第一阶段战略发展目标顺利完成，销售收入已经达到了20个亿，鸡精产销量达到5.6万t。目前，太太乐的产品已经覆盖调味精类系列、调味汁系列、香辛料系列、酱类系列、VIP组合装系列等八大品类。仅调味精类系列就包括鸡精、蘑菇精、高汤精、牛肉精、鲜香宝、文蛤精等多种品类。太太乐未来的10年第二战略阶段为60亿、18万t鸡精目标。其中，新型复合调味料还将在整个销售收入中占到更大的比例。在全世界复合调味料占据了调味品市场的80%，而在中国市场复合调味料只占20%，因此其市场空间还非常广阔。

近年来，我国调味品行业有了较大发展，企业依靠先进的科学技术，进行大胆的改革，采用新工艺、新设备，创造新产品，并以严格的质量管理，保证了产品质量，在增加品种的同时，使产品达到规模化、自动化生产。在全国各地调味品企业的努力下，先后创制了一大批优质产品和新产品，名、特、优、新产品的不断涌现，加速了产品的更新换代，打破调味品“地产地销”的狭隘局面，激活调味品市场，扩大调味品的应用范围。如上海“川奇调料”、西安“阿香婆”系列调味酱、天津“蒜茸辣酱”、四川的“酸菜鱼”及“麻婆豆腐”等川菜系列调料、广州“曾宪调料”等新型调味品，都将在更大范围内与消费者见面。另外，根据消费者的需求，调味品企业陆续推出了韩式烤肉、鱼香肉丝佐料、浓香排骨酱、红烧肉调料、醉料、香糟汁、凉拌调料等数十个新品种。随着人们生活水平的逐步提高以及生活节奏的加快，传统的买、洗、烧饮食习惯正在受到冲击，方便净菜、营养配餐等半成品的供应越来越受到更多消费者的青睐，也使调味品的应用日益广泛和重要，对改善烹调方法、提高人们的饮食质量起到不可估量的作用。中国调味品产量年增长幅度连续10年超过10%，中国调味品行业目前进入了一个大转变、大调整和大分化时期。一方面是与国际接轨的专业化并购，专业化兼并重组愈演愈烈。日本最大的一家酱油酿制集团与中国台湾统一企业共同投资1100万美元，成立酱油酿造专业工厂。联合利华收购了中国东部地区十分畅销的老蔡酱油。在北京，日本味之素收购了和田宽，2006年1月，日本味之素株式会社对外宣布，以 18.45 亿港币的价格收购了香港达能亚洲公司旗下的淘大食品集团和上海淘大食品集团 60%的股份，成为中国调味品市场上最大的一宗并购案，也标志着外资争夺中国市场进入了一个新的阶段，利益格局开始重新划分。酱油生产方面有新加坡福达食品味事达、美国亨氏、日本味之素（和田宽）、日本龟甲万、联合利华；鸡精生产方面有联合利华（家乐）、雀巢（太太乐、豪吉）；酱料生产方面有香港李锦记、联合利华（家乐、四季宝）；汤料生产方面有美国金宝（金宝、史云生）；调味汁生产方面有雀巢（美极）；味精生产方面有日本味之素，等等。另一方面是传统产业在发展过程中面临国际竞争的压力，调味品行业需大刀阔斧地进行改革以减少大发展道路上的阻碍因素。调味品行业具有发展速度快、产量大、品种多、销售面广、经济效益好等特点，特别是日本、东南亚各国调味品行业发展很快，已走在我国的前面，在新产品的开发、生产技术的改革、产品的应用特性等许多方面都值得我们学习。

三、调味品的发展趋势

我国调味品虽然历史悠久，但在品种上多少年来不外乎酱、酱油、醋等老产品，而国外却早已超越了这一模式，而迈入了生产工业化、味型复合化、品牌多样化和食用方便化的时代。虽然我国近几年复合调味品有了很大发展，但与日本等发达国家相比，差距还很大。日本复合调味品年产量达 1000 万 t，而天然调味料已经连续数年以 20%的速度增长，人们在追求产品的高档化同时，更注重食品的天然特性。未来调味品发展趋势是方便化、多样化、营养化、礼品化、天然化、复合化和高品质化。随着物质文明的发达，调味品产业必将成为投资少、市场大、利润丰厚的健康产业。随着我国加入 WTO，中外文化交流、贸易往来等活动不断增多以及我国人民生活水平的不断提高，人们越来越关注食品风味的多样性，对食品风格及品位要求越来越高，这必将促使调味品行业增加产品品种、提高产品质量，促进调味品生产工艺的进步，并使调味品逐步向营养、卫生、方便、适口和多样化方面发展。具有一定的功能性、风味多样、具有独特风味、产品系列化的调味品及复合调味品，既能满足人们在生理上对各种营养素的需求，还能使人们在消费过程中得到对美味的心理享受，在大块朵颐的同时又心旷神怡，充分体现饮食文化的物质与精神的双重内涵。调味品具有广阔的发展前景，值得有关科研工作者进行深入的研究，开发出更多、更好的调味佳品。

（一）调味品复合化

过去调味品多是单一味品种，然后由使用者临时调配口味。现今市场上调味品正向多味复合及专用调味品方向发展，以使调味更准确、使用更方便。如五香盐、沙茶酱、涮羊肉调料、鱼香肉丝调料、酱爆肉丁调料等。

（二）天然浸出物调味品的快速发展

目前从畜、禽、鱼、贝、虾类及部分蔬菜中提取的具有天然风味的浸出物调味品发展极为迅速。这类调味品具有其他化学调味品所不及的优点，原料原有的风味保存良好、纯正，能均衡呈味且余味绵长，赋予食物特殊的风味，另外与其他调味品配合使用时，无相掩、相克现象，配合巧妙、相得益彰，产生更好的调味效果。如目前市售的鸡精、牛肉精、猪肉精、海鲜粉等。

（三）香辛调味料及其制品的广泛应用

在世界范围内，使用颗粒及粉碎香辛调料已有几千年历史。香辛调料不仅可以调配食物口味，还具有一定的杀菌防腐及药疗价值。但传统使用的颗粒及粉碎香辛调料因储藏时间长短不一，从而使其调味质量不稳定，同时易被微生物、昆虫等污染，还易发生掺假现象，使之调味不均，调味产品质量不稳定。发达国家早已开始使用灭菌香辛料、香辛料精油等制品替代传统的香辛料。我国近年也有香辛料精油产品面世，如芥末油、大蒜油等。相信不久的将来，会有更多的适合中餐调味的新型香辛料精深加工制品面市，使香辛调味料的应用更科学、更便捷。

（四）调味品中添加营养和保健成分

目前，在调味品中添加有益于人体健康的营养和保健成分已成为新型调味品的一个发展趋势。如加碘盐、果汁醋、补铁酱油等，随着相关科学研究的广泛和进步，这类产品将会向科学合理化、多样化和系列化发展，以满足人们的需求。

（五）生产工艺自动化及现代化

随着人民生活水平的提高和食品工业的迅速发展，调味品的生产和市场出现了空前的繁荣和兴旺，其主要标志是工艺改进，品种增加，质量提高，并逐步向营养、卫生、方便和适口的方向发展。在菌种培育及发酵领域中将大量采用细胞融合、固定化酶等生物技术，在生产中将逐步采用自动化、标准化生产技术，将使产品品质进一步完善和提高。低温微波萃取、分子蒸馏、冷冻浓缩和超临界流体萃取、超微粉碎等先进技术在高品质植物和动物性天然调味品的提取或制取方面将得到日益广泛应用。

中国人的消费特点和人口众多的国情决定中国的过去、现在、将来都将是调味品生产和消费大国。今后中国调味品将在营养、卫生、方便、适口的基础上呈现多元化发展的格局，尤其是复合调味品和专用调味品将出现方兴未艾的增长势头，市场竞争也日趋激烈。

第二章　咸味调味品

第一节　概　　述

咸味是一种能独立存在的味道。咸味不仅是咸味食品的主味，也是所有食品风味的根基之味，自古以来就有“酸甜苦辣咸，以咸为主”、“咸为百味之王”等说法。

一、咸味调味品的分类

（1）盐类；
（2）酱油类；
（3）酱类；
（4）豆豉类；
（5）腐乳类；
（6）其他类：包括海干货及盐腌渍品等。

二、咸味与其他味的关系

咸味是饮食不可或缺的、最基本的味。食盐是最普通的咸味剂，也是唯一有重要生理作用的调味制剂，其阈值一般为0.2%，在液态食品中的最适浓度为0.8%～1.2%，也是最令人满意的咸度。

1. 咸味与甜味的关系

（1）添加蔗糖可降低食盐的咸味，其效果取决于食盐的浓度。在浓度为1%～2%的食盐溶液中，添加7～10倍蔗糖就可消除咸味；但当食盐浓度达到20%时，再多量的蔗糖也不能使咸味消失。

（2）添加少量食盐可提高蔗糖的甜味，即咸能助甜。使不同浓度的蔗糖溶液达到最甜感觉时，食盐应达到的浓度也不相同（表2-1）。

表2-1　使不同浓度的蔗糖溶液达到最甜时食盐浓度　（单位：%）

蔗糖液浓度	食盐添加量	蔗糖液浓度	食盐添加量
10	0.15	50	0.05
25	0.15	60	0

2. 咸味与酸味的关系

由于醋酸是烹调时最普遍使用的酸味剂，因此食盐的咸味与醋酸的酸味之间的关系也就最受人们关注。

（1）添加少量醋酸可强化咸味。在1%～2%和10%～20%食盐溶液里分别添加0.01%和0.1%的醋酸，可使咸味增加。

（2）多量醋酸则使咸味降低。在1%～2%的食盐溶液中，加入0.05%以上的醋酸（pH在3.4以下）和在10%～20%的食盐溶液里添加0.3%以上（pH在3.0以下）的醋酸，则咸味不仅不会增强反而会降低。

（3）少量食盐有加强醋酸酸味的作用，并且与醋酸浓度无关，但添加大量的食盐则使酸味变弱。

（4）咸味与甜味和酸味共存时，适量的咸味可以使酸甜咸柔和协调、风味逼真，更适口。

3. 与鲜味、苦味的关系

咸味是谷氨酸钠发挥鲜味的引发剂。没有咸味，谷氨酸钠就没有鲜味。谷氨酸钠、核苷酸等鲜味又可抑制食盐的咸味。在通常的饮食范围内，咸味和苦味互为衰减。

三、咸味调配的要点

（一）掌握基本资料

首先要尽可能多地了解各种、各类食物的含盐量和最适浓度（表2-2）以及产品风味特点，其次掌握各种咸味剂的特点、成分组成、含量，甜、酸、苦等味与咸味之间的关系等。

表2-2　一些食物中食盐含量　（单位：%）

品名	食盐含量	品名	食盐含量	品名	食盐含量
清凉饮料	0.5～0.7	干酪	2.4～4.9	黄酱（辣）	12～15
主食面包	0.7～1.0	香肠火腿	2.3～4.2	酱油	18～12
汤菜	0.8～1.2	挂面	4.9～5.8	咸菜	3.8～4.0
黄油	1.0～1.5	鲜调味汁	2.9～13.6	辣酱油	11～28
蛋黄酱	1.2～2.0	黄酱（甜）	5.8～7.2	盐腌鱼肉制品	15～30
煮炖食品	1.5～2.0	饼干	0.1～0.9	糖果	0.1～0.3

（二）综合考虑各方面的特殊要求

1. 不同特征人群的需求

不同特征人群对食盐种类及用量要求不同，如糖尿病人必须少吃盐；高消费群体讲究保健，强调减少食盐摄入量；重体力劳动时，随着汗液的排出人体内的盐分损失很大，应多补盐；为孕妇生产的食品，要考虑预防妊娠肾炎和浮肿；有严重肾病的患者也不能饮用高盐饮料及食用高盐食品。

2. 区域性饮食习惯的差别与需求

区域不同导致饮食习惯具有较大的差别，人们对咸味的嗜好程度亦不相同，中国有“南甜北咸，东辣西酸”之说。中国北方地区人群比南方地区人群传统上喜好较强的咸味，北方亦即盛产咸味腌酱调味品；而川黔陕喜辣，则盛产“油泼辣子”、“麻辣烫”、“老干妈”系列辣酱等调味品；山西则盛产名醋，等等。

3. 食品的传统特征和咸味特点

在某地区的某类食品（甚至每一种产品）都有已被普遍接受和认同的咸味。如广东人喜食咸味较淡的食品，而吉林人则喜食咸味较重的食品；金华火腿具有较重的咸味。

4. 通常的食用方法对不同食物咸度的认同

某种食物单独食用和作为副食与主食共同食用时对咸度要求不同，而且与不同主食配餐时咸度也有较大区别。与米饭、馒头类主食搭配的配餐要咸一些；与面包、甜点搭配的菜肴则需咸味清淡；需加热食用的食物应咸一些；方便即食食品必须降低食盐用量。

5. 特殊要求

大运动量和刚刚结束运动的运动员不能立即饮用高盐饮料。

（三）确定基本咸味特征并与其他基本味协调平衡

确定基本咸味和咸味剂，经过感官评价风味，再根据需要适当调整甜味剂、酸味剂、鲜味剂等调味品的种类和用量。另外还要综合考虑食品的甜酸咸比例；实际用盐量与原料、加工工艺等因素的关系等对调味的影响，使各味之间平衡协调，调味的食品风味丰满、和谐并具有明显的特色。

第二节 食 盐

一、食盐及其分类

（一）食盐

食盐是海盐、湖盐和井盐等食用盐的统称。食盐的主要化学成分是氯化钠（sodium chloride），此外还含有少量的水分、卤汁及其他杂质。氯化钠的稀水溶液有甜味，较浓时是纯咸味。咸味是中性盐显示出来的味感，正、负离子都会影响咸味的形成。其他钠盐以及氯化物虽有咸味但不纯正，杂有他味，如稍酸、颇苦等。纯净的氯化钠晶体是无色透明的立方晶体，由于杂质的存在一般情况下的氯化钠为白色立方晶体或细小的晶体粉末，晶胞为面心立方结构，每个晶胞含有4个钠离子和4个氯离子。相对密度为2.165（25/4℃），熔点801℃，沸点1442℃，味咸，pH呈中性，易溶于水和甘油，难溶于乙醇。每人每天需要6～10g盐才能保持人体正常活动、维持正常的渗透压及体内酸碱的平衡和体液的正常循环。食盐是调味品中用得最多的一种，号称“百味之祖”。放盐不仅增加菜肴的滋味，还能促进胃消化液的分泌，增进食欲。我国南北朝梁代陶弘景的《名医别录》中，记载了食盐具有清火、凉血、解毒的作用。性味归经：味咸、性寒。归胃、肾、大小肠经。功能主治：涌吐、清火、凉血、解毒、软坚、杀虫、止痒。按照中医的理论，食盐味咸，入肾，齿为骨之余，肾又主骨，故常用一定浓度的食盐水漱口能预防齿龈出血、坚固牙齿。

（二）食盐的分类

1. 按不同来源分

（1）海盐（海水晒取）：主产于我国辽宁、河北、山东、江苏、浙江、福建、广东、广西、台湾。

（2）井盐（地下卤水熬制后得到的结晶）：井盐产于云南、四川，销全国各地。

（3）池盐（又称湖盐，咸水湖中提取加工的盐）：主产于山西、陕西、甘肃、宁夏、青海、新疆等地。

（4）其他：岩盐（直接开采地下的盐层）、崖盐（裸露在地上的矿盐）等。

2. 按加工工艺分

（1）粗盐：又称原盐，系以海水晒制或用盐井水浓缩得到的初级盐。主要成分为氯化钠，因为生产食盐的海水或盐井水（卤水）不同而含有氯化镁、氯化钾、硫酸镁、硫酸钙和锶、硅、氟、碘等微量元素以及泥沙等杂质，有苦味。

（2）洗涤盐：粗盐用饱和盐水洗涤去除其表面的杂质后即为洗涤盐。又称大粒盐。

（3）再制盐：又称精盐，是食品加工及饮食业烹调的主要食用盐，系粗盐或洗涤盐经过再溶解除杂质后蒸发结晶而成。氯化钠含量在90%以上，不但杂质较少而且颗粒细小、质量较高，晶粒呈粉状，色泽洁白。

（4）营养盐：人工加碘或锌、钙等营养成分生产具有一定营养保健作用的碘盐、锌盐、钙盐等，满足特殊人群的生理需要。

（5）调味盐：调味盐是指以精盐为基本原料配以各种香辛料或其他调味料生产的有特殊风味的盐类产品。

3. 按不同味型分

五香盐、辣味盐、花椒盐、胡椒盐、香菇盐、汤料盐、蒜味盐等。

4. 按是否添加营养素分

普通盐、加碘盐、加锌盐、加硒盐、低钠盐、加钙盐等。

（三）食盐的品质与使用

食盐的外观品质直接反映了内在质量，质量的好坏又直接影响使用效果，通过外观品质可以判断食盐的质量。

1. 咸味

纯净的食盐应具有正常的咸味，如有苦涩味或者有牙碜的感觉，说明含有较多的钙、镁等水溶性杂质和泥沙，不宜直接食用，只能用于食品加工中的腌制操作。

2. 色泽

纯净的食盐色泽洁白、呈透明或半透明状。品质低劣的盐因含硫酸钙等水溶性杂质和泥沙较多色泽晦暗、呈黄褐色。

3. 晶粒

品质好的食盐颗粒整齐、表面光滑而坚硬、晶粒间缝隙较少。品质较差的盐粒结晶疏松，卤水会藏于晶粒杂乱的较多缝隙中并带入较多的水溶性杂质。

4. 水分

质量好的食盐颗粒坚硬、干燥。但含有硫酸镁、氯化钾、氯化镁等水溶性杂质越多，食盐越容易吸潮，特别是在雨天或湿度过大时还容易发生“返卤”现象。

5. 纯度

精盐的氯化钠含量优级品为99.3%，一级品为98.5%，二级品为97.0%；粉碎洗涤盐的氯化钠含量一级品为96.5%，二级品为95.5%；普通盐的氯化钠含量一级品为94.0%，二级品为92.0%。

（四）非食盐（氯化钠）盐类咸味剂

某些食物如果没有咸味，其味觉就会如同嚼蜡、无法下咽。古时候，荷兰、瑞典等国对于触犯刑律的人，规定在一定时期内不准吃盐，以作为惩罚。但传统的食盐（氯化钠）并不是多多益善，钠约占盐主要成分的40%，是导致人体骨质流失的杀手，过多地进食高盐餐饮，可导致唾液分泌减少，口腔黏膜水肿、充血，易引起上呼吸道感染。肾病、糖尿病人以及高血压、高血脂病人的饮食要严格限制食盐的摄入量，此类消费者应远离高盐、高糖、高脂肪的“三高”饮食。

人们所接受的传统咸味是由氯化钠的钠离子和氯离子共同产生的，其他的盐类由于成分不同，自然与食盐的咸味不同。氯化钾同氯化钠化学性质相似，但其味是苦味和咸味的混合味；氯化锂和氯化铵的味虽然是咸味，但和食盐有所不同；而氯化镁只有苦味。为满足限制食盐摄入的特殊消费人群的需要，开发非氯化钠盐类咸味剂具有重要的现实意义。

苹果酸钠与食盐的咸味接近，严格来说是异质的味。以前认为氯离子给肾脏病带来浮肿，肾病的饮食疗法是用苹果酸钠代替食盐。最新研究已证明是钠离子给肾脏病人带来的不良影响，所以需改用氯化钾代替苹果酸钠提供咸味。具有类似食盐咸味的有机酸还有谷氨酸钾、葡萄糖酸钠等。葡萄糖酸钠和葡萄糖酸钾有优良的呈味性。葡萄糖酸钠无刺激性、无苦涩味，盐味质接近食盐，阈值远高于其他有机酸盐，是食盐（无机盐）的 5 倍、苹果酸钠的 2.6 倍、乳酸钠的 16.3 倍。葡萄糖酸盐用于食品加工中，其呈味性优于柠檬酸钠（有刺激性与苦涩味、不愉悦的甜味）、苹果酸钠（有刺激性与苦涩味）、乳酸钠、酒石酸钠、醋酸钠和琥珀酸钠，能改善食品味质和物性，能掩盖镁、锌、铁等微量金属特别是镁的特有苦味，适合在饮料及健康食品中添加。葡萄糖酸钾无刺激味，有微弱的苦涩味，阈值为食盐的 6.75 倍，为氯化钾的 14.2 倍。在食品加工中，葡萄糖酸钠和葡萄糖酸钾能部分或全部代替食盐，制作低盐或无盐（氯化钠）食品，如低盐酱油、无盐面包等。

二、食盐在食品加工中的应用

（一）食盐在食品加工中的作用

1. 赋味作用

在食物中添加食盐可赋予其咸味，并能增强食物的其他风味，同时还可以调节酸、甜、苦及辛辣味的强弱。

2. 增鲜作用

食盐能解腻提鲜，祛除腥膻之味，并能保持食物原料的本味。另外鲜味物质必须在咸味基础上才能呈现突出的鲜味。若无咸味则不仅无鲜味，还会有一种令人不快的腥味。味精解离后的阴离子虽然有一定程度的鲜味，但不明显，只有在钠离子作用下方可显现出鲜味。

3. 增强黏稠度

食盐是电解质，其离子（Na^+、Cl^-）可吸附于蛋白质分子表面，增加蛋白质周围水化层厚度，从而使其黏稠度增加，成为胶状体。在含蛋白质的食品原料中加入适量的食盐，可使原料黏稠度增加。如在调制肉馅和面团时加适量盐，可使原料“上劲”。所谓“盐是骨头碱是筋”，就是指在调制面团时加入适量的盐（一般为 1.0%～1.5%），增强面团面筋的弹性；而加入碱则可以软化面筋，降低弹性，增加延伸性。另外，在挂糊、上浆菜肴中，事先用盐调味，可使糊、浆与原料黏接紧密，不致在加热时发生“脱糊”、“脱浆”现象。

4. 调节原料的质地和口感

盐有较强的渗透作用，可增加动物性原料的软嫩度，同时也可改变植物性原料的脆嫩度。

5. 杀菌防腐作用

食盐具有很高的渗透压，有使微生物细胞发生强烈脱水的作用，导致其质壁分离，从而抑制生理代谢活动，使微生物停止生长或者死亡。一般杂菌在5%的食盐浓度下、病原菌在7%～10%的食盐浓度下、酵母菌在20%左右的食盐浓度下即停止生长，所以一定浓度的食盐水有杀菌、防腐保鲜作用。

6. 改善面团物性及面团发酵特性

食盐可使面筋吸水能力增强，质地变得紧密，增强其弹性与强度，提高面团的持气力，但如果搅拌开始即加入食盐，会增加面团搅拌时间0.5～1倍。对于发酵面团，特别是筋力弱的面粉，适量增加食盐用量，可增加面团筋力，使面团均匀膨胀、组织结构细密而均匀，使面包瓤蜂窝状膜薄而透明，面包瓤色泽发白，如使用的面粉色泽暗淡，盐的增白效果更突出。适量的盐对酵母的生长与繁殖有促进作用，而对杂菌的增殖有抑制作用，特别是对乳酸菌的抑制力更强，但使用量过高时，会造成酵母脱水、萎缩，对酵母发酵有抑制作用。通过不同的用盐量，可以调节面团的发酵速度。面包面团的用盐量一般为0.4%～1.5%，主食面包可多加一些，而点心面包由于油、糖、蛋等辅料较多，渗透压已较高，若加盐量过大会抑制发酵进行，所以应少加盐。

7. 可作传热介质

加热食盐可用于有些干货原料的涨发（盐发），还可用于盐焗类食品（如盐焗鸡）及盐炒类食品的热加工。

（二）食盐在食品中的使用量

食盐在食品中的使用量因原料不同、加工方法不同、味型不同、品种不同、饮食习惯不同、生理需要不同而异。就生理需要而言，我国营养学专家建议，每人每千克体重每天摄盐量以0.086～0.143g为宜。就适口程度而言，汤类菜肴一般为0.8%～1.2%；长时间加热的菜肴一般为1.3%～2.0%；急火快炒菜肴一般为1.2%～1.7%；蔬菜类菜肴一般为1.2%～1.5%；肉类菜肴一般为1.3%～2.0%；无馅需盐面点（如花卷、油饼等）一般为1.0%～1.3%；饺子、包子等有馅需盐面点一般为1.3%～1.7%。

上述加盐范围是指成品的最终含盐量。在确定加盐量时，应首先估算成品质量，然后计算出投盐量。另外，在使用其他咸味调味品及含盐原料时，应注意其含盐量，以便准确调味。常见咸味调味品及含盐原料其含盐量一般为酱油18%，豆酱20%，甜面酱16%，虾酱22%，鱼露27%，虾油25%，蟹糊18%，蚝油9%，豆腐乳14%，豆豉20%，干贝5%，香肠9%，腊肉10%，海米7%，虾皮9%，金华火腿10%，榨菜13%等。

（三）食盐在食品加工中的用法

（1）对于添加了碘或锌、硒等营养素的营养盐，烹饪时宜在菜肴即将出锅前加入或在食品热加工结束前加入，以免这些营养素受热破坏或因长时间受热产生有毒有害物质。

（2）因为鸡、鱼类富含具有鲜味的谷氨酸钠，尤其是咸水鱼、虾、蟹等食物原料本身就含有咸味，利用其加工食品或菜肴时应少加盐。

（3）在原料加热前加盐，使原料有一个基本咸味，同时产生收缩，排除异杂味物质，如鱼类在烹调前用适量盐腌制。在使用炸、爆、滑熘、滑炒等烹调方法时，结合上浆、挂糊加入适量盐，防止主料被包裹在一层糨糊中而不利于入味；另外有些菜肴在烹调过程中无法加盐，如荷叶粉蒸肉、清蒸鱼等，也必须在蒸制前加盐。

（4）烹调中加盐。这是最主要的加盐方法，在运用炒、烧、煮、焖、煨、滑等技法烹调时，要在烹调中加少量盐，然后在菜肴快要成熟时加入余下的盐，不但减少盐对菜肴的渗透压，保持菜肴嫩松，而且可防止由于盐分长时间作用导致原料紧缩造成营养成分流失。

（5）烹调后加盐。即加热操作完成后加盐，如爆炒鲜蔬菜肴加热后加盐可保证其良好的脆感和鲜艳的颜色，以炸为主烹制的菜肴，炸好后撒上花椒盐等调料，不但保证外焦里嫩，而且入口后香气浓郁。

（6）果蔬类凉拌菜肴在食用前加盐，可防止长时间腌制导致果蔬汁液流失、韧性增强、无清脆感、颜色变劣无光泽等现象的发生，保证菜肴应有的优良适口性及色、香、味、形。

三、食盐的加工工艺

（一）工艺流程（以海盐为例）

海水→晒制→原盐→溶解除杂质（沉淀、过滤）→蒸发结晶→精盐（NaCl含量大于90%）

（二）操作要点

（1）制盐的海水要定期进行感官、理化及微生物的检验，尤其是要对污染物及污染成分进行检验。

（2）晒制出的原盐，其中 NaCl 以外的成分含量应小于 20%。

（3）溶解后除杂质，可采用反渗透或超滤技术进行，这样可以降低能耗，提高产品质量。

（4）成品的质量应是氯化钠含量大于 90%，外观为干燥白色晶体，结晶体颗粒洁净，其中不能有肉眼可见的杂质。

第三节　酱　油

酱油起源于中国，是一种古老的传统调味品，是以豆、麦、麸皮等为原料酿造的液体调味品，色泽红褐色，有独特酱香，滋味鲜美，有助于促进食欲。据记载，酱出现在酱油之前，其起源可以追溯到 2000 年前，《尔雅·释名》中有："酱，将也，制饮食之毒，如将之平祸乱也。"《周礼》中也多处提到酱。酱油是从豆酱演变和发展而成的，中国历史上最早使用"酱油"名称是在宋朝，林洪著《山家清供》中有"韭叶嫩者，用姜丝、酱油、滴醋拌食"的记述。此外，古代酱油还有其他名称，如清酱、豆酱清、酱汁、酱料、豉油、豉汁、淋油、柚油、晒油、座油、伏油、秋油、母油、套油、双套油等。真正的液体状的酱油出现在北魏贾思勰的《齐民要术》一书，称作"酱清"、"豆酱清"、"酱汁"、"清酱"。在唐代，酱油的生产技术进一步得到发展，它不仅是人们日常生活中的美味调味佳品，而且在苏敬的《新修本草》、孙思邈的《千金宝要》、《外台秘要》等医书中还成为常用的药剂。公元 753 年，唐高僧鉴真东渡将中国的制酱技术传入日本，教会了当地僧人和居民制酱。后又相继传入朝鲜、越南、泰国、马来西亚、菲律宾等国。唐贞元二十年（公元 804 年），日本高僧空海到长安留学，也将中国制酱技术带回日本。约在公元 1200 年的日本镰仓时代，有一位叫觉心的日本高僧到中国经山寺修行，掌握了寺中祖传酱的酿造技术，归国后在名叫纪州由良的地方，创立了兴国寺，并向附近的人们传授制酱技术，酱油酿造技术亦在日本发扬光大。

酱油业是中国调味品行业一支生力军。目前，在工商局登记注册的酱油企业 1700 多家，全国性的骨干生产企业 200 多家，仅花色酱油的品种就有上百种，消费者可选择的余地非常大。国家公众营养改善项目推行在酱油中加入强化铁的计划，首批授权海天、王致和、淘大等 11 家知名酱油生产企业生产铁强化酱油，并要求他们在所生产的酱油瓶身显著位置标上"铁强化"字样以及"营养强化食品"标志。但此类酱油生产属非强制性措施，消费者可根据自己的需要进行选购。

一、酱油概念及其分类

（一）酱油的概念

酱油是以富含蛋白质的豆类和富含淀粉的谷类及其副产品为主要原料，在微生物酶的催化作用下分解成熟并经浸滤提取的调味汁液。

（二）分类

1. 按行业标准分

1）酿造酱油

酿造酱油是以豆、谷类或其他粮食为主要原料，经曲菌酶分解，使其发酵成熟制成的调味汁液。可供调味及复制用。

（1）高盐发酵酱油：是指原料在生产过程中应用高盐发酵工艺酿制的调味汁液。可供调味及复制用。其还可细分为以下几类：

①高盐固态发酵酱油。是指原料在发酵阶段采用高盐度、小水量固态制醅工艺，然后在适当条件下再稀释浸取的调味汁液。

②高盐固稀发酵酱油。是指原料在发酵阶段采用高盐度、小水量固态制醅工艺，然后在适当条件下再稀释成醪，继续分解成熟制取的调味汁液。

③高盐稀态发酵酱油。是指原料在发酵阶段采用高盐度、多水量稀态制醪工艺，分解成熟后直接滤取或适量稀释滤出的调味汁液。

（2）低盐发酵酱油：指原料在生产过程中应用低盐发酵工艺酿制的调味汁液。产品通常用于调味及复制。可细分为以下两类：

①低盐固态发酵酱油。是指原料在发酵阶段采用低盐度、小水量固态制醅工艺，分解成熟后再稀释浸取的调味汁液。

②低盐固稀发酵酱油。是指原料在发酵阶段先以低盐度、小水量固态制醅工艺，然后在适当条件下再以一定浓度盐水稀释成醪，继续分解成熟制取的调味汁液。

③无盐发酵酱油。指原料在生产过程中不添加食盐，采用固态发酵工艺进行酿制的调味汁液。产品通常用于调味及复制。

2）再制酱油

再制酱油是以酿造酱油为基料，添加其他调味品或辅助原料进行加工再制的产品。其体态有液态和固态两种，均供调味用。

（1）液态再制酱油：指利用酿造型调味汁液直接配制的产品或经简易再加工获得的复制品。

（2）固态再制酱油：指以酿造酱油为基料，经加热或以其他方式浓缩并加入适量充填料制成的产品。稀释后用于调味。可分为酱油膏、酱油粉、酱油块等。

3）酱油状调味汁

以主要原料水解液为基料，再经发酵后熟制成的调味汁液。

2. 商业流通中的酱油分类

在商业流通中，有的按生产方法分类，有的按添加风味物质分类，还有的按形态分类，常见种类如下：

（1）抽油：古法提取酱油时，以有蜂眼的管子插入酱缸中，让酱油渗入管内，然后抽取而出，故得名抽油。第一次抽取的汁液质量最好，称“头抽”；第二次抽取的质量次之，称“二抽”；第三次抽取的质量最差，称“三抽”。

（2）生抽：是一种不用焦糖色素调色、增色的酱油。一般以精选的黄豆（7份）和面粉（3份）为原料用曲霉制曲经曝晒、发酵成熟后提取而成，并以提取次数的先后分为特级、一级、二级。其成品色泽较一般酱油浅，风味基本相同，用法亦基本相同，多用于色泽要求较浅的菜肴。

（3）老抽：是在生抽中加入用红糖熬制成的焦糖，再经加热搅拌、冷却、澄清而制成的浓色酱油。按生抽的级别相应分为特级、一级、二级。其风味、使用方法与普通酱油基本相同，尤其适用于色泽要求较深的食品。

（4）复制红酱油：是在酱油中加入红糖、八角、山柰、草果等调味品，用微火熬制，冷却后加入鲜味剂制成的酱油。可用于冷菜及面食的调味。

（5）白酱油：是未经调酱色或酱色较浅的化学酱油。风味与普通酱油相同，只是色泽呈浅黄色或无色。多用于要求保持原料原色的菜肴及食品，如白蒸、白煮、白拌等。

（6）甜酱油：是以黄豆制成酱醅，添加红糖、饴糖、食盐、香料、酒曲等酿造而成的酱油，色泽酱红、质地黏稠、香气浓郁、咸甜兼备、咸中偏甜、鲜美可口。用法同普通酱油，尤以浇拌凉菜为宜。

（7）美极鲜酱油：用大豆、面粉、食盐、糖色、鲜贝提取物等加工制成的浅褐色酱油，其味极鲜，多用于清蒸、白煮、白焯等菜肴的浇蘸佐食或用于凉拌菜肴。

（8）辣酱油：是在酱油中加入辣椒、生姜、丁香、砂糖、红枣、鲜果及上等药材，经加温、浸泡、熬煎、过滤而成的酱油。其色酱红，具有咸、鲜、辣、甜、酸、香等多种味感。多用于蘸食及调拌冷菜。另外在西餐中较多使用。

（9）加料酱油：此类酱油是在酿造过程中加入动物或植物性原料，制成具有特殊风味的酱油。如草菇老抽、香菇酱油、虾子酱油、蟹子酱油、五香酱油等。

目前市场上酱油品牌繁多，其质量亦有较大差异，消费者在选购时应认准信誉较好的厂家及品牌。酱油按国家有关规定应注明“凉拌”或“烹调”字样。有“凉拌”字样的酱油卫生指标要求较高，可以生食、直接调拌冷菜；而有“烹调”

字样或无标注者，则应加热杀菌后方可用于调拌冷菜或直接用于加热菜品。另外，在选购酱油时应注意，高品质酱油应呈红褐色或浅褐色（棕褐色、酱红色）、鲜艳有光泽，不发乌、具有酱香和酯香，无不良气味，入口鲜美，咸甜醇厚，澄清，浓度适当，无沉淀、无异物。按国家相关标准规定，一级酱油含盐量大于或等于19%，二级酱油含盐量大于或等于17%，三级酱油含盐量大于或等于16%，消费者在使用时应注意折算合理添加量。

二、酱油在食品加工中的应用

（一）酱油在食品加工中的作用

1. 赋味作用

酱油味觉体现的是以咸为主体味的咸、鲜、甜、微苦等多种风味的复合味，可赋予食物咸味、鲜味及较弱的甜味。

2. 增色作用

酱油本身可赋予食物酱红颜色，同时其成分中的糖、氨基酸等物质，在加热到一定温度时会发生羰氨反应（美拉反应），使食品颜色加深。

3. 增香作用

酱油中含有较为复杂的芳香物质，加热后可赋予食物特殊香气。

4. 除异解腻作用

酱油中含有的乙醇、醋酸、糖类等物质与原料一起加热后可去除臊、腥等异味，解除高脂食品或菜肴尤其肉类制品的油腻感。

5. 保健作用

酱油营养丰富，含有大量的蛋白质水解生成物，氨基酸，B族维生素，水溶性钙、磷、铁、锰、锌等矿物质及还原糖，多种有机酸，某些生理活性物质，具有较强的保健作用。

（1）抗氧化作用：日本学者认为，酱汁有很强的抗氧化能力和抗变异原性，并能使放射性物质排出体外。新加坡国立大学研究人员发现，酱油的抗氧化功效比常见的维生素C、维生素E等抗氧化剂作用大十几倍，也高于红葡萄酒，等量的酱油所达到的抑制自由基效果高于红葡萄酒，尤其让人感到惊讶的是酱油能不断地消灭自由基，而维生素C、维生素E等自由基清除剂在清除一定量自由基后会由于自身的被氧化而失去作用。

（2）抗肿瘤作用：酿造酱油中抗肿瘤物质主要是多不饱和脂肪酸及其酯类，如亚麻酸、亚麻酸乙酯，酱油中的异黄酮对癌细胞的生长、增殖具有抑制作用。

（3）降血压作用：酱油中某些成分能改善心血管功能，使血液中总胆固醇水平降低，进而起到降血压作用。

(4) 防衰老作用：酱油含有大量的抗氧化物质，可预防或减缓由于氧化作用引发机体的衰老。

(5) 杀菌作用：葡萄球菌、伤寒菌、大肠杆菌、腐败菌等致病菌在酿造酱油中5～7d可死亡。

(二) 酱油在食品中的使用量

酱油在食品中的使用量主要受两个因素的制约，一是食品的咸度，二是食品的色泽。一般酱油含盐量在16%～20%，低盐酱油在10%左右，可以根据酱油含盐量及食品咸度的要求确定酱油用量。如只靠酱油中所含的氯化钠来达到食品咸度的话，则食品的色泽就会过重，所以从食品要求的色泽角度出发，在需用酱油调味的食品中，酱油添加量亦应根据食品的色泽而定。另外，酱油在赋予食品咸鲜口味时，还加入了较多水分，在某些食品制作或馅心调制时，应考虑这方面的影响，可以将酱油和食盐配合使用，既保证所需咸度，又可使其固形物含量和黏度符合产品的要求。

(三) 酱油在食品加工中的用法

烹制菜肴或加工食品时，酱油不应在油温很高时加入或者长时间加热。加热时间过长、温度过高，会使酱油中热敏性营养物质如氨基酸、糖类、维生素类等受到破坏，降低其营养价值。

烹制红烧类需上色的菜肴时，应将酱油分次加入，首先在爆锅时倒入少许酱油，达到所需上色要求，再等菜肴出锅前加入剩余的酱油，既保持酱油的营养成分，又提高了菜肴的香味。

三、酱油生产工艺

(一) 酱油生产中使用的主要原辅料

1. 蛋白质原料

(1) 大豆：大豆又名黄豆，我国各地均有种植，尤以东北大豆产量最多、质量最优。在大豆氮素成分中，95%是蛋白质氮，其中，50%是水溶性蛋白质，故大豆蛋白质易为人体吸收，也易被微生物酶分解。大豆蛋白质的氨基酸组成种类全面，其中，谷氨酸含量较高，给酱油提供浓郁的鲜味。酿造酱油用大豆原料，应颗粒饱满、干燥、杂质少、皮薄新鲜、蛋白质含量高。如直接用大豆酿造酱油，一方面适量脂肪可赋予酱油独特的脂香，使酱油香气醇厚，另一方面，多余的脂肪不能被充分合理的利用，残留在酱渣内或被脂肪酶分解，造成浪费，或给制品带来异味。

（2）豆饼：豆饼是大豆经压榨法提取油脂后的副产物。因压榨前处理方法不同又分为冷榨豆饼和热榨豆饼两大类。将大豆软化压扁后直接榨油而制得的豆饼称为冷榨豆饼。将大豆轧片、加热蒸炒再压榨提取油脂得到的豆饼称热榨豆饼。热榨豆饼的大豆蛋白质热变性较冷榨豆饼严重，不适宜于生产豆腐类食品，但热榨豆饼比冷榨豆饼的水分含量低、蛋白质含量相对较高、质地疏松、易于破碎，因此适于酿造酱油。冷榨豆饼未经高温处理，出油率低，蛋白质基本未变性，除可用于作酱油生产原料外，更适宜用做豆腐的生产原料。

（3）豆粕：豆粕是将大豆先经过适当的热处理，再经轧坯机压扁，加入有机溶剂浸提出脂肪后的副产物，一般呈颗粒、片状或小块状。豆粕中含脂肪、水分都很少，蛋白质含量高，是制酱油及豆腐的理想原料。但豆粕内往往残存着微量的有机溶剂，使用豆粕时，应进行脱溶处理，防止因有机溶剂残留影响酱油产品的风味，降低酱油制品的食用安全性。

酱油生产中使用豆饼或豆粕与使用大豆为原料酿制成的酱油质量基本相同。使用豆饼或豆粕还可以提高全氮利用率，缩短酿造周期，使大豆得以综合利用。

（4）其他蛋白质原料：酿造酱油时除大豆和豆饼之外，还可以利用其他蛋白质原料，只要其蛋白质含量高、脂肪含量低、不含有毒物质、无异味均可用作酿造酱油的原料，如蚕豆、豌豆、绿豆以及它们提取淀粉后的豆渣和粉浆。另外，榨油后的花生饼粕、芝麻饼粕、脱酚菜籽饼、脱酚棉籽饼、脱脂的蚕蛹粉、鱼粉、玉米蛋白粉等都可以用来酿造酱油。

蛋白质原料的主要成分见表 2-3、表 2-4。

表 2-3 酿造常用蛋白质原料主要成分 （单位：%）

种类	水分	粗蛋白	粗脂肪	糖类	粗纤维	灰分
大豆	7～12	35～40	12～20	21～31	4.3～5.2	4.4～5.4
豆粕	7～10	46～51	0.5～1.5	19～22	—	4.5～5.5
冷榨豆饼	11～12	44～47	6～7	18～21	—	5.2～6.3
热榨豆饼	10～11	45～48	3～4.6	18～21	—	5.5～6.5
豌豆	8～14	19.4～24.6	1～2.7	57～60	4.0～8.4	2.1～3.2
蚕豆	11～17	24.6～28.2	0.5～1.7	44.6～59.4	6.4～6.9	2.5～3.1
绿豆	9.5～13	20.6～23.8	0.5～1.5	57～59	3.3～5.2	3.2～3.8

表 2-4 酿造常用辅助原料及代用原料主要成分 （单位：%）

种类	水分	粗蛋白	粗脂肪	糖类	粗纤维	灰分
麸皮	13.51	15.39	3.89	52.94	9.55	4.72
脱脂糠	11.0	19.0	7.9	37.5	10.1	16.5
米糠	11.8	8.9	1.0	0.77	0.6	0.7

续表

种类	水分	粗蛋白	粗脂肪	糖类	粗纤维	灰分
米糠饼	11.20	16.80	7.70	—	8.10	9.80
米糠粕	10.35	18.00	2.49	—	3.96	8.50
高粱糠	—	—	—	40	8～10	—
淀粉粕	—	—	—	50	—	3.3
花生饼	9～12	40～45	5～7	20～30	4～6	6～7
花生粕	11.5	47.0	7.3	24.1	5.2	4.9
菜籽饼	8.81	36.91	3.45	30.21	—	7.1
棉籽饼	8～10	40～45	7～9	20～30	5～10	—
芝麻饼	10.98	48.24	5.29	26.42	—	11.42
椰子饼	8.45	21.75	7.69	26.50	—	4.95
豆浆水干燥物	8～14	55～70	—	15～20	—	—
玉米浆干燥物	10.4	39.7	—	36.42	—	11.12

2. 淀粉质原料

(1) 小麦：小麦中含70%以上的淀粉，酿造酱油时在微生物及其酶的作用下水解成糊精、低聚糖、双糖、单糖，进行酒精发酵及产生美拉反应，是生成酱油色、香、味的重要成分。小麦中还含有10%～13%的蛋白质，蛋白质组成中以麦胶蛋白和麦谷蛋白为主。小麦蛋白可分解所产生的谷氨酸是酱油鲜味的重要组成成分。选用红皮软质小麦为原料酿造酱油最为优良。但在粮食匮乏地区或时期，为保障粮食安全，不提倡大量使用小麦酿制酱油，而采用其他淀粉质原料将是发展趋势。

(2) 麸皮：麸皮又称麦麸，是小麦制粉后的副产物。其成分因品种、产地及加工条件等各有差异。利用麸皮作酿制酱油的淀粉质原料有较多优点。首先，可以节约粮食；其次，麸皮具有疏松作用及较大的表面积，含有一定量的蛋白质和糖类、丰富的维生素及钙、铁等元素，是曲霉菌的良好培养基，能促进微生物的生长，增强酶的活力，有利于提高原料利用率；第三，麸皮的无氮浸出物中含聚合戊糖达20%～24%，其水解产物戊糖与氨基酸的反应产物是酱油色素的主要成分。但是由于麸皮中的戊糖不能被酵母利用，所含淀粉量又不能满足酵母菌酒精发酵对碳源的需求，因此，单纯用麸皮作为淀粉质原料生产的酱油香味不足、甜味较差。所以生产中仍需添加适量高淀粉原料，使酿造的酱油香味浓郁、不寡淡。

常用淀粉质原料的主要成分见表2-5～表2-7。

表 2-5　酿造常用谷类原料主要成分　(单位:%)

种类	水分	粗蛋白	粗脂肪	糖类	粗纤维	灰分
玉米	6～15	8.5	4.3	73	1.3	1.7
高粱	12.0	8.2	2.2	78	0.3	0.4
大米	14.0	7.7	0.4	75.2	2.2	0.5
小米(粟)	11.0	9.7	1.7	77.0	0.1	1.4
大麦	11.9	10.5	2.2	66.3	6.5	2.6
小麦	12.8	10.3	2.1	71.8	1.2	1.3
标准面粉	13.5	10.4	1.7	72.5	0.8	1.1
燕麦	9.7	15.6	3.2	66.7	—	1.7
黑麦	13.6	6.4	1.2	77.5	—	0.9
黍米	10.7	9.3	3.2	75	0.6	1.2
青稞	12.6	10.1	1.8	70.3	1.8	3.4
糯米	14.30	8.5	3.2	72.1	1.0	0.9
粳米	13.3	8.8	2.2	73.4	1.0	1.3
籼米	10.93	8.20	2.31	74.50	1.08	1.35

表 2-6　酿造常用薯类原料主要成分　(单位:%)

种类	水分	粗蛋白	粗脂肪	糖类	粗纤维	灰分
甘薯干	12.9	6.1	0.5	76.7	1.4	2.4
华东甘薯	75.3	1.1	0.2	21.5	—	0.6
华南甘薯	74.9	0.6	0.5	20.2	0.2	0.6
华北甘薯	81.6	1.3	0.1	16.2	0.3	0.5
马铃薯干	12.0	7.4	0.40	74.0	2.3	3.9
华北马铃薯	73.3	5.6	0.10	17.6	—	0.7
华东马铃薯	81.3	1.8	0.02	15.83	—	0.75
新鲜木薯	70.25	1.12	0.41	26.58	1.11	0.54
木薯干	13.12	—	—	73.36	—	1.69
广东木薯干	14.71	2.64	0.86	72.1	3.55	2.85
台湾木薯干	15.48	—	0.63	68.55	—	2.58

表 2-7　酿造常用野生植物原料主要成分　(单位:%)

种类	水分	粗蛋白	粗脂肪	糖类	粗纤维	灰分
橡子	18～22	4～7.5	1.5～5	50～60	8～14	1.3～3
鲜蕨菜	56	3.3	0.8	0.8	14.4	2.7
菊芋	82.7	2.5	0.1	0.1	0.6	1.5
金毛狗脊	11.8	1.53	—	—	23.5	0.84
石蒜	—	4.4	—	—	0.85	9.75

（3）其他淀粉质原料：凡淀粉含量较高而又无毒无怪味的物质，都可以作为酿造酱油的原料。如玉米、高粱、甘薯、马铃薯、木薯、薯渣及含淀粉高的野生植物的种子、块根、块茎等。

3. 食盐

食盐是酿造酱油的重要原料，其主要作用：一是赋予酱油适当的咸味；二是与氨基酸结合生成氨基酸钠盐提供鲜味；三是在发酵过程中起到一定防腐作用；四是大豆蛋白质在盐水中可增加溶解度，提高原料利用率。酿造酱油应选用含水量低、卤汁和杂质少、含氯化钠高的纯净食盐。含卤汁过多的食盐常使酱油产生苦味。卤汁多的食盐可堆放在仓库里，让其自然吸潮，流失卤汁，以达到脱苦目的。

4. 水

酿造酱油用水量很大，对水质的要求一般并不严格。自来水、井水、江河湖水，只要没有化学污染、经净化处理各项理化及卫生指标均符合国家饮用水标准均可采用。

5. 增色剂

（1）焦糖色：焦糖色的主要成分是氨基糖、黑色素和焦糖。根据《中华人民共和国食品添加剂使用卫生标准》（GB2760—1996）中规定，焦糖色可在酱油、醋等食品中按生产需要适量使用。为了照顾部分地区人们生活的习惯，可根据消费者的需要灵活运用。但不宜在专供儿童食用的酱油中添加焦糖色。

（2）红曲米：又称红曲，古称丹曲，最早发明于中国，已有一千多年的生产、应用历史，是将红曲霉接种在大米（籼米）上培养发酵而生成红色素，产于江西、福建、浙江、广东等省，尤以福建古田所产的最为著名。红曲具有活血化瘀、健脾消食、降血压、降血脂、降血糖、抗菌等功效。红曲色素特点是对 pH 稳定，耐热，不受金属离子和氧化剂、还原剂的影响，无毒、无害。在酱油生产中如果添加红曲米与米曲霉混合发酵，其色泽可提高 30%，氨基酸态氮提高 8%，还原糖提高 26%。

（3）酱色：酱色是以淀粉水解物为原料，采用氨法或非氨法生产的色素，可用于酱油产品增色。氨法生产的酱色 4-甲基咪唑含量应小于 200ppm①。

（4）红枣糖色：利用大枣所含糖分、酶和含氮物质，进行酶褐变和发生美拉反应而生成色素。红枣糖色着色率高，香气正，无毒无害并含有还原糖、氨基酸态氮等营养成分，是一种安全的天然食用色素，可用于酱油增色。

6. 助鲜剂

（1）谷氨酸钠：俗称味精，它是谷氨酸的钠盐，含有 1 分子结晶水，是一种

---

① $1ppm=10^{-6}$，下同。

白色结晶粉末。在 pH 为 6 左右时，鲜味最强。谷氨酸钠是酱油中主要的鲜味成分，可采用发酵法进行味精的生产。

（2）呈味核苷酸盐：呈味核苷酸盐有肌苷酸盐、鸟苷酸盐等。肌苷酸钠是无色结晶状，其分子式为 $C_{10}H_{11}N_4O_8PNa_2$，鸟苷酸钠分子式为 $C_{10}H_{14}N_5O_8PNa_2$，均能溶解于水，用量在 0.01%～0.03%时就有明显的增鲜效果，为了防止米曲霉分泌的磷酸单酯酶分解核苷酸，通常在酱油灭菌后加入。

（3）天然提取物：食用菌味道鲜美与其含大量游离氨基酸及核苷酸有关，可以将其作为风味剂用于酱油的增鲜或提取其中的鲜味氨基酸、核苷酸用作鲜味剂。香菇、平菇、金针菇、凤尾菇等食用菌的氨基酸总量较高（平均为 15.7%），因此最为常用。

7. 防腐剂

防腐剂用于防止酱油在储存、运输、销售和使用过程中腐败变质。通常在酱油中使用最普遍的防腐剂是苯甲酸或苯甲酸钠、山梨酸和山梨酸钾等。

1）苯甲酸和苯甲酸钠

（1）苯甲酸（C_6H_5COOH）。又名安息香酸，白色结晶片状或针状粉末，微带安息香或苯甲醛气味，溶于乙醇，微溶于水，加热可升华，水溶液呈酸性。世界卫生组织和国际粮农组织食品添加剂专家联合委员会第 57 届会议，对苯甲酸作出最新的风险评估，规定每日允许摄入量（ADI）为 0～5mg/kg 体重，我国规定苯甲酸钠在饮料中的最大使用量为 0.02%，在酱油中添加量不应超过 0.1%。一般使用前须加碱中和生成苯甲酸钠溶液，再加入酱油中。中和方法是将纯碱按 1∶1.2 的比例加水，然后加热至 70～90℃，再缓缓加入纯碱量 2.1 倍的苯甲酸，不断搅拌维持一段时间即可。

（2）苯甲酸钠。又名安息香酸钠，呈白色粉末状或结晶颗粒状，无臭或微带安息香气味，味微甜，可溶于水，25℃时溶解度为 53%，空气中稳定性较好。在酸性或微酸性溶液中，具有较强的防腐能力，其防腐机理是能非选择性地抑制微生物细胞的呼吸酶活性，特别是具有很强的阻碍乙酰辅酶 A 缩合反应发生等作用。

2）山梨酸和山梨酸钾

山梨酸与微生物酶系的巯基结合，从而破坏许多重要酶系的作用，抑制微生物的增殖从而达到防腐的目的。

（1）山梨酸。山梨酸属不饱和脂肪酸，在机体内可以正常参加物质代谢，产生二氧化碳和水，基本无毒副作用。山梨酸能有效地抑制霉菌、酵母菌和好氧性细菌的活性，还能防止肉毒杆菌、葡萄球菌、沙门氏菌等有害菌的生长繁殖，是国际粮农组织和世界卫生组织推荐的高效安全的防腐保鲜剂，广泛应用于食品、饮料等防腐防霉。

(2) 山梨酸钾。山梨酸钾是山梨酸的钾盐，无色或白色鳞片状结晶或为结晶状粉末，无臭或稍有臭味，有吸湿性，易氧化而变褐色，在空气中不甚稳定，对光、热稳定，相对密度 1.363，熔点 270℃，其 1%溶液的 pH7～8。易溶于水和乙醇，因此包装时必须置于密封容器中。山梨酸钾具有较高的抗菌性能，能抑制霉菌的生长繁殖；其主要是通过抑制微生物体内的脱氢酶系统，从而达到抑制微生物的生长和起防腐作用，对细菌、霉菌、酵母菌均有抑制作用；其抑菌效果随 pH 的升高而减弱，pH 达到 3 时抑菌达到顶峰，pH 达到 6 时仍有抑菌能力，但最低浓度（MIC）不能低于 0.2%，实验证明 pH3.2 比 pH2.4 的山梨酸钾溶液浸渍未经杀菌处理的食品的保存期短 2～4 倍。

8. 酱油酿造中的主要微生物（发酵剂）

酱油具有独特的风味，其中的呈味物质主要来源于酿造过程中由微生物引起的一系列生化反应。酱油酿造过程中，与原料发酵成熟的快慢、成品颜色的浓淡以及味道的鲜美与否有直接关系的微生物是米曲霉和酱油曲霉。对酱油风味有直接影响的微生物是酵母菌和乳酸菌。

(1) 米曲霉和酱油曲霉：酱油酿造中应用的曲霉菌是米曲霉（*Aspergillus oryzae*）和酱油曲霉（*Aspergillus sojae*）。酱油生产所用的曲霉菌株应符合如下条件：不产生黄曲霉毒素；蛋白酶、淀粉酶活力高，有谷氨酰胺酶活力；生长快速、培养条件粗放、抗杂菌能力强；不产生异味，制曲酿造的酱油制品风味好。生产上常用的米曲霉菌株有 AS3.951（沪酿 3.042）、UE328、UE336、AS3.863、渝 3.811 等。米曲霉菌丛一般为黄绿色，成熟后变为黄褐色。分生子头呈放射形，顶囊球形或瓶形，小梗一般为单层。分生子呈球形，平滑，少数有刺。最适培养温度为 30℃，最适 pH 为 6.0。我国酱油厂制曲大都是使用米曲霉。酱油曲霉是 20 世纪 30 年代日本学者坂口从酱曲中分离出来的，并应用于酱油生产中，它与米曲霉在形态、酶的产生能力和酿造特性上均有差异。

米曲霉有复杂的酶系统，主要产生蛋白质水解酶，分解原料中的蛋白质；还有谷氨酰胺酶，使大豆蛋白质游离出的谷氨酰胺直接被分解生成谷氨酸，增加酱油的鲜味；淀粉酶可分解原料中的淀粉生成糊精和葡萄糖。米曲霉还分泌果胶酶、半纤维素酶和酯酶等。米曲霉酶系的强弱，决定着原料的利用率、酱醪发酵成熟的时间以及成品的味道和色泽。发酵时，18%的食盐对蛋白酶系的影响较小，而对其他酶系的影响较大。

(2) 酵母菌：从酱醪中分离出的酵母有 7 个属 23 个种，它们的基本形态是圆形、卵圆形、椭圆形。一般的说，酵母菌的最适培养温度为 30℃，最适 pH 为 4.5～5.6。

酵母菌在酱油酿造中，与酒精发酵作用、酸类发酵作用及酯化作用等有直接或间接的关系，对酱油的香气影响最大。与酱油质量关系最密切的是鲁氏酵母，占酵母总数的45%，是常见的嗜盐酵母菌，能在含18%食盐的基质中繁殖。它出现在主发酵期，是发酵型酵母，它们主要的作用是发酵葡萄糖生成乙醇、甘油等。乙醇是形成酯类的前提物质，是构成酱油香气的重要组分。随着发酵温度的增高，发酵型酵母菌体发生自溶，从而促进了易变球拟酵母、埃契氏球拟酵母的生长。这些酵母是酯香型酵母，出现在后发酵期，主要作用是参与酱醪的成熟，生成烷基苯酚类的香味物质，如4-乙基愈疮木酚、4-乙基苯酚等。为了提高酱油的风味，有些酱油生产企业人工添加鲁氏酵母和球拟酵母，收到良好的效果。

（3）乳酸菌：从酱醪中分离出的细菌有6个属18个种，有的对酱油酿造是有益的，有的则是有害的。和酱油发酵关系最密切的细菌是乳酸菌（*Lactobacillus*），其中，酱油四联球菌（*Tetracoccus soyae*）和嗜盐足球菌（*Pediococcus halophilus*）的作用是形成酱油良好风味的主要因素。它们的形态多为球形，微好氧到厌氧，在pH 5.5的条件下生长良好。在酱醪发酵过程中，前期足球菌多，后期酱油四联球菌多些。如发酵一个月的酱醪，乳酸菌的最大含量约为 10^8 个/g酱醪，其中，90%是嗜盐足球菌，10%为酱油四联球菌。酱油四联球菌能耐受18%～20%的食盐，嗜盐足球菌能耐受24%～26%的食盐。

乳酸菌的作用是利用糖产生乳酸，乳酸和乙醇反应生成的乳酸乙酯，具有浓郁的香气。当发酵酱醪pH降至5左右时，促进鲁氏酵母的繁殖，乳酸菌和酵母菌联合作用，赋予酱油特殊香味。根据一般经验，酱油中乳酸含量为1.5mg/mL，酱油质量较好；乳酸含量在0.5mg/mL时，则酱油质量较差。但乳酸菌若在酱醪发酵的早期大量繁殖产酸，pH过早降低，破坏了蛋白酶的活性，影响蛋白质的利用率，则对发酵过程产生不利的影响。

（二）酱油生产工艺流程（以固态低盐发酵法为例）

　　　　　　　　　　　　麸皮　饮用水　　　种曲　食盐水
　　　　　　　　　　　　↓　　↓　　　　　↓　　↓
原料验收(大豆、豆粕等)→粉碎→混合→润水→ 蒸料 →冷却→制曲→ 发酵→成熟酱醅→淋油（浸出、提取）→加盐及配制→检验→成品→杀菌→灌装封口→成品

（三）酱油生产操作要点

1. 原料验收

对所有原辅料如豆粕、麸皮等进行感官、理化及卫生学等方面的检验，合格者方可用于生产。

2. 粉碎

粉碎的目的是使原料有适当的粒度，便于润水和蒸煮，增加米曲霉的繁殖面

积和酶的作用面积，有利于原料成分的充分分解。

粉碎度与制曲发酵原料利用率具有密切关系，原料颗粒小、表面积大，米曲霉的繁殖面积及酶与底物接触面积大，发酵作用效果好，原料利用率高。但是如果原料粉碎过细，润水时容易结块，制曲时通透性不好，反而影响米曲霉的生长和酶的分泌，发酵时酱醅发黏，不利于酱油的浸出，不仅增加生产上的困难，而且还降低原料利用率。所以，原料粉碎后的粒度，应在不妨碍制曲发酵、淋油浸出工序进行的前提下，尽量减小物料粒度，要求大部分颗粒的粒径在 1～3mm，粉末状物料能通过 0.246mm 孔径筛（过 60 目筛）的量不得超过 10%。

豆饼或豆粕的粉碎可采用适当的粉碎设备，例如锤式粉碎机、多功能粉碎机。粉碎后再通过筛分，使豆饼细碎度达到标准要求。

3. 混合

制曲原料的配比，各地不一。既要考虑酱油的质量，又要照顾各地区酱油风味特点。由于酱油的鲜味主要来源于原料中蛋白质分解生成的氨基酸，而酱油的香甜主要来源于原料中淀粉分解生成葡萄糖及其生成的醇类，醇与有机酸结合生成酯形成香味。所以若需酿制鲜味较浓并带香甜的酱油，在原料配比中需适当增加蛋白质原料；如需酿制出香甜味浓并带鲜味、体态黏稠的酱油，在原料配比中需适当增加淀粉质原料。常用的原料配比是：豆饼（粕）∶麸皮为 8∶2 或 7∶3 或 6∶4 或 5∶5。粉碎后的豆饼与麸皮应按一定比例充分拌匀，混合均匀。

4. 润水

所谓“润水”，就是给原料加入适量的水分，使原料均匀而完全吸收水分的工艺过程。

（1）原料润水的目的：使原料均匀地吸收一定水分，使其膨胀、松软，以利于蒸煮时蛋白质达到适度变性，淀粉充分糊化，溶出曲霉生长所需的营养成分，同时也为曲霉生长提供所需的水分。

（2）原料润水的方式：目前润水的方式有三种，即人工翻拌润水、螺旋输送机润水、旋转式蒸煮锅直接润水。

人工翻拌润水是在蒸锅附近筑一平台，周围稍砌高畦，以防翻拌润水时水分流失。加水时在平台上用铲翻拌，使水与原料充分接触，均匀吸水。加水后堆积一段时间，让水分自然浸润，使原料均匀而完全吸收水分。

螺旋输送机润水是将原料送入螺旋输送机内，边加水、边混合，使原料与水充分接触，然后再堆积一段时间，让其自然润湿。

旋转式蒸煮锅润水是将原料装入蒸煮锅内，蒸锅回转运动同时按一定比例喷入水分，并使水分尽可能分布均匀及渗入料粒内部的操作过程。

（3）原料润水的方法：原料可选用冷水、温水及热水进行润水。用冷水润水耗时长，容易污染大量杂菌；温水润水润湿物料的时间短一些，但是可溶性成分的浸出量较大，易造成有效成分的损失；用接近沸点的热水润水，不仅润湿的时间最短，同时还可以使蛋白质受热凝固，提高其松散度，防止物料发黏，减少可溶性成分的损失，因此目前常采用热水润水。

（4）加水量：加水量对制曲、原料利用率及氨基酸生成率影响很大。加多少水适宜必须根据原料的性质及配比、制曲的条件、制曲的季节而定。原料品质好，加工设备先进，操作环境卫生洁净，操作过程不易为杂菌浸染，加水量宜多些，反之加水量宜少些。据日本有关资料报道，豆饼加水量从70%增至160%过程中，原料全氮利用率和氨基酸生成率随加水量增加而逐渐提高。

（5）加水量对产品质量的影响：在一定范围内加水量越多，成曲蛋白酶活力越高，氨基酸生成率越高，酱油的鲜味越浓、质量越好。但是随加水量增加杂菌也越易繁殖，糖类消耗大，淀粉有效利用率低，制曲温度升高迅速甚至难以控制，易发生烧曲、馊曲或酸败，生成大量游离氨，影响酱油成品质量。据上海酿造科学研究所试验结果表明，以豆饼100%、面饼20%、麸皮20%为原料配比，按每100份豆饼加水60份、80份、100份、120份，用同样方法制曲，成曲外观虽然差别不大，但是细菌数随水分的增加而显著上升。用同样方法进行发酵和浸出，所得酱油糖分随加水量的增加而下降，游离氨随水量的增加而上升。

实践证明，加水量为豆饼的80%～100%较合适，在此水分含量条件下，原料利用率和氨基酸生成率都得到较大提高。另外，原料蒸煮冷却以后，熟料的水分含量，春秋季节应控制在48%～49%，夏季控制在49%～51%，冬季控制在47%～48%。

蒸煮时原料要吸收约为总料量3%～5%的水分，在冷却过程中又要蒸发少量水分，干麸皮也要吸收一部分水分。蒸煮过程中吸收的水分基本上可以抵消蒸发及干麸皮吸收的水分，计算时可以忽略该方面的影响。

5. 原料的蒸煮及冷却

（1）蒸煮目的：使原料中的蛋白质适度变性、淀粉糊化，有利于被酶水解；杀灭原料中的有害及致病微生物。

（2）蒸煮要求：蒸煮既要达到原料蛋白质适度变性，淀粉充分糊化，又不能夹生或者过度变性。要求达到一熟、二软、三疏松、四不黏手、五不夹心、六要有蒸熟料特有的色泽和香气。适当变性蛋白质不会发生分解，只涉及蛋白质的二、三、四级结构，使蛋白质分子特有的严格的规则排列发生变化，成为无序的混乱状态，溶解度降低，发生凝结，对酶的敏感性提高，暴露出更多的酶解位点，提高其被酶作用程度，提高原料蛋白的利用率。但过度变性蛋白质分子之间相互结合而凝结，形成不可逆的刚性凝胶，在任何浓度的食盐水中都不易溶解，也不易被酶水解。淀粉糊化后大量的水分子进入淀粉晶粒间，破坏了淀粉分子间氢键，使原来紧密的、有序的刚性结构变得疏松、无序，并与水分子间形成氢键，淀粉颗粒膨胀，更利于被酶水解，有利于糖化的顺利进行，有助于形成酱油特有的色、香、味及体态。

（3）蒸料设备：目前国内的蒸料设备有三种类型，即常压蒸煮锅、高压蒸煮锅和连续管道式蒸煮设备，分别适用于小、中、大型酿造厂。

传统的常压蒸煮锅由大木桶架于产汽的蒸锅上构成，锅内装水，加热产生蒸汽，锅上铺设竹箅，将待蒸煮物料平铺于竹箅上进行蒸煮，可叠放多层竹箅，每层装料厚度不超过 30cm。也可将木桶换为不锈钢蒸屉，易于清洗、减少污染。此种操作过程设备落后、进出料劳动强度大、操作环境卫生程度差、蒸煮时间长、耗能大、蒸煮熟化程度难保证一致，影响了制曲质量和原料利用率，生产效率低。但常压蒸料设备简单、投资少。有工业蒸汽的工厂还可以利用直接通入蒸汽的方法进行蒸料，省去蒸锅。注意用常压蒸煮设备蒸料时物料要分批入甑，边进料边进汽，务必使料层疏松、均匀，各部位上汽一致，严防局部压汽和漏汽。上汽后加盖继续蒸 1～2h，再焖料 1～2h 即可出甑。

高压蒸煮设备，有立式高压蒸煮锅、卧式高压蒸煮锅。有需自身将水加热产生蒸汽的，亦有由锅炉通入蒸汽进行蒸煮操作的；有固定式的，也有旋转式的。目前国内多采用的是旋转式高压蒸煮锅。

旋转式蒸煮锅由锅身、支柱、旋转装置及水力喷射器等部分组成，它是一个耐压加热容器，又能进行减压冷却。在蒸料时可不断地作 360°的上下旋转运动，物料蒸熟后开动水力喷射器，高速水流从喷嘴喷出，锅内形成负压，水分在低压下迅速蒸发夺走热量，使物料冷却。旋转式蒸煮锅容积大、生产能力大，润水、蒸料、冷却都可在锅内完成，卫生条件好，蒸料时间短，劳动强度小，蒸煮质量高。

刮刀式蒸煮锅，也是目前常用的另一种高压蒸煮锅。锅身为长圆筒形，上部设有进料口、排汽阀、压力表，锅内设有假底，假底下有蒸汽管，可通入蒸汽，锅底中心垂直装有支柱，上安刮刀，支柱另一端连接动力装置，排汽阀上可连接水力喷射装置，锅的下面有出料口。使用时首先排除进汽管的冷凝水，保证汽路通畅。物料进锅后，要先排除锅内冷空气，防止因不凝性气体存在阻碍升温的正常进行。当压力达到要求后，保持压力到规定时间，使物料蒸透。在蒸料的过程中，锅身要不断旋转或开动锅内的刮刀，防止局部过热导致物料焦糊。蒸料完毕，开排汽阀降压。表压降至零后再关闭排汽阀。开动水泵，减压冷却。当品温降至要求时即可出锅。

连续管道式蒸料设备，主要由润水预热、输送进料、高压蒸煮、减压冷却等装置组成，自动化程度高，原料消化率高，适合现代化大规模生产，但是设备复杂、投资大。

（4）影响蒸煮的因素：蒸料时蛋白质达到适度变性很重要。未蒸熟的豆饼制曲发酵后，浸出的酱油会发生混浊沉淀，这种沉淀是不易被蛋白酶分解的硬性蛋白质，降低了原料蛋白的利用率，影响酱油质量。反之蒸煮过头，蛋白质过度变性，也很难为酶所分解，同样降低原料蛋白的利用率。蛋白质能否达到适度变性，与蒸煮温度或压力、蒸煮时间及原料的含水量有关。原料含水量多、蒸煮压力高、时间长，蛋白质很容易发生过度变性，相反原料含水量少、蒸煮压力低、时间短、蛋白质又不能完全适度变性。所以要充分考虑各因素之间的变化关系对蒸煮效果的影响。

蒸煮压力低、时间短，蛋白质变性程度差。压力增高，则蒸煮时间与脱压时间都要相应缩短，以防发生过度变性。在原料水分一定的条件下，蒸煮压力越高，蒸煮时间和脱压时间越短，蒸料质量越好。目前推广的“长、高、短”蒸料法对提高蛋白质的消化率、降低能源消耗均有明显效果。所谓“长、高、短”蒸料法即增长润料时间、提高蒸煮压力、缩短蒸煮时间和脱压时间。将蒸煮的熟料迅速冷却，可以防止蛋白质在长时间高温下过度变性并减少冷却过程中杂菌污染机会，预防淀粉回生。上海酿造五厂 5m^3 旋转蒸煮锅进行的“长、高、短”蒸料法的具体操作如下：

每锅蒸料 1225kg，其中，豆粕 1000kg、小麦片 125kg、麸皮 100kg。先将豆粕放入锅内，开动旋转蒸煮锅，同时进蒸汽干蒸至料温 110℃（需 20～25min），关蒸汽，开排汽阀，使压力降至 0。开离心水泵，把 800kg 冷水放入锅内（需 5min），在锅内润料 40min，加入小麦片及麸皮，继续旋转 20min，使物料润透混匀。然后进蒸汽维持约 12min（50kPa），关蒸汽，开排汽阀降至 0，关闭排汽阀，继续通入蒸汽至料温达到 120℃后关蒸汽，压力为 150kPa（需时 24min）。保持压力 4min，随即开排汽阀迅速降压至 0（需时约 5min）。再开水力喷射泵减压冷却使锅内料温降至 75℃，即可出锅。通过螺旋输送料温降至 50℃，曲料进入曲箱或曲池后温度可降至 35℃左右，熟料含水量为 48%～50%，蛋白质利用率在 77%～81%。把蒸煮温度从原来的 116℃提高到 120℃，润水时间由原来的 30min 延长到 60min，脱压时间由原来 15min 缩短到 5min，加压时间缩短为 4min，消化率提高 4.48%。可见“长、高、短”蒸料效果良好。

（5）蒸熟后的原料应立即冷到接种温度（具体温度视季节而定），常压蒸料可采用摊冷法或扬凉法，旋转式蒸煮锅蒸料可用扬送机扬凉，刮刀式蒸煮锅蒸料可将熟料缓慢送入凉料机中风冷。不论哪一种冷却方式都应注意卫生，防止二次污染影响酱油质量，同时打碎团块，以利于下一步的操作。

6. 制曲

制曲是在熟料中加入种曲，创造曲霉生长繁殖的适宜条件，使之能充分繁殖，同时产生酱油酿造时所需各种酶类的过程。产生的主要酶类有蛋白酶、淀粉酶、脂肪酶、纤维素酶等。

制曲是酿制酱油最关键的环节，成曲的好坏对酱油的产量、质量起决定性作用。要制好成曲，一是要制出优良的种子曲，二是做好原料的选择、配比及处理工作，三是制曲时要做到科学管理。

1）种曲的制备

种曲是成曲的曲种。制种曲的作用是通过对曲菌进行纯培养，使之产生大量活力较强的孢子，用之接种于制曲的原料上，以得到大量的良好成曲。

（1）制种曲的工艺流程。

原菌种→试管斜面菌种→三角瓶培养菌种
↓
豆饼、面粉、麸皮和水→混合→蒸料→过筛→摊冷→接种→装匾→第一次翻曲→第二次翻曲→揭盖干燥→种曲

（2）种曲菌种的选择。酱油生产用曲霉菌种应具备下列条件：不产生黄曲霉毒素；酶系齐全，蛋白酶及糖化酶活力高；生长繁殖快，适应性广，对杂菌抵抗力强；酿成的酱油风味品质好。对曲菌的选择可以从菌体形态鉴别其生产性能，菌丝长者酱油成熟慢，制品香气好；菌丝短孢子多者酱油成熟早，但制品香气较差。

目前各酿造厂采用的菌种多为沪酿 3.042，此外沪酿 UE336、渝酿 3.811.10B 等也正在推广使用。

（3）种曲制作技术。

其一，试管斜面菌种培养。沪酿 3.042 米曲霉斜面菌种培养，采用豆饼汁培养基，将沪酿 3.042 米曲霉原菌种接入试管斜面上，置于恒温内箱 30℃培养 3d，长出茂盛的黄绿色孢子，查无杂菌，即可作为三角瓶扩大培养菌种。豆饼汁培养基配方如下：豆汁 1000mL，硫酸铵［$(NH_4)_2SO_4$］0.5g，硫酸镁（$MgSO_4 \cdot 7H_2O$）0.5g，琼脂 20g，可溶性淀粉 20g，pH 6.0 左右，磷酸二氢钾（KH_2PO_4）1g。

豆汁制备：豆粕或豆饼加水 5 倍煮沸（小火）1h，边煮边搅拌，然后过滤。每 100g 豆粕或豆饼可制成 5°Bé 豆汁 100mL（多则浓缩，少则补水）。按上述比例添加磷酸二氢钾、硫酸铵、硫酸镁、可溶性淀粉，用 0.05mol/L 氢氧化钠调 pH 6.0 左右，加入琼脂，加热融化，装入试管，在 100kPa 压力下灭菌 30min，灭菌完毕，缓慢降压，灭菌后趁热将试管摆成斜面，冷却，置恒温培养箱中28～30℃培养 2d，检验无菌后备用。

接种及培养：斜面接种后置于 28～30℃恒温箱内 3d，待菌株发育繁殖，长满孢子呈黄绿色后即可取出使用或保藏。每月移植 1 次，菌株保藏温度 4℃时，接种时间可延长至 3 个月移植 1 次。

其二，三角瓶固体曲扩大培养。三角瓶固体曲扩大培养基的配方为：麸粉

80g，面粉 20g，水 80～90mL 或麸皮 85g，豆饼粉 15g，水 95mL。

曲料应充分混匀，分装入三角瓶内，其厚度不超过 1cm，100kPa 灭菌 30min。灭菌后趁热把培养基摇松。冷却后接入试管斜面菌种，在恒温箱内 30℃ 培养 18～20h。三角瓶内曲料已长菌丝，微结块，摇瓶 1 次，使其松散，促进菌种均匀生长。再经 4～6h 曲料发白结饼再摇瓶 1 次。2d 后可以将三角瓶倒置，使底部培养基接触空气，促进曲霉生长。3d 后孢子发育成熟。

其三，盒曲种曲的制作。盒曲种曲的培养采用开放式。要保证种曲的质量，使米曲霉分生孢子多、纯度高、生活力强、发芽率高。曲室、用具应严格消毒，工作人员应加强无菌操作，原料营养、水分应调配合理，管理应认真细致。

种曲的原料及配比：制作种曲的原料，各地不一。总的原则要求是：碳源充足，含一定氮素，达到一定 C/N，物料疏松，适合曲霉菌的生长繁殖。目前原料及其配方采用较多的是南方：麸皮 80kg、面粉 20kg、水 70kg 左右或麸皮 100kg、水 95～100kg。北方制盒曲用麸皮 80kg，豆饼 20kg，水 90～95kg，通风制曲则麸皮 100kg，豆饼 30kg，水 100kg。配方中的加水量可根据经验而定，使拌匀后的曲料能捏之成团，松开即散为宜。

原料处理：按比例配合好原料，拌匀，过 8 目筛，堆积润水 1h 移入蒸锅，0.1～0.15 MPa 蒸 30～60min。若以常压蒸料，则应上汽后装锅，圆汽后蒸 1h，再留锅焖 1h，熟料出锅后趁热过筛，同时迅速冷却。要求熟料疏松，盒曲料含水量为 50%～54%，通风制曲熟料含水量 60%左右。

接种：待品温降至 38～40℃左右即可接种。曲料接种是将三角瓶扩大培养的纯种散布于曲料中，接种量为 0.1%～0.2%，翻拌均匀，使米曲霉分生孢子广泛分布于曲料上。制盒曲则接种量一般为种曲总量的 0.5%。为了拌和均匀，厚度 1～1.2cm 也可先将三角瓶种曲放在经灭菌的少量干麸皮上，拌和均匀后，撒在曲料上，再充分拌匀，即可装盒。

培养：制盒曲时将曲料装入盒或匾内置于种曲室中进行培养。盒一般木制，其大小为 67cm×50cm×6.7cm；匾是以竹为原料编制而成的方形或圆形的盛器，装料时要将料轻轻推开摊平，厚度 1～1.5cm，上盖灭菌纱布，种曲室温度宜保持在 28～30℃，相对湿度 90%。曲盒排在木架上，先堆叠成柱形，有利于保温。顶上倒盖一个空盒，培养 6h 左右。上层品温升至 33～35℃，可倒盒一次，将上下曲盒的位置调换达到上下品温一致。当培养 16h 左右、品温普遍达到 34℃左右、曲料面层稍有结块发白时，进行第一次翻曲。翻曲时用手将曲块捏碎、摊平，尽量松散通风，以利菌丝生长。翻曲结束立即覆盖灭菌的湿布，防止曲料温度上升、水分过量蒸发而干燥，同时倒盒和改变堆叠成“十”字形或“品”字形，使曲料增加一定的散热能力。此时已进入菌丝生长期，米曲霉放出的热量会导致品温快速升高，可利用倒盒或翻曲等措施控制品温不超过 36℃。室温应维持 28～30℃，翻曲后 4～6h，曲料上全部长满白色的菌丝，品温又升至 36℃，此时再进行第二次翻曲。翻曲后仍盖上原来的湿布，并继续以“品”字形堆放。此时曲室管理以调节品温和湿度为主，严格控制品温不超过 36℃，若品温超过 40℃会严重影响米曲霉的繁殖力和发芽率，可向曲室内喷洒凉开水降温。若曲料干燥，孢子就会大大减少，可以加洒 40℃以下的温开水，同时在曲室内喷洒冷开水，使室内空气湿度达到 100%。培养 50h 左右，曲料菌丝上长满绿色孢子，可将湿布揭去，继续培养 1d，让孢子后熟。待全部达到黄绿色时，可放出室内的湿气，室温可略高于 30℃，促进孢子完全成熟。培养种曲自装盒入室至种曲出室需 68～72h。

其四，通风制种曲。从曲料接种入槽到第一次翻曲，品温应维持在 25～30℃，当品温上升到 30℃后，间歇通风，使品温降至 27～28℃。14～15h 菌丝生长开始结块，进行第一次翻曲，菌丝生长期，品温不得超过 33℃，为维持品温，可边送风边将水以雾状向曲面喷洒，也可再次进行翻曲。孢子成熟期品温不能超过 33℃，并一直给风给水，直至出曲前 3h 停止。培养 72h 孢子发育成熟即可出曲。

制成的种曲最好及时投入生产使用。一次用不完可暂时存放，当室温低于 10℃时，可暂时储存在种曲室内，不要并盒；当温度较高又需较长时间保存时，则需将种曲于 35～41℃条件下干燥到含水量为 12%左右，装入无菌纸袋内，在低温干燥环境下保存。

（4）种曲的质量标准。

其一，外观。孢子肥大稠密、整齐健壮、直立菌丝上都有孢子，呈新鲜的黄绿色。无黑曲霉、青霉、毛霉、根霉等其他异色及杂菌生长。内部无麸皮本色、无夹心和硬心。手感疏松光滑、有滑腻感。手指捏碎种曲有孢子飞扬的冒烟现象。

其二，滋气味。具有种曲特有的曲香，无酸气和氨气等不良气味。口尝微有甜涩感，无异味。

其三，水分。自用种曲水分 15%以下，出售种曲 10%以下。

其四，孢子数。镜检孢子数，1g 种曲孢子数以干基计 25 亿～30 亿个，湿基计 50 亿～60 亿个。摇落孢子数，种曲 10g 烘干后过 0.174mm 孔径筛（80 目筛），摇落的孢子与干物质的质量比，在 18%左右。

其五，发芽率测定。由于种曲孢子数测定中已把死孢子数计算在内，因此当孢子测定结果符合质量标准，而在生产上却出现米曲霉生长缓慢的反常现象时，就需要以悬滴培养法测定孢子发芽率，要求种曲孢子发芽率在 90%以上。

检验种曲时，如发现色泽不正常、杂菌多、孢子少、发芽率低、发芽弱势等，必须停止使用。

2）成曲的制备

成曲是酱醅发酵的物质基础。制成曲的目的就是创造适宜米曲霉生长的条件，促使米曲霉在原料上充分发育繁殖，分泌出多种活力较强的酶，如蛋白酶、淀粉酶、氧化酶、脂肪酶、纤维素酶，这些复杂的酶系决定了发酵过程中的生物化学变化的进程和方向。所以制曲的好坏直接影响酱油品质和原料利用率。传统的竹匾制曲、竹帘制曲和木盘制曲劳动强度大、生产效率低、成曲质量不稳定，现多数酿造厂采用厚层通风制曲。

（1）制成曲工艺流程：

水→加热　麸皮　　　　　　　种曲　　　通风

↓　　↓　　　　　　　　　　↓　　　　↓

豆饼→粉碎→润水→混合→蒸料→过筛→冷却→接种→厚层通风培养→成曲

（2）成曲原辅料的配比。豆粕与麸皮比例为 7∶3（质量比）；或豆粕与麸皮及小麦粉比例为 55∶35∶10。

（3）接种。蒸熟后的原料应立即冷却到接种温度，夏季为 35～38℃，冬季为 40～42℃，种曲接种量为投料量的 0.3%～0.5%，接种时先用少量经过熟化的新鲜麸皮与种曲充分拌匀，然后再将该混合物充分混入到其他熟料中去。接种过程中应避免杂菌污染。

（4）成曲培养。

其一，厚层通风培养制曲。曲室以长 10～20m、宽 4m、高 3m 为适宜，要求能保温保湿、降温降潮顺利、便于清洁消毒。室顶建造呈弧形以防滴水，嵌有隔热材料以利保温，中间设置天窗便于通风，每 $15m^2$ 面积设 $0.25m^2$ 天窗一个；也可采用百叶窗式排风扇代替天窗；也可设排气筒进行换气，设一长一短，长者 1m 做排气用，短者 0.5m 做进气用。

通风曲池由木、砖或水泥建造，长 8～10m，宽 1.5～2m，深 0.5～0.6m，可砌成半地下式或地面式，池壁离底 20cm 处有 10cm 宽的边缘，用于铺放木栅板或竹帘及有孔的塑料板、不锈钢板等制成假底，供堆放曲料用。假底之下设通风道，通风道底部倾斜角为 8°～10°。通风道配置空调箱（内有除尘及过滤除菌装置）和鼓风机。通风道的截面积应稍大于鼓风机的出口截面积，以免阻碍送风。

鼓风机功率应根据曲池大小、原料性质、装料量而定。一般选用风压 $(1.3\sim4)\times10^5$ Pa 的中压风机，风量（m^3/h）为曲池盛放总原料质量（kg）的 4～5 倍。例如曲池内盛放原料总量为 1500kg，则需选风量为 6000～7500m^3/h 的风机，配用电动机功率为 4.0kW 左右。

曲池经过清洗、熏蒸灭菌后方可装料入池。入池温度 30℃左右，料层厚度 20～30cm。入池装料要求“松、匀、平”。上、中、下各插一支温度计，随时监测各层品温。装料结束应及时进行间歇循环通风，使料层各处温度一致。

米曲霉得到适当的温度和水分，孢子开始萌发生长。每隔 1～2h 通风 1～2min 以刺激孢子萌发。静置培养 6～8h，品温逐步升至 36～37℃，启动风机降温，调节上下层料温均一，更换新鲜空气。当料温降至 32℃时停止通风，温度过低容易造成耐低温杂菌繁殖。以后根据需要灵活地采用间歇通风、持续通风，并采用循环通风和换气通风方式控制曲料品温不高于 35℃，尽量减小上下料层温差及湿度差。自接种后 10～12h，进入菌丝生长期，呼吸热急剧增加，曲料也因菌丝生长而结块，透风阻力加大，料层温度出现下低上高现象，通风不能有效阻止品温超过 35℃，这时曲面变白，并放出曲菌特有的芳香，应立即进行第一次翻曲。如果翻曲过早，米曲霉菌丝还未进入生长阶段，未形成优势菌群，空气中的杂菌就会在曲料中繁殖，不利于米曲霉生长；翻曲过晚，曲料热量和水分分布不均匀，容易造成“烧曲”。翻曲前应先吹入适量冷风，翻曲后菌丝生长更旺，米曲霉进入菌丝繁殖期，品温上升更快，应持续通风，供给米曲霉需要的大量氧气，控制品温在 35℃左右，严防“烧曲”现象的发生。当曲料已全部发白，面层水分由于大量挥发而损失，曲料收缩产生裂缝造成跑风和品温不一致时，应立即进行第二次翻曲，以打碎曲块、消除裂缝、防止风压损失。第二次翻曲约在第一次翻曲后 4～5h 进行。第二次翻曲后经 2～3h 即接种培养 15～18h 后，菌丝开始着生孢子，称为孢子形成期。此时，米曲霉的蛋白酶分泌最旺盛，应严格控制温、湿度，使品温在 30～32℃，曲料不发干，以利蛋白酶分泌。如果能将温度控制在 25～30℃，适当延长制曲时间，更有利于酶的分泌和酶活力的提高。同时较低的温度还有利于防止杂菌污染。第二次翻曲后，若出现曲料收缩裂缝，可采用铲曲措施堵缝，防止风从裂缝跑掉而降低通风效果。当曲霉孢子呈现出嫩黄色，品温自然下降时，即可出曲。通风制曲从入池培养至出曲一般需 25～30h。如果制曲温度掌握略低一点，制曲时间可延长至 35～40h。延长制曲时间可提高酱油质量。通风制曲过程中米曲霉的生长阶段及温湿度的控制如表 2-8 所示。

表 2-8　厚层通风制曲过程中米曲霉生长阶段及温湿度控制情况

培养阶段	操作名称	间隔时间/h	品温/℃	室温/℃	干湿温差/℃
培养开始			31～32	28～30	32～3
孢子发芽期	培养开始至第一次送风	6	35～37	28～30	2～3
菌丝生长期	第一次送风至第一次翻曲	5～6	35～32	28～30	1～2
菌丝繁殖期	第一次翻曲至第二次翻曲	4～5	35～32	28～30	1～2
孢子着生期	第二次翻曲至第一次铲曲	2～3	32～35	30～31	1～2
孢子着生期	第一次铲曲至第二次铲曲	2～3	32～35	30～31	1～2
后熟期	第二次铲曲至出曲	3	30～32	28～30	2～3

在通风制曲过程中要注意做到“一熟、二大、三低、四均匀”。

“一熟”：是指蒸料熟透、不夹生，使蛋白质达到适度变性，淀粉全部糊化。

“二大”：即曲料水分大，制曲风量大。要求熟料水分在48%～51%。若水分在40%以下，米曲霉的生长繁殖将受到影响。为了保持湿度，通入空气相对湿度应达到90%。如果没有空调设备应尽量采用循环通风。但若制曲初期水分过大，又易造成细菌污染。制曲风量大、风压稳才能保证换气，让空气通过厚厚的曲层，使品温维持在米曲霉生长繁殖的最适范围。风量小、品温过高容易“烧曲”，也容易引起厌气微生物繁殖。

“三低”：一是指装池料温度低，应控制在28～30℃，在此温度下，有利于米曲霉孢子的发芽生长；二是制曲温度低，在制曲过程中温度保持在30～35℃，有利于蛋白酶、淀粉酶、谷氨酰胺酶的生成，增强酶的活力；三是进风风温低，为控制在较低的温度下制曲，进风风温控制在30℃左右。

“四均匀”：是指原料混合及润水均匀、接种均匀、装料疏密均匀、料层厚薄均匀。四均匀在制曲过程中起到了保证温度、水分、营养、曲种分布均匀以及通风均衡的作用。

其二，曲盒制曲。传统制曲是将蒸煮料摊放在曲盒内或竹匾上，移入曲房不添加种曲，任其自然接种制曲。此法的优点是成曲微生物种类复杂、酶系种类丰富，有利于酱油形成特殊的风味和香味，但制曲时间长、原料利用率低、产品质量受环境影响大、质量无保证。目前许多小厂在传统制曲方法的基础上，接纯种培养的种曲生产盒曲。曲盒制曲与盘制种曲在设备和操作管理方面大体相同，只是前者目的是制成的成曲要求含酶系齐全、酶活力强、数量多，而后者目的是要求种曲的孢子多、发芽率高、繁殖力强。

曲盒制曲操作方法　将蒸熟的曲料摊放在拌料台上冷却，当品温降低到40℃以下时，添加曲料质量0.3%的种曲，充分拌匀，然后装入曲盒或竹匾堆成丘形，放入曲室培养。维持室温28～30℃，待品温升至37℃时翻曲、摊平，曲的厚度约3cm，以后保证品温不超过40℃。在培养过程中，如曲室上下部温差大，可用上下调换曲盒位置的方法调节品温。一般培养2～3d即能得到成曲。

其三，链箱式机械通风制曲机制曲。该制曲机是上海酿造六厂首先研制，并于1982年部分投入生产的一种制曲设备。全机由曲箱、空调箱、进料分配器、翻曲机、鼓风机、引风机、出曲螺旋输送机等组成。其优点是操作过程机械化程度高，保温保湿性能好，车间环境条件好，可提高成曲质量。但设备造价高。

其四，旋转圆盘式自动制曲机制曲。该制曲机是近年来日本率先使用的制曲新设备。它主要由圆盘曲床、保温室、顶棚、夹顶、进料器、刮平装置、翻曲装置、出曲装置、测温装置、空调通风以及电器控制等部件组成。其优点是：占地面积小，美观清洁，操作方便，劳动强度大大降低，能自动调节并记录温度湿度，成曲杂菌少，酶的活力高，但设备价格昂贵，耗能耗水较多，生产成本高。

（5）制曲过程的管理要点。在制曲过程中应及时测定物料上、中、下三层温度，低温入池，物料入池温度 30～35℃，静止培养 6h 后，当物料温度升高至 37℃以上时，应及时通风，使物料保持在 35℃。发酵 10～14h 后，曲料开始结块，这时应进行第一次翻曲，将结块的曲料打开，保证曲料处于疏松状态；发酵进行 18～20h 后，可进行第二次翻曲；发酵到 24～26h，曲料上已生出淡黄绿色孢子，这时结束发酵。

（6）成曲的质量标准。外观：菌丝丰满、密集、淡黄绿色、无杂色，内部具有分布均匀的茂盛的白色菌丝，无黑色或褐色的夹心；香气：优良的成曲应具有正常的曲香味，无酸味和氨味；理化指标：水分含量 1、4 季度 28%～34%，2、3 季度不低于 25%，中性蛋白酶活力为 1500U/g（干基），细菌总数小于 5×10^9 个/g。

7. 发酵

酱油发酵是利用成曲中曲霉、酵母、细菌所分泌的各种酶类，对曲料中的蛋白质、淀粉等物质进行分解，形成酱油独有的色、香、味成分。在成曲中拌入多量的盐水，使其呈浓稠的半流动状态的混合物称为酱醪；在成曲中拌入少量的盐水，使其呈不流动状态的混合物称为酱醅。酱油发酵的方法很多，根据醪和醅状态的不同，可分为稀醪发酵、固态发酵及固稀发酵；根据加盐量不同，可分为高盐发酵、低盐发酵和无盐发酵；根据发酵时加温情况不同，又可分为日晒夜露发酵及保温速酿发酵。无论何种发酵方式，其目的都是为了创造酶促反应的有利条件，避免有害杂菌污染，使酱醅（醪）能顺利、正常地发酵与成熟。

1）发酵工艺分类

（1）低盐固态发酵法。低盐固态工艺原料成本低廉（豆粕、麸皮），发酵周期短（15～30d），发酵温度高，酶失活快，不利于氨基酸生成及产香产酯物质的产生，对后期成熟不利。由于发酵时间短，没有后熟期，另外麸皮淀粉含量少，生成葡萄糖量低，相应生成的醇、酸、酯等代谢产物也少，它们之间又来不及补充、调整、圆熟，故该法生产的酱油营养物质含量少，风味差。但该种工艺简单，设备投入少，生产成本低，故大多数酱油生产企业仍采用低盐固态。结合目前的国情和国力，采用低盐固态工艺容易满足消费者对酱油的大量需要，而且根据近年来国内的研究，如果采用多菌种制曲及多菌种后发酵，还可显著改进产品风味。

其一，工艺特点。低盐固态发酵工艺是利用酱醅中食盐含量在 10%以下时对酶活力的抑制作用不大的特点，在固态无盐发酵的基础上发展起来的酱油酿制方法。

其二，优点：①酱油色泽较深，滋味鲜美，后味浓厚，香气可比固态无盐发酵有显著提高；②生产不需要添置特殊的设备；③操作简便，技术简单易掌握，管理方便；④提取酱油时可采用浸出淋油法，提取率较高；⑤原料蛋白质利用率和氨基酸生成率均较高，出品率稳定；⑥生产成本较低。

其三，缺点：①发酵周期比固态无盐发酵长，比无盐发酵要增加较多的发酵容器；②酱油香气不及晒露发酵、稀醪发酵和分酿固稀发酵浓郁。

（2）高盐稀态发酵法。高盐稀态是目前世界上最先进的发酵工艺，以大豆、小麦为主要原料，配比一般为 7∶3 或 6∶4。在成曲中加入成曲重量 2～2.5 倍的浓度为 18°Bé、温度为 20℃的盐水，于常温或 30℃条件下保温发酵 3～6 个月，发酵酱醪呈稀醪态，酱油酱香浓郁，风味好，许多著名品牌酱油均用此法生产。例如"生抽王"、"龙牌酱油"、"舟山洛四油"等均采用该种工艺。

其一，工艺特点：采用高盐、稀醪、低温、长时间发酵（达 6 个月）。

其二，优点：原料为脱脂大豆及小麦。小麦富含淀粉，是微生物营养物质的碳源和发酵基质，水解发酵后生成糖、醇、酸和酯等，都是构成酱油呈味和生香的重要物质。高盐能够有效抑制杂菌，稀醪有利于蛋白质分解，低温有利于酵母等有益微生物生长、代谢，从而生成香味浓郁的产品。据检测，高盐稀态发酵工艺生产的酱油，其香气物质多达 300 多种，氨基酸含量非常丰富。

其三，缺点：生产周期长，原料成本高，设备投资大。

（3）分酿固稀发酵法。分酿固稀发酵是一种继稀醪发酵之后改进的速酿发酵法。它利用不同温度、盐度及固稀发酵的条件，把蛋白质和淀粉质原料分开制醪，采用高低温分开，先固态低盐发酵后加盐水稀醪发酵，可以得到质量比较满意的产品。该法适用于以脱脂大豆、炒小麦为主要原料。

其一，工艺特点：前期保温固态发酵，后期常温稀醪发酵，发酵周期比高盐稀态法短，而酱油质量比低盐固态法好。

其二，优点：①减少盐分对蛋白酶的抑制作用，使其能较充分地发挥作用；②先采用低盐固态发酵，减少食盐对酶活性的抑制，有利于蛋白质的分解和淀粉的糖化；③发酵时间比稀醪发酵短，只要 30 余天；④产品色泽较深；⑤酱油香气较好，属于醇香型；⑥后期酱醪稀薄，与稀醪发酵一样，便于保温、空气搅拌及管道输送，适于大规模的机械化生产。

其三，缺点：①生产工艺较复杂，操作也较繁琐；②稀醪发酵阶段需要酱醪输送和空气搅拌设备；③酱油提取需要压榨设备，压榨操作较繁琐，劳动强度大。

（4）低盐稀醪保温法。该法将高盐稀醪法的优点应用于低盐固态保温发酵法中，区别在于加盐水量高于固态法而成稀醪态。在我国南方得到广泛应用。

2）发酵工艺流程（以低盐固态发酵法为例）

成曲
↓
破碎
↓
盐水或盐糖水→加热→ 制酱醅
↓
入发酵池
↓
保温发酵
↓
成熟酱醅

3）发酵装置与设备

（1）发酵室。发酵室是容纳发酵容器的场所，适合于固态低盐发酵的发酵室应结构坚固，能负荷沉重的发酵容器和物料，场地清洁、干燥，上水充足，排水通畅，冲洗方便，保温绝热良好，紧靠曲室，有利于减少取曲路程，防止曲种污染。最好是楼上制曲楼下发酵。

（2）发酵容器。

其一，发酵缸。发酵缸体积小、容易保温、但散热快。为了保温常将几只缸编为一组，缸外有保温层。保温的方式有直接通入蒸汽保温和水浴保温两种。采用直接通入蒸汽加热保温，方法简单，但温差大、保温效果差；利用蒸汽加热水浴层，通过温水间接加热保温，温差小、保温效果好，是目前采用较多的一种发酵保温方式。

也可将发酵缸放在烟道上，周围铺一层厚沙，利用土烟道的余热加温，这种方法节约能源，但是酱醅受热不均，易造成成品焦煳味重。南方部分厂将发酵槽建在室外，上盖玻璃，下装蒸汽管，白天利用太阳能保温，晚上和阴天采用蒸汽加热。这类发酵缸只适用于小厂。

其二，发酵罐。有钢制夹层水浴发酵罐、水池式钢制水浴发酵罐和钢制移动式水浴发酵罐。钢制夹层水浴发酵罐利用夹层进行水浴保温。水池式钢制水浴发酵罐由一层金属板制成，安装在混凝土保温水浴池内，钢板涂上防腐涂料，池可大可小，有利于机械化生产，适用于先高温后低温的发酵工艺。钢制移动式水浴发酵罐和水池式钢制水浴发酵罐相同，安放在混凝土保温水浴池内但不固定。水浴保温池上面用板盖平，酱醪成熟后可用天车将整罐吊移至浸淋池内，浸泡淋油。浸淋完毕又能将整罐移至出渣处，一次性机械自动出渣。出渣完毕将罐清洗，再移至接种曲制醅处进料入池，重复操作。

其三，发酵池。发酵池是由砖和水泥或钢筋混凝土砌成的，池壁涂环氧树脂。其保温装置有两种：一是发酵池套入水浴池内，隔层水浴保温；另一种是假底下面安装蒸汽管用蒸汽直接加热保温。

4）*发酵操作要点*

（1）食盐水的配制。固态低盐发酵拌曲用的盐水浓度为12～13°Bé。若盐水浓度超过19°Bé，发酵周期会大大延长，蛋白质的分解率显著降低。盐水浓度可用波美计来测定。波美计是在20℃时标定的，若测定时盐水温度不是20℃，应用下面公式校正。

$$B = A + 0.05 \times (t - 20)$$

式中，B——标准温度时盐水的浓度（°Bé）；

A——测得的盐水浓度（°Bé）；

t——测得盐水的当时温度（℃）。

据实践经验，每100kg水中溶解1.5kg食盐，约为1°Bé。

（2）成曲破碎。将成曲破碎成一定粒度有利于水分迅速均匀的渗入曲料内，有利于酶促反应，有利于可溶性有效成分的释放。一般要求将成曲破碎成2mm左右的颗粒为佳。

（3）制醅入池。制酱醅是将破碎后的成曲与配好的盐水按一定比例拌匀，成为不流动的混合物，以利发酵进行。

在固态低盐发酵过程中，盐水用量对成品质量和原料利用率影响很大。成曲中盐水用量过大，发酵升温慢，酱醅成熟慢，酱醅发黏，淋油困难，酱油颜色淡；盐水用量过少，发酵升温快，酱醅成熟快，酱油颜色深，但原料利用率低，氨基酸生成率低，鲜味不足。

酱醅水分控制在50%～51%为宜。可根据下式计算出应加入的盐水量：

$$\text{盐水量} = \frac{\text{曲重} \times [\text{酱醅要求的水分含量}(\%) - \text{曲的水分含量}(\%)]}{1 - \text{氯化钠含量}(\%) - \text{酱醅要求的水分含量}(\%)}$$

式中，曲的水分含量可以通过测定得知，成曲的含水量一般可按30%计，氯化钠含量可以从表2-9中查出。

表2-9　食盐溶液波美度与氯化钠含量对照表

百分比浓度/%	12	13	14	15	16	17	18	19	20	21	22	23
波美度/°Bé	11.87	12.69	13.66	14.60	15.42	16.35	17.27	18.14	19.03	19.89	20.75	21.60
g/100mL	13.00	14.20	15.40	16.60	14.90	19.10	20.40	21.70	23.00	24.30	25.60	27.00

【例】 成曲为1150kg，成曲水分含量为30%，拌曲用盐水浓度为13°Bé/20℃，要求酱醅含水量为50%，计算加盐水量。

查表2-9，13°Bé/20℃盐水含氯化钠近似值为13.5%，代入公式计算得

$$盐水用量 = \frac{1150 \times (50\% - 30\%)}{1 - 13.5\% - 50\%} = 623(kg)$$

在确定成曲加盐水量后，将应加入的盐水加热到55～60℃，再将热盐水与成曲用机械或人工方法充分拌匀后入池（缸），使酱醅起始的发酵温度达到42～44℃为宜，铺在池底10cm厚左右的酱醅应略干燥些，使之保持疏松，避免过分潮湿发黏，不利后期淋油。当铺到10cm以上后，可逐渐增加盐水加入量，让成曲面层充分吸收盐水，最后封盐加盖。

（4）发酵管理。固态低盐发酵作用可分为前期水解阶段和后期发酵阶段。

前期主要是原料中的蛋白质和淀粉在蛋白酶和淀粉酶的作用下水解生成氨基酸和糖分。因此前期应把品温控制在蛋白酶作用的最适温度42～45℃，在此条件下一般需要10d左右，水解基本完成。如果低于40℃要及时采取保温措施。入池翌日，浇淋一次，以后每隔4d左右再浇淋一次。浇淋就是把渗流在发酵池假底下的酱汁液用人工或泵抽取回浇于酱醅面层，使之均匀地再一次通过酱醅下渗，以增加酶的接触机会，促进蛋白质和淀粉的分解。

后期发酵阶段主要是形成酱油的色、香、味、体等物质。利用浇淋法将制备的酵母菌培养液和乳酸菌培养液浇淋于酱醅表面，也可利用自然界的酵母菌和乳酸菌。在固态酱醅上补加适量的浓盐水，使之成为含盐量达15%左右的稀酱醪，并把稀酱醪的温度迅速降至30～32℃，让耐盐酵母和乳酸菌协同进行酒精发酵、乳酸发酵和后熟作用，逐渐产生酱油的香气，直至酱醪成熟。在此期间可以分别进行3次曲汁浇淋，不但可使菌液分布均匀，又能使品温均衡一致。后期降温发酵时间一般需14～20d。这就是通常所讲的“先中后低”型发酵法。

如果需要加快生产周期，不进行后期降温发酵，后期保温发酵时可适当提高温度。具体做法是：入池后第一周保持42～45℃，以后逐渐升温至51～52℃并维持至酱醅成熟。整个发酵只需14～15d。这就是所讲的“先中后高”型发酵法。“先中后高”型发酵法，盐水浓度和用量可以略为减少，蛋白质利用率及出油率有所增加，但由于缺乏后熟作用，酱油的风味较差。

成熟酱醅应呈紫红色，有酱油的芳香和甜香味，而不能有煳味、苦味、酸味、氨臭味及其他不良气味。一般含水量为50%～52%，可溶性固形物含量33%～37%，食盐含量7%～8%。

8. 酱油的浸出（提取）

1）浸出概念

浸出是指在酱醅成熟后，利用浸泡及过滤的方式，将有效成分从酱醅中分离

出来的过程。浸出包括浸泡和过滤两个工序。浸出法代替了传统的压榨法，节省了繁琐而沉重的压榨设备，减少了占地面积，改善了劳动条件，提高了生产效率及原料利用率。

2）浸出原则

尽可能将固体酱醅中的有效成分解离出来，溶解到液相中，并保证绝大部分浸提成分快速分布到成品中去。

3）浸出方式

浸出方式有原池浸出和移池浸出两种方式。原池浸出对原料适应性强，无论蛋白质原料和淀粉质原料采用何种配比，及淀粉质原料采用什么种类，都能比较顺利地淋油；而移池法一般用在豆饼（粕）麸皮做原料而且配比在 7∶3 或 6∶4 的情况下效果才好，否则经过移醅倒池，淋油会不顺畅。原池浸出更有利于与多菌发酵结合，便于在发酵后期增加酵母菌及乳酸菌的培养液，便于实现先水解后发酵、先低盐后高盐、先酱醅后酱醪、先高温后低温的发酵工艺，从而提高氨基酸的生成率和全氮利用率，提高酱油的风味；同时原池浸出省去了移醅过程，可以提高劳动生产率和改善劳动条件。但是原池浸出占用了发酵设备，同时浸淋较高的温度常影响临近发酵池的料温控制，而移池浸淋恰好能避免这些缺点。

4）对浸出设备的要求

坚固耐用，能防止因冷热变化产生裂缝、漏油等现象的发生，假底下的空隙不宜过大，以免存水过多；过滤面积要适当，接油池、浸淋水储存池、溶盐池等配套容积应计量准确。

5）浸出工艺流程

二油 → 加热 → 成熟酱醅
↓
第一次萃取（70 ～ 80℃ 浸泡 18 ～ 20h）
↓
第一次滤油 → 头油
↓
三油 → 加热 → 头渣
↓
第二次萃取（70 ～ 80℃ 浸泡 8 ～ 12h）
↓
第二次滤油 → 二油
↓

饮用水 → 加热 → 二渣
↓
第三次萃取（70 ～ 80℃ 浸泡 2 ～ 4h）
↓
第三次滤油 → 三油
↓
残渣

6）浸出工艺操作要点

（1）先将前批生产的二油热至 70～80℃，注入成熟的酱醅中。注入二油时为防止冲散酱醅而妨碍滤油，需在酱醅表面铺垫杀菌处理过的竹席或其他隔离物作为缓冲物，使注入的二油经隔离物消力后才进入酱醅，加入二油量的多少需按产品等级要求、蛋白质总量和出品率等计算。一般为豆饼原料用量的 5 倍。加完二油，盖紧容器，保温浸提，使品温不低于 55℃，正常情况约经 2h 后酱醅就会慢慢上浮并逐渐散开，20h 后就可以从浸淋池底部放出头油，储油池上预先用容器装好所需的食盐，让流出的热头油经过盐层将食盐溶解，再流入储油池。头油不能放的过干，避免酱渣紧缩影响再次滤油。

（2）抽过头油的酱醅称为头渣。再向头渣中加入预热至 80～85℃ 的三油，浸泡 8～12h，滤出的二油注入二油池，备下一次浸醅用。

（3）抽过二油的酱醅叫二渣。用热水浸泡二渣 2h 左右，滤出三油，三油作二批生产套二油用。总之，头油是产品，二油套头油，三油套二油，清水套三油，如此循环生产的方法称为“三套淋油法”。抽完三油的醅称为残渣。残渣应及时清除，也可作为饲料。浸淋池经过清洗、消毒、检查后再装料进行下一批产品的生产。

（4）加热水量的确定。加热水量可按下式进行计算：

$$E = A \times B - C + D$$

式中，E 为加水量（浸泡液用量）；A 为主料豆粕用量；B 为出品率定额（经验值）；C 为制酱醅盐水用量；D 为发酵池底储油量。

（5）提高酱油浸出效果的措施。酱醅中有效成分的溶出主要是依靠扩散作用。酱油滤出是依靠酱醅自身形成的过滤层和溶液的重力作用自然渗漏的。为了充分浸出、快速过滤，一是加强发酵管理，提高酱醅质量，使蛋白质和淀粉充分分解。二是减少滤油阻力，原料粉碎粒度不要过细，倒醅次数不要过多。三是提高有效成分的扩散速率，提高浸泡温度（90℃），酱醅的黏度减小，浸泡水的浓度越小，浓度梯度越大，浸泡溶出的速度就越大。四是浸泡时间要合理，第一次浸泡 20h，第二次浸泡 8～12h，第三次浸泡 2h。五是提取头油和二油不可抽得过干，在酱醅的表面尚有少量的浸出液时就应停止取油，注入新的浸出液，防止酱醅积淀过多，颗粒过于紧缩黏结，影响浸提和过滤。

9. 酱油的后处理

1）加热处理

（1）作用。杀灭产品中的有害及致病微生物，钝化各种酶类，调和香气及风味，改善酱油色泽，脱除热凝固物、促进酱油澄清，提高酱油的保藏稳定性及食用安全性。

（2）热处理方法。采用间歇式加热法，应将成品酱油加热到70℃，并保持30min。如采用连续式加热法，应将酱油加热至80～85℃，维持5～10min。有条件的可采用超高温瞬时灭菌法（UHT法），可最大限度地保留产品中热敏性营养物质。

2）产品的调配

（1）风味的调整。添加某些风味成分对酱油风味进行调整。

鲜味成分：谷氨酸钠（味素）、鸟苷酸、肌苷酸等。

甜味成分：砂糖、甘草、饴糖等。

芳香成分：花椒、丁香、桂皮（浸提液）等。

色素成分：焦糖色素、酱色等。

防腐成分：苯甲酸钠、山梨酸钾等。

（2）理化指标的调整。一般对全氮含量、氨基酸态氮含量、盐的含量、无盐固形物的含量进行检测和调整，使产品符合相应标准规定。

3）澄清与防腐

（1）澄清。杀菌后的酱油应迅速冷却，在无菌条件下自然放置4～7d，使热凝固物沉淀并凝聚、沉降到下层，从而获得上清液。也可以采用过滤器进行过滤澄清。

（2）防腐。可添加防腐剂法进行防腐，常用的有苯甲酸钠、山梨酸钾，其最大用量不能超过0.1%。

10. 灌装、封口、检验及储存

采用玻璃瓶、聚酯瓶或塑料薄膜袋对酱油进行包裹，包装材料应符合食品卫生要求，无毒无味，不透气，不透水，不透油。灌装封口操作尽量采用无菌灌封技术，保证产品不被二次污染。产品应该按照国家有关酱油的质量标准要求进行检验，合格者方可出厂，成品酱油应当在10～15℃、阴凉、干燥、避光、避雨处存放。

第四节 酱类制品

一、酱的概念及其分类

（一）酱的概念

酱是以富含蛋白质的豆类和富含淀粉的谷类及其副产品为主要原料，在微生物酶的催化作用下，分解成熟的发酵型糊状调味品。

（二）酱的分类

1. 豆酱

以豆类为主要原料经过曲霉菌的分解、发酵成熟的一类调味品。常见有干态豆酱、稀态豆酱、蚕豆酱、杂豆酱等。优质豆酱黄褐色或红褐色，鲜艳，有光泽，具酱香和酯香及浓郁豆香，无不良气味；入口咸鲜，口感醇厚，无苦味、焦煳味、酸味及其他异味；体态黏稠适度，无霉变，无杂质，含盐量≥12%。

1）干态黄豆酱

指原料在发酵过程中加入较少量的水，使成品外观呈干涸状态的黄豆酱。

2）稀态黄豆酱

指原料在发酵过程中加入较多的水，使成品外观呈稀稠状态的豆酱。

3）蚕豆酱

以蚕豆为原料加工酿制的酱类，分为生料蚕豆酱和熟料蚕豆酱。

4）杂豆酱

以豌豆或其他豆类及其副产品为主要原料加工酿制的酱类。

2. 面酱

以谷类为主要原料，利用曲霉菌分解发酵后制得的一类酱类调味品。常见有小麦面酱、杂面酱（加入小麦粉、绿豆粉等）。可直接佐餐和供复制用，或作为制作酱菜的腌制料。优质面酱应为黄褐色或红褐色，鲜艳，有光泽，具酱香和酯香，无不良气味；入口咸鲜甜浓，醇厚，无苦味、焦煳味、酸味及其他异味；体态黏稠适度，无霉变、无杂质，含盐量大于或等于7%。

1）小麦面酱

以小麦为主要原料加工酿制的酱类。

2）杂面酱

以其他谷类淀粉及其副产品为主要原料加工酿制的酱类。

3. 复合酱

指以豆、面等酱为基料，添加其他辅料混合制成的酱类。可供佐餐或烹制菜肴用。如郫县豆瓣酱、辣面酱、蒜蓉辣酱等。

（三）酱在食品加工中的作用

具有赋味、增色、添香、去腥、解腻作用。

二、酱的酿造工艺

（一）面酱

以小麦粉为主要原料，经蒸熟、接种、发酵、磨细等工艺制成的以咸、甜、香为主要风味的半流体状调味品。

1. 工艺流程

食盐→配制→澄清→加热→热盐水（↓至拌匀）

曲种（↓至接种）

面粉、辅料→混合→蒸熟→冷却→接种→培养→面糕曲→拌匀→酱醪保温发酵→成熟酱醪→磨细过筛→杀菌→成品

2. 操作要点

制面酱工艺操作分为制曲和酱醪发酵两部分。

1）制曲

制曲是利用原料面粉培养米曲霉获得分解蛋白质、淀粉等物质的酶类，同时使原料得到一定程度的分解，为发酵创造条件的过程。

（1）原料配比（以面粉为100%计）。标准面粉100%，水28%～30%，曲种（曲精）粉0.1%。

（2）混合。面粉按比例加水，搅拌均匀，和成蚕豆般大的颗粒或面块碎片，或者待面粉拌水后用辊轧机压延成面片再切分成小面块。混合应做到水分均匀，避免局部过湿或有干粉存在，面块大小要均一，利于蒸熟和蒸透。

（3）蒸熟。蒸熟面块的设备有甑锅或连续蒸料机。采用甑锅蒸料的方法是边上料边通入蒸汽，面粒或面块陆续放入甑锅，上料结束片刻上层全部冒汽，加盖再蒸5min即可出料。蒸熟的面块呈玉白色，咀嚼时不黏牙且有甜味。采用连续蒸料机蒸料，应控制好蒸汽流量和面块在蒸料机中运行的速度及经过的时间，连续蒸料1h能蒸面粉750～800kg，既节约劳动力，又能提高蒸料质量。

（4）冷却接种。蒸熟的面粒或面块出甑后立即冷却至40℃左右，拌入占原料量0.1%的曲种（曲精），即可入室培养。曲种也称曲精，是采用麸皮为培养基制成的米曲霉麸曲菌种，经过筛分除去大部分麸皮，主要是米曲霉的摇落孢子。利用曲精为接种剂，避免了以麸曲直接接种给成品引入残余麸皮的不良后果。

(5) 培养。小型生产面酱制面糕曲用曲盒或曲盘在曲室内培养，大型生产面酱制面糕曲在通风培养池中进行培养。室温控制在28～32℃，料温最高不超过36℃，较低的培养温度有利于菌丝生长健壮。当肉眼能见到曲料全部发白略有黄色即可出曲。培养温度过高，培养时间过长，不仅出曲率低，面酱还会发苦。一般35～45h可制好面糕曲。每100kg面粉可制得95～98kg面糕曲（干重）。

除用面粉制面糕曲外，尚有用整粒小麦制曲者。其方法是：小麦淘洗干净，浸泡至含水40%左右捞出，蒸熟，接种米曲霉麸曲菌种，培养，让米曲霉直接在小麦上生长。这种方法工艺操作简单，技术容易掌握，培养时空气条件较好，互相不粘连，有利翻曲，麦皮也不因磨面被除去，存留在曲中，相对提高了成曲的蛋白含量，只是成曲需要经过磨细匀浆处理才能用于制酱。

2) 发酵

发酵是制曲的延续和深入，使原料更进一步分解。曲质量的好坏密切关系到酱醪发酵的成败，对面酱品质起着决定性作用。而酱醪发酵不好，轻则产品质量下降，严重者则会导致生产失败，前功尽弃。

(1) 配合比。面糕曲100kg，14°Bé盐水60～80kg。

(2) 制酱发酵。制酱发酵的方法有一次加足盐水发酵法和分次添加盐水发酵法。

其一，一次加足盐水发酵法。面糕送入发酵容器，耙平表面，让其自然升温至40℃，随即徐徐从表层及四周注入60～65℃、14°Bé的热盐水，使之逐渐全部渗入曲内，最后把表层稍加压实，加盖保温发酵。发酵品温控制在53～55℃，不能过高和过低，过高酱醪易发苦，过低易变酸，且甜味不足。发酵过程中1d搅拌1次，4～5d吸足盐水的面糕曲基本完成糖化，再经7～10d酱醅成熟，成为浓稠带甜的酱醪。

其二，分次添加盐水发酵法。先将面糕曲的大块打碎，堆积升温至45～50℃，加入14°Bé 65～70℃的热盐水，盐水的用量为所需盐水总量的一半，充分拌和均匀，送入发酵容器。盐水与曲料拌匀热交换平衡后，品温应在54℃左右。入料完毕，以食盐盖面，维持53～55℃发酵7d。发酵结束后，再加入剩下的一半盐水，翻拌均匀，即得浓稠带甜的酱醪。

小规模生产时常用发酵容器为容量500～600L的陶瓷缸，进行晒露发酵或水浴保温发酵；大型生产常采用发酵罐或保温发酵池进行发酵，并以压缩空气翻酱，可以提高劳动生产率。

3) 成品处理

(1) 磨细过筛。发酵成熟的酱醪，会有些疙瘩，口感粗糙引起舌觉不适，需要磨细能全部通过60目左右筛。一般采用磨浆机或螺旋出酱机磨细。螺旋出酱机同时具有出酱和磨细两种功能，对提高生产效率和降低劳动强度有利。磨细的面酱过筛后经消毒处理即可储藏。

(2) 加热防腐。面酱既可蘸食，也可作为烹制菜肴的调味品。为保证食用安全，制酱时必须经过加热处理，同时为了增长保藏时间，提高保藏质量，避免保藏过程中产生霉变，也可加入防腐剂进行防腐处理。

面酱的加热防腐通常是直接通入蒸汽，将面酱加热至65～70℃，同时添加0.1%的苯甲酸钠，搅拌均匀。没有蒸汽条件的企业也可应用明火加热。用蒸汽通入酱醪加热，凝结水会对酱醪有稀释作用，为了不造成产品过稀，发酵时盐水用量就应酌量减少。用明火加热，因为酱醪浓稠，上下对流不畅，受热不均匀，接近锅底的酱醪很容易焦煳，应不断搅拌。

经过加热防腐处理的酱醪应注意保藏，经常检查有无霉变，并做到先产先销售、后产后销售，以保证质量。

3. 成品质量要求

(1) 感官质量。黄褐色或红褐色，鲜艳有光泽；有酱香和酯香，无其他不良气味；味甜而鲜，咸淡适口，无酸、苦、焦煳、霉或其他异味；干稀合适，黏稠适度，无霉花，无杂质。

(2) 理化指标。水分50%，氯化物7%以上，还原糖20%以上，氨基态氮0.3%以上，总酸（以乳酸计）2%以下。

(3) 卫生指标。铵盐（以氨计）不超过氨基态氮含量的27%，大肠杆菌（每100g近似数）不超过30个，致病菌不得检出，砷（以砷计）不得超过0.5mg/L，铅（以铅计）不超过0.1mg/L，苯甲酸及其钠盐不超过0.1%，黄曲霉毒素B_1小于5μg/kg。

（二）大豆酱

以大豆为主要原料，以小麦粉为辅料，经蒸熟、接种、发酵等工艺制成的以咸、鲜、香为主体风味的半流体状调味品。

1. 工艺流程

种曲、面粉

↓

大豆→浸泡→蒸熟→冷却→混合接种→培养→大豆曲→入发酵容器→自然升温→第一次加盐水→酱醅保温发酵→第二次加盐水→翻酱→成品

↑

食盐→配制→澄清→盐水

2. 操作要点

1）原料配比（以大豆用量为100%计）

大豆100%，面粉40%～60%，种曲0.1%～0.3%，14.5°Bé盐水90%，24°Bé盐水40%，食盐10%。

2）制大豆曲

（1）洗豆浸豆。大豆筛选除去砂石、草籽等不可食用杂质，去除虫蛀、霉变、瘪粒，选择颗粒饱满的豆粒，洗涤干净，加清水浸泡，一般夏季泡4～5h，春秋季泡8～10h，冬季泡15～16h。泡豆要求豆粒皮面无皱纹，豆内无硬心，指捏容易压成两瓣为宜，如果采用高压蒸煮，泡豆时间可适当缩短。

（2）蒸熟。采用常压蒸熟，将浸泡好的大豆沥干，置于蒸甑或蒸锅内，通入蒸汽或明火加热至圆汽。圆汽后继续蒸2～3h，焖2h出料。加压蒸豆则将浸泡的大豆沥干，送入旋转式蒸煮锅通入蒸汽加热，使锅内蒸汽压力达到120kPa，并在此压力下蒸煮30min出锅。要求料全部蒸熟酥软，并保持颗粒完整不烂。

（3）接种培菌。以大豆100kg，面粉40～60kg的比例配合原料。用泸酿3.042米曲霉或3.324甘薯曲霉制得的麸曲或曲精为种曲。若以麸曲为曲种用量为大豆的0.3%～0.5%，而用曲精为曲种只需0.1%，接种前种曲先与面粉搅拌均匀。蒸熟出锅的大豆冷至40℃左右，接入种曲与面粉的混合物、拌匀。豆类表面包裹着一层面粉，水分被面粉吸收互不粘连，曲料松散，通气良好，有利培菌。将接种好的球状包裹着面粉的大豆粒放在竹匾或木盒中，摊成厚度4～5cm薄层，移入曲室培养。也可将面粉豆粒放入通风池培养，池中培养料层厚度可在30cm左右。控制培养温度32～35℃，最高不超过40℃。制曲操作与制酱油曲操作相同，但由于原豆制曲颗粒较大，粒与粒之间间隙也大，水分易散失。除应加强水分和温度管理外，制曲时间应适当延长，待豆粒表面有淡黄色孢子出现，即可出料。

3）发酵制酱

大豆酱发酵和酱油发酵相同，有自然晒露发酵法、保温速酿发酵法。在保温速酿发酵法中，按加盐量的多少，又可分为固态无盐发酵法和固态低盐发酵法数种。下面着重介绍固态低盐发酵。

（1）入缸。将新鲜的大豆曲倒入缸内，表面扒平，稍加压实，让其自然升温至40℃左右。把加热至60～65℃、14.5°Bé的盐水从面层缓缓淋下，由于已稍加压实，其中大孔隙和毛细管孔隙比例恰当，盐水则可以慢慢下渗，与豆粒有较长的接触时间，通过毛细管渗透作用使各处含盐量能均匀一致。60～65℃的热盐水有一定的杀菌作用，又不致使酶活力降低，同时盐水与酱醅进行热交换后刚好能达到45℃发酵适温，可以省去前期发酵升温工作。这样按每100kg成曲加

95kg 盐水计算，就能使酱醅含盐量在 9%～10%，避免了过高盐分对酶的强烈抑制作用，更有利于发酵的顺利进行。

（2）发酵。入缸结束后，用细盐封面，加盖密封，防止污染，维持 45℃（最低不低于 40℃）的品温发酵 10d，酱醅成熟。

（3）后发酵。成熟的酱醅按大豆曲（干）用量 100kg、24°Bé 盐水 40kg 的比例加入盐水，并补足细盐至 10kg，充分翻拌让细盐完全溶化，混合均匀，在室内后发酵 4～5d 即得成品酱。

3. 成品质量

大豆酱既是调味品又是副食品，既可直接蘸食，也可用于菜肴的烹调，如酱焖鲫鱼、酱焖鱼头都离不开大豆酱作为调味料。京酱肉丝、丰收菜则直接蘸食大豆酱。发酵成熟的大豆酱常常不经灭菌而直接出售，消费者在选购大豆酱时要看清其是否有可直接蘸食的说明，否则应需加热杀菌后方可食用。生产的大豆酱需按下列标准进行质量检查。

1）感官指标

红褐色或棕褐色，鲜艳，有光泽；有酱香、酯香，无其他不良气味；鲜美而醇厚，咸淡适口，无苦、酸、焦煳及其他异味；黏稠适度，无霉花，无杂质。

2）理化指标

水分含量小于 60%，氯化物含量大于 12%，氨基态氮含量大于 0.6%，总酸（以乳酸计）含量小于 2%，还原糖（以葡萄糖计）含量不低于 3%。

3）卫生指标

砷（以砷计）不得超过 0.5mg/L，铅（以铅计）不超过 1.0mg/L，黄曲霉毒素 B1 不超过 5μg/kg，大肠杆菌近似值为每 100g 不超过 30 个，致病菌不得检出。

（三）蚕豆酱

以蚕豆为主要原料，经去皮、蒸熟、接种、制曲、发酵等工艺制成的以咸、鲜、香为主体风味的含蚕豆瓣的半流体状调味品。

1. 工艺流程

面粉　种曲或曲精
↓　↓
蚕豆→去皮→豆瓣→浸泡→蒸熟→冷却→混合→接种→制曲→入池发酵→自然升温→第一次加盐水→保温发酵→第二次加盐水及盐→翻酱→蚕豆酱
↑
热盐水←加热←澄清←配制←食盐

2. 操作要点

1）去壳

（1）干法去壳。经筛选去杂的蚕豆，用锤式粉碎机击碎成4～6片，再经风选机除去皮壳，即得蚕豆片。

（2）湿法去壳。将蚕豆倒入沸水中漂烫，继续煮沸15min左右（以手捏豆壳能脱落为宜），捞出蚕豆，倒入冷水中迅速冷却，用橡皮双辊筒轧豆机脱皮。湿法脱壳的优点是所得豆瓣不必再蒸熟，直接与面粉、曲料拌和后就可制曲。

2）制曲

（1）浸泡蒸料。干法脱壳的豆瓣，按豆瓣质量的70％加水浸泡并不断搅拌，使水分全部被豆瓣吸收，然后常压蒸料15～30min，以豆瓣蒸熟为度。

（2）拌粉接种。按干豆瓣质量的40％称取标准面粉和0.3％～0.5％的沪酿3.042种曲孢子，与冷却的豆瓣拌匀，使面粉和菌种吸附在豆瓣表面。

（3）制曲操作。制曲可根据生产规模和生产条件选用盒子曲、帘子曲或通风制曲。制曲的操作可参照大豆酱、酱油的制曲。主要是控制好温度、湿度和风量（通风制曲）。为了防止豆瓣表面水分的散失，在曲料表面可覆盖一层食品级塑料薄膜。一般通风制曲45h左右孢子可长好。盒子曲、帘子曲75h左右孢子可长好丰满。

3）制酱

（1）配料。蚕豆100kg，15°Bé盐水140kg，精盐10kg，饮用水10kg。

（2）制酱。制曲结束后，停止通风或将曲料（指盒子曲和帘子曲）堆积，使曲温升至40℃，然后将豆瓣曲送入发酵缸或发酵罐内，表面扒平，稍稍压实，将准备好的15°Bé的热盐水（50～55℃）从面层四周徐徐注入豆瓣曲中，盐水的用量为去壳豆瓣量的一半。最后加上封口盐，并用封盖盖好，保持品温45℃左右进行发酵。发酵10d后，酱醅成熟，按每100kg豆瓣曲补加精盐8kg及水10kg，并以压缩空气或翻酱机充分搅拌均匀，促使食盐全部溶化，再保温发酵3～5d或移至室外后熟数天。为使成品防腐，应加入0.1％苯甲酸钠，豆瓣装瓶后在封口处加少量的麻油封口，盖严即可。

3. 产品质量要求

（1）感官指标。

色泽　红褐色或棕褐色，鲜艳，有光泽。

香气　有酱香和醇香，无其他不良气味。

滋味　味鲜而醇厚，咸淡适口，无苦味、焦煳、酸味及其他异味。

体态　黏稠适度，不稀不稠，无霉花，无杂质。

（2）理化指标。

见表2-10。

表 2-10　蚕豆酱理化指标

项目	指标
水分/%	≤60.00
食盐（以氯化钠计）/%	≥12.00
总酸（以乳酸计）/%	≤2.00
氨基酸氮（以氮计）/%	≥0.60
还原糖（以葡萄糖计）/%	≥3.00

（3）卫生指标。砷（以砷计）不得超过 0.5mg/L，铅（以铅计）不超过 1.0mg/L，黄曲霉毒素 B1 不超过 5μg/kg，大肠杆菌近似值为每 100g 不超过 30 个，致病菌不得检出。

第五节　豆　　豉

一、豆豉及其分类

（一）豆豉

豆豉是以黄大豆或黑大豆为原料，加入酒及姜、花椒等香辛料，经蒸熟，霉菌发酵等工艺而制成的调味品。豆豉，是我国传统发酵豆制品。古代称豆豉为“幽菽”，也叫“嗜”。最早的记载见于汉代刘熙《释名·释饮食》一书中，誉豆豉为“五味调和，需之而成”。公元 2 至 5 世纪的《食经》一书中还有“作豉法”的记载。古人不但把豆豉用于调味，而且用于入药，对它极为看重。一般用来制作调味料的称之为“咸豆豉”，入药用的则称为“淡豆豉”，两种豆豉味道及功能均不一。《汉书》、《史记》、《齐民要术》、《本草纲目》等都有将其入药的记载，豆豉味苦、性寒，入肺、胃经；有疏风、解表、清热、除湿、祛烦、宣郁、解毒的功效；可治疗外感伤寒热病、寒热、头痛、烦躁、胸闷等症。据记载，豆豉的生产，最早是由江西泰和县流传开来的，后经不断发展和提高，使豆豉成为独具特色、人们喜爱的调味佳品，而且传到海外。我国台湾人称豆豉为“荫豉”，日本人称豆豉为“纳豉”，东南亚各国也普遍食用豆豉。我国较为有名的豆豉有广东阳江豆豉、开封西瓜豆豉、广西黄姚豆豉、山东八宝豆豉、四川潼川豆豉和湖南浏阳豆豉等。

（二）分类

1. 根据制曲时参与的微生物种类分类

1）霉菌型豆豉

霉菌型豆豉参与制曲的主要微生物是霉菌。根据霉菌种类的不同，霉菌型豆豉又有米曲霉型豆豉、根霉型豆豉、毛霉型豆豉、脉孢型豆豉四类。

2）细菌型豆豉

参与制曲和发酵的主要微生物是枯草芽孢杆菌、乳酸菌等。细菌型豆豉在制造过程中制曲和发酵的水分都比较高。

2. 根据发酵时加入食盐与否进行分类

可分为有盐发酵豆豉和无盐发酵豆豉。有盐发酵豆豉为咸豆豉，方便食用，非常适宜做菜肴；无盐发酵豆豉为淡豆豉，它具有独特的风味，特别适合做调味料。

3. 根据成品的水分含量及形状进行分类

可分为干豆豉、湿豆豉、水豆豉、团块豆豉。干豆豉因发酵时的水分较少，成品为松散的颗粒；湿豆豉在发酵时加入一定量的水，产品含水量较高，豆粒柔软、互相粘连；水豆豉是制曲后使用过饱和的浆液，让曲在淹水条件下较长时间发酵，其成品为浸渍状态的颗粒；团块豆豉是以豆泥制成团块，制曲和发酵同时进行，并配合以适当烟熏，成品为团块状。团块豆豉风味独特，不但有浓郁的豆豉味，而且还有熏烟香味，以刀切碎经蒸炒后食用，脍炙人口。

4. 根据加工方法和风味的不同进行分类

可将豆豉分为干豆豉、湿豆豉、水豆豉、淡豆豉、咸豆豉、香豆豉、臭豆豉（国外）。

豆豉生产主要以大豆为原料，全部制曲，固态或淹水发酵，发酵时添加不同的辛香料调味。由于制曲的主要微生物和发酵加水量等工艺不同，形成了具有不同风味的各种豆豉。四川的潼川豆豉、湖南的浏阳豆豉、山东水豉、广东阳江豆豉都是久负盛名的豆豉品种。

（三）在食品加工中的作用

可以赋味、赋色，另外可以增香、去腥、提鲜。

二、生产工艺（以霉菌型豆豉为例）

（一）工艺流程

大豆→浸泡→沥干→蒸豆→焖豆→出锅→冷却→接种拌和→上垫培养制曲→成曲→配料→润料→装坛发酵→成品

↑

豆豉曲、食盐、白酒、甜酒酿、水

（二）操作要点

1. 大豆的选择

制毛霉型豆豉理想的原料为褐色大豆。要求颗粒硕大、饱满，粒径大小基本一致，充分成熟，表皮无皱褶，有光泽。选取的褐色大豆，经过筛分使粒径一致，去除杂质，再经漂洗去除不实颗粒和霉烂粒、虫蛀颗粒。

2. 浸泡

将大豆淘洗干净后加水浸泡3～4h，泡至95%的豆粒膨胀无皱纹（含水量为45%～50%）时，取出沥干即可蒸豆。

3. 蒸熟

蒸熟的方法可采取常压蒸煮或高压蒸煮。常压蒸煮时将浸泡好的大豆装入蒸锅中蒸3～4h，之后保温（90～100℃）焖豆3h。蒸熟的豆粒要求熟而不烂、内无生心。经过蒸料吸水后其含水量在52%左右。高压蒸煮时视采用的压力、温度不同，则所需时间也不同，高温高压则时间短，反之则时间长。一般情况下，高温高压蒸煮时间少于1h，远比常压蒸煮节省时间。

4. 接种上垫

将蒸熟的大豆熟料摊晾在清洁的曲台上，待品温降低到28℃左右，接入5%的毛霉盒曲菌种，拌和均匀。原料接种后移入培养室内铺于曲架的棕垫之上，四边高中间低，厚度4～5cm。

5. 培养制曲

豆豉曲培养的温度应视具体的毛霉菌种适宜生长的温度和酶形成的温度而定，一般把培养温度控制在21～29℃，培养1d左右豆醅表面就可以观察到毛霉菌落。培养2～3d时菌丝增长迅速、菌丝直立、浅灰色孢子大量产生，此间温度极易升高，应采取开启门窗翻曲等措施降低温度，使品温最高不超过31℃。3d后毛霉生长减弱、菌丝部分倒毛、孢子大量生长，须维持较低的温度。4d以后，菌丝已全部倒毛，浅灰色孢子把曲染成灰色，曲已成熟。

6. 发酵（下豉）

（1）配料。豆豉曲100kg，细盐18kg，白酒3kg（酒精含量50%以上），甜酒酿2kg，水适量。

（2）混合浸闷。将成曲打散成颗粒状，置于操作台上，喷撒白酒，边喷酒边翻拌，使每粒豆豉曲表面都被白酒浸润，再将甜酒酿用水稀释与曲拌匀。最后撒入食盐，补足水分，使之达到含水量45%～48%，加盖塑料薄膜，浸闷1d。

（3）装坛发酵。将浸闷后的豆豉曲再拌和一次，充分达到颗粒散、水分匀。装入已经杀菌处理的浮水坛中，坛口封严，加盖并用浮水密封，发酵过程中要经常检查补加浮水防止干涸漏气。常温下发酵1年即为成熟的豆豉成品。

（三）成品质量要求

1. 感观指标

毛霉豆豉色泽黑褐色、光亮、酯香浓郁、咸淡适口、无不良气味；颗粒完整，松散成形。

2. 理化指标

水分含量44%，蛋白质含量22%以上，氨基酸态氮（以氮计）含量不低于0.6%，总酸（以乳酸计）含量小于2.0%，盐（以氯化钠计）含量12%，还原糖（以葡萄糖计）含量2.2%。

3. 卫生指标

大肠杆菌近似值30个/100g，砷不大于0.5mg/kg，铅不大于1.0mg/kg，食品添加剂按GB2760—1996规定执行，黄曲霉毒素不大于5μg/kg，致病菌不得检出。

（四）产品质量控制措施

（1）使用合格的原辅料；

（2）加强制曲与发酵管理，防止污染；

（3）保持生产环境的洁净，注意生产用具的清洗和消毒；

（4）采用合理的方法对产品进行杀菌处理，并避免二次污染。

第三章　甜味调味品

第一节　概　　述

一、甜味与甜度

甜味是人们最爱好的基本味感，甜味是含生甜基团及含氨基、亚氨基等基团的化合物对味蕾刺激所产生的感觉，甜味是烹饪中独立存在的味道，甜味调味品可单独用于食品调味，也可与其他调味品共同组成复合味。人的舌尖对甜味最敏感。除糖及其衍生物外，还有许多非糖的天然化合物、天然物的衍生物和合成化合物也都具有甜味。

甜味调味品的甜味要求纯正、强度适中，能很快达到甜味的最高强度，并且还要能迅速消失。不同的甜味调味品甜味不同，甜味的高低称为甜度，是衡量甜味调味品的重要指标，目前还没有用物理或化学方法定量测定的标准方法，只能凭人的味感来判断。通常是以水中较稳定的非还原糖蔗糖为基准物（如将5%或10%的蔗糖溶液在20℃时的甜度定为1或100），用以比较其他甜味料或甜味剂在同温同浓度下的甜度。这种相对甜度（甜度倍数）称为比甜度。食品工业中常用的几种甜味料相对甜度见表3-1。当某种浓度的甜味料或甜味剂的甜度与标准蔗糖溶液的甜度相同时，根据两者浓度上的差别，可换算出该种甜味料或甜味剂的甜度。食品加工中常用糖的甜度分别是蔗糖100，麦芽糖32～60，果糖114～175，葡萄糖50～74，其中果糖是所有糖中最甜的糖。

糖的甜度受各种因素的影响。一般来说，糖溶液的浓度越高，甜度越大。温度变化也对甜度有影响，果糖在低于40℃时较甜，40℃时与蔗糖甜度相等，高于40℃时甜度降低。葡萄糖和蔗糖的甜度随温度的变化不大。两种或两种以上的糖混合后有增甜作用，并可改善甜味品质。糖的结晶越小甜度越大。甜度还受其他调味品的影响，如在3%～10%的蔗糖溶液中加入1%的食盐，甜度降低；加入0.5%的食盐则甜度增高。在6%以上的蔗糖溶液中加入0.04%～0.06%的醋酸，甜度降低。另外，苦味、酸味和咸味调味品在较高浓度下均有降低甜度的作用。

二、甜味调味品分类

甜味调味品种类繁多，目前尚无统一分类标准，一般可包括天然甜味调味品和人工合成甜味调味品，天然甜味调味品常用的有蔗糖（包括粗糖、精制糖）、淀粉糖及糖醇类（包括麦芽糖、葡萄糖、果葡糖、低聚麦芽糖、低聚果糖、麦芽糖醇、异麦芽糖醇、低聚麦芽糖醇等）、果糖、蜂蜜、植物提取物（包括紫苏糖、甘草制品、甜菊糖等）等，人工合成调味品即指常见的化学合成甜味剂，如甜蜜素、糖精、蛋白糖等。工程食品生产中可根据消费人群特征及产品特点决定使用何种甜味调味品，天然甜味调味品或人工合成的甜味剂都可以使用，而烹饪中一般使用蔗糖、淀粉糖、蜂蜜等天然甜味料，较少使用合成甜味剂。

表 3-1 几种糖及糖醇的相对甜度

糖类名称	相对甜度
蔗糖	100
果糖	150
葡萄糖	70
半乳糖	60
麦芽糖	50
乳糖	40
麦芽糖醇	90
山梨醇	50
木糖醇	100
甘油	80
果葡糖浆（转化率 16%）	80
果葡糖浆（转化率 42%）	100
淀粉糖浆（DE 值 42）	50
淀粉糖浆（DE 值 52）	60
淀粉糖浆（DE 值 62）	70
淀粉糖浆（DE 值 70）	80

三、甜味与其他味的关系

（一）甜味与咸味的关系

在菜肴中添加适量白糖可使咸味减弱。试验表明，在 1%～2%的食盐溶液中，添加 7%～10%的蔗糖，基本品尝不到咸味；但在 20%的食盐溶液中即使添加多量蔗糖，咸味也非常突出，感觉明显。在蔗糖溶液中添加少量食盐，可增加其甜度。在 10%的蔗糖溶液中添加 0.15%的食盐或在 50%的蔗糖溶液中添加 0.05%的食盐都可使甜度增加。

（二）甜味与酸味的关系

在甜味调味品中添加酸味调味品，可使甜味减弱。酸味调味品的添加量越大甜味越弱；反之，甜味调味品也可降低酸味调味品的酸度，即甜味和酸味可互相减弱对方的味感。食物过甜则腻口，过酸则寡，而甜酸比适当则可使被调味食品体现出既温馨细腻又清新爽口的美好风味。

（三）甜味与苦味的关系

在甜味调味品中加入苦味料，甜味减弱。苦味料添加量越大，甜味越弱；反之，甜味也可降低苦味。甜味和苦味如果比例调配适当，会使原本带有苦味的食品变得醇厚、回味绵长，如巧克力、咖啡、啤酒、菊花茶等。

第二节　蔗　　糖

一、蔗糖及其分类

（一）蔗糖

蔗糖是植物光合作用的主要产物，广泛分布于植物体内，特别是甜菜、甘蔗和水果中含量极高。蔗糖也是植物储藏、积累和运输糖分的主要形式。食品加工所用的蔗糖是以甜菜、甘蔗为原料经提取或回溶、洁净处理、煮炼结晶等制成的天然甜味料，一般情况下，无特殊说明的糖即指蔗糖。蔗糖相对分子质量为342.3，分子式：$C_{12}H_{22}O_{11}$。白色晶体，具有旋光性，但无变旋。水中溶解度2.1g/g（25℃），熔点186℃，能量密度17kJ/g。蔗糖容易被酸水解，水解后产生等量的D-葡萄糖和D-果糖，不具还原性。蔗糖高温发生焦糖化反应生成的焦糖可以用作酱油的增色剂。蔗糖在人体消化系统内经过消化液分解成为果糖和葡萄糖，经过小肠吸收。大量蔗糖的摄入与某些健康问题有关系，最常见是引起蛀牙，这是由于口腔的细菌可将食物中的蔗糖转换成酸，从而侵蚀牙齿的珐琅质造成的。另外，由于其快速分解为人体提供能量，可引起血糖快速升高，因此，糖尿病患者忌大量食用蔗糖。但对健康人群来说，蔗糖是一种物美价廉的优质能量供应者，同时又为食物带来甜蜜的愉悦味感。

（二）分类

蔗糖种类较多，根据其精制程度分为粗糖和精制糖。粗糖有红糖、粗砂糖和黄砂糖；精制糖有白砂糖、粗粒白砂糖、绵白糖和加工糖（冰糖、糖粉、方糖）。甘蔗原产地可能是新几内亚，后来传播到南洋群岛和印度，大约在周朝周宣王时传入中国南方。蔗糖发源地是古印度，通过丝绸之路传入中国和世界各地。意大利旅行家马可波罗的《游记》记述中国福州地区炼制的糖“十分洁白”。明宋应星的《天工开物》第六卷《甘嗜》篇详细叙述生产白糖和冰糖的方法。中国从明朝开始将中国产白糖出口到日本、印度和南洋群岛各国。

1. 白砂糖

白砂糖根据其晶粒粒度大小可分为大粒砂糖（0.8～1.6mm）、中粒砂糖（0.45～1.25mm）、小粒砂糖（0.28～0.63mm）和幼砂糖（0.18～0.28mm）。白砂糖晶粒干燥松散，洁白，有光泽，味甜，无杂质。蔗糖含量：优级品≥99.30%；一级品≥99.65%；二级品≥99.45%。白砂糖的纯度较高，99%以上为蔗糖。蔗糖易溶于水，其溶解度随温度升高而增大，在0℃时其饱和溶液含糖64.13%，在100℃时饱和溶液含糖82.97%。因此，化糖时宜用温水或开水以利于糖粒充分溶解。砂糖糖浆随温度降低，浓度增大，黏度也增大，但黏度受温度影响程度大于浓度所受温度的影响。我国生产用白砂糖，按所用原料可分为甜菜糖和甘蔗糖。对白砂糖的品质要求是晶粒整齐、颜色洁白、干燥、无杂质、无异味。白砂糖是液体食品加工及糖果业应用最广泛的甜味料，食品加工中应用的白砂糖应符合国家标准GB317.1—91中优质品或一级品质量要求的规定。

2. 绵白糖

绵白糖质地绵软，晶粒均匀细小，蔗糖含量≥97.90%。绵白糖是由白砂糖加入少量转化糖或饴糖制成，是蔗糖、葡萄糖、果糖、麦芽糖等的混合物。晶粒由于是在迅速冷却条件下生成，十分细洁，在水中易于溶化，绵白糖价格要高于白砂糖。绵白糖的使用使产品香甜、细腻，且生产便利、操作方便。如生产蛋糕、面包时，可将绵白糖直接在相应工序中加入，即可使蛋糊或面团达到理想状态。绵白糖是烹饪中应用最广泛的甜味料，食品加工中使用的绵白糖应符合国家标准GB1445—2000优质品或一级品质量要求的规定。

3. 冰糖

冰糖是以砂糖为原料，经再溶、清净、重结晶而制成晶体。冰糖味甘、性平，入肺、脾经，有生津润肺、清热解毒、止咳化痰、利咽降浊之功效。对肺燥咳嗽、干咳无痰、咽喉肿痛有缓解作用。冰糖常用于清凉风味食品或滋补品的加工，如冰糖银耳、冰糖莲子、冰糖燕窝、冰糖山楂、冰糖百合等。冰糖有白冰糖和黄冰糖两种。白冰糖色白，呈半透明体，有光泽，表面干燥，蔗糖含量≥98.30%；黄冰糖色金黄，表面干燥，有光泽，蔗糖含量≥98.00%。

4. 方糖

方糖亦称半方糖，是用细晶粒精制砂糖为原料压制成的半方块状（即立方体的一半）的高级糖产品，相对密度0.95～1.04，孔隙率0.40～0.35。质量纯净无杂质，蔗糖含量≥99.60%。外形规整，结晶体均匀，洁白而有光泽，糖块棱角完整，有适当的坚固性、不易碎裂，表面光滑。在水中快速溶解，溶液清晰透明。餐饮业中方糖常用于茶饮料或代茶饮、嗜好性饮料调味用，如为掩盖咖啡苦味、提高其适口性常加入方糖调味。

5. 赤砂糖

赤砂糖又称红糖，是在生产过程中未把糖蜜分离开来，颜色棕红或黄色，甜而略带糖蜜味，无异味，无杂质。其总糖含量≥89%，含糖蜜与叶绿素、叶黄素、胡萝卜素及铁质等，色呈棕红。性味甘、温，归脾、胃、肝经，具有健脾益气、缓肝补血、消食、活血祛淤、止痛等作用，常用于妇女经期或产后食品的加工。烹饪中常用于需要焦糖挂色菜肴或深颜色甜品的烹制，如蜜焖三鲜、大枣糕等。因为红糖为砂糖的粗制品，所以不能生食。红糖易吸收空气中的水分，长期在室内存放易返潮结块。

6. 黄砂糖

黄砂糖是生产白砂糖的初级产物，由于晶粒表面的糖蜜未洗净，因此带有黄色，且极易吸潮不耐保存。另外其无机杂质较多，特别是含铜量较高，最高可达20ppm以上，使面糖食品在保存中易发生酸败变质，因此常用于低中档产品的生产。黄砂糖含水量较高，研磨成糖粉十分困难，一般加热熔化制成糖浆使用。同时黄砂糖中常带有杂物和昆虫，所以糖浆要过滤除去杂质后使用且不可生食。

二、蔗糖在食品加工中的作用

1. 赋味作用

在食物中添加蔗糖可赋予其甜味，并能与其他调味品组合产生复合味，同时调节酸味、咸味、苦味的强弱。

2. 增色作用

蔗糖及其他糖类加热到200℃时，开始发生焦糖化反应，产生焦糖（酱色）。若有氨基化合物存在，如蛋白质、肽、氨基酸等，还会发生羰氨反应（美拉反应），产生类黑色素及特有的芳香。烹饪中常利用糖的上述反应烹制某些甜品菜肴，焙烤食品及酱、烧、熏等菜肴的“上色”都是利用糖的呈色反应获得金黄、红棕、枣红等诱人颜色及特殊的焦香风味。

3. 调节原料质地

糖具有一定的保水作用，在腌渍肉类时，可起到保持肌肉嫩度的作用。糖可改善面团的组织状态，使面团外形挺拔，在内部起到骨架作用，保型性好，增强产品脆感。糖具有反水化作用，能调节面团的软硬度及面筋的涨润度，增加面团的可塑性。

4. 返砂及拔丝作用

蔗糖在水中溶解，在186℃左右加热至水干，会重新形成细小糖粒，即返砂现象。利用此现象可制作挂霜菜肴。当用水或油将糖炒至浅黄、黄或深黄色，冷却后糖会重新结晶，并可拉丝。此糖可用于制作拔丝、琉璃类菜肴，如拔丝白果，拔丝香蕉、水晶梨等。

5. 杀菌防腐作用

由于蔗糖在加工中能转化为转化糖，生成具有还原性的单糖，是一种天然抗氧化剂，可以增加油脂的稳定性，防止其酸败变质，增加保存时间。另外高浓度的糖有抑制和杀灭微生物的作用，一般细菌在50%糖溶液中就不能繁殖，所以在含糖多的食品中，糖有明显抑制细菌生长的作用，故可用糖渍的方法保存食物。

6. 调节发酵速度

糖是酵母的营养物质，在面包生产中，活化酵母时，加入少量的糖，有助于酵母的繁殖或发酵。在面团中加入适量的糖可以缩短发酵时间，一般面团发酵过程中约有2%的糖被酵母利用，发酵后的剩余糖，参加产品的呈色、呈味反应。但糖量超过30%会因糖的渗透压力抑制酵母生长而阻碍发酵作用的正常进行，降低发酵速度。

三、蔗糖在菜点中的使用量

蔗糖在菜点中的使用量主要依据菜肴的不同味型要求而定，适量添加。除了纯甜或甜味较重的菜点外，一般北方菜加糖量远低于南方菜，并且北方菜较南方采用糖的种类少得多。另外，在使用蔗糖时也要考虑糖尿病患者、肥胖病患者的饮食特点不宜多吃糖，可不加或少加蔗糖，可用低能量甜味料或无能量甜味剂代替。

第三节　淀粉糖及其衍生物

一、淀粉糖及种类

（一）淀粉糖

1. 概念

以淀粉质原料如谷物、薯类等为原料或以淀粉为原料，经过酸法、酸酶法或酶法制取的糖，包括麦芽糖、葡萄糖、果葡糖浆等，统称为淀粉糖。因其生产中所用的原料不同有小麦淀粉糖、玉米淀粉糖、地瓜淀粉糖、木薯淀粉糖、大米淀粉糖等。

2. 历史、现状及发展

淀粉糖在我国有悠久的历史，在公元五百多年的《齐民要术》中就提到糖，而且详细地描述了用大米制糖方法。我国食糖生产和消费，长期以来，一直以蔗糖为主淀粉糖为辅。我国糖果产量已达 100 多万 t，按硬糖中蔗糖与淀粉糖 60∶40 计，淀粉糖消费量 40 多万 t，年产 1250 万 t 饮料中碳酸饮料和果汁饮料占 60%，用糖量按 10%计，淀粉糖消费量 75 万 t。另外在糕点、焙烤业，乳业及肉类加工等行业，淀粉糖需求量也近百万吨。近年来国家大力扶植和推广淀粉糖，1998～2004 年，淀粉糖产量年递增率为 39%，2005 年淀粉糖产量达 420 万 t，产值达 92.4 亿元，2006 年淀粉糖产量达 560 万 t。我国淀粉糖产量仅次于美国，居世界第二位。淀粉糖工业是农业产业化和粮食深加工的重要途径之一，淀粉糖工业在我国国民经济发展中起着重要作用。近几年，随着全球淀粉糖的需求不断攀升，国内饮食习惯的转变，国内淀粉糖的消费也出现人幅度的增长。其中，主要源于淀粉糖的种类繁多，附加值较大，如葡萄糖、果糖、麦芽糖、低聚麦芽糖、果葡糖等，不但可满足食品工业中众多产品的生产需要，还是许多生物制剂的原料如青霉素、红霉素、维生素等药品的生产。另外，某些淀粉糖不但在加工工艺性能方面可以与蔗糖媲美，同时还具有蔗糖不具备的保健功能而备受消费者青睐。尤其近年兴起的功能性低聚糖、糖醇类淀粉糖衍生物等又添淀粉糖新品，使淀粉糖工业呈现蒸蒸日上的新局面。

（二）淀粉糖种类

随着淀粉糖工业的进步与发展，淀粉糖的种类越来越多，且不断有新成员产生，不胜枚举。下面只介绍食品加工及烹饪中常用的几种淀粉糖产品。

1. 葡萄糖

是一种重要的单糖，是含醛基的已糖。固体状态为白色结晶，溶于水稍有甜味，有旋光性，其水溶液旋光向右。广泛存在于生物体内，为某些双糖（如蔗糖、麦芽糖等）和多糖（如淀粉、纤维素等）的组成成分。游离的葡萄糖存在于某些植物的果实（如葡萄）和动物血液中，是生物体中的主要能源物质。人体血液中的葡萄糖（血糖）含量相对恒定，正常人空腹和安静时血糖浓度为 80～120mg/100g。工业上葡萄糖由淀粉水解制得，尤其是酶法生产葡萄糖，不必先获得精制淀粉，可以直接用淀粉质原料生产，对设备的耐酸、耐压强度要求不高，而且糖液无苦味、产糖率高。在快速恢复体力及运动员的食品生产中常添加葡萄糖，有助于食用者快速恢复体能。

2. 麦芽糖

麦芽糖俗称饴糖，是以大米、玉米等淀粉质原料或大米淀粉、玉米淀粉为原料，经糊化、液化、糖化、浓缩制成的淡黄色或棕黄色、黏稠微透明的糖。其主要成分是麦芽糖和糊精，也称糖稀。因原料不同分为大米饴糖和玉米饴糖，前者还原糖含量≥38%，后者≥36%。

3. 低聚麦芽糖

低聚麦芽糖是以精制玉米淀粉为原料，经酶解、转苷、纯化而成的糖类。它是由 2～10 个葡萄糖分子以 α-1，4 键结合成直链状的低聚糖，主要包括麦芽糖（G2）、麦芽三糖（G3）、麦芽四糖（G4）。随着聚合度的增加，甜度降低，G4 以上稍能感觉到甜味但味质良好，和其他各种食品混合也不会对口味产生恶劣影响，能够大量的使用。G2 的黏度特性与蔗糖相同，G3 以上者具有较高的黏性，可用于具有布丁感的食品生产。

4. 低聚异麦芽糖

低聚异麦芽糖是采用优质淀粉为原料，通过酶的作用，经过液化、浓缩、干燥等一系列工序精制而成的以低聚异麦芽糖为主要成分的白色粉末状淀粉糖制品，是指葡萄糖之间至少有一个 α-1，6-糖苷键结合而成的、单糖数 2～5 的一类低聚糖。低聚异麦芽糖耐热、耐酸性极佳，在 pH3、120℃之下长时间加热不会分解，应用到饮料、罐头及高温处理或酸性食品中可保持其特性和功能。低聚异麦芽糖味质美好，可用来代替部分蔗糖，降低食品甜度与改善其味质，对于糖果、糕点等的组织与物性无不良影响。低聚异麦芽糖具有良好的保湿性和抗结晶性、低甜度、低热量，对各类食品的湿润及品质的维持效果好并能抑制蔗糖和葡萄糖重结晶、防止淀粉老化延长保存时间。低聚异麦芽糖是人体肠道内有益健康的双歧杆菌的繁殖因子，能促进有益菌群在肠道繁殖，抑制人体肠道内有害菌的繁殖及有害物质的产生，具有防止便秘，增强免疫力，降低血脂和胆固醇，排毒养颜，促进蛋白质的消化吸收，合成 B 族维生素，加强对钙离子的吸收等方面的功效，适用于保健品、饮料、乳制品、糖果及焙烤食品。

5. 果葡糖浆

又称高果糖浆（high fructose syrup）或异构糖浆。是以淀粉质原料或淀粉为原料，采用酸酶法或酶法制得糖化液经葡萄糖异构酶的异构作用，将其中的一部分葡萄糖异构成果糖，从而形成以葡萄糖和果糖为主要成分的混合物。外观呈黏稠状液体，干物质（固形物）71.0%，果糖（占干物质含量）40%～42%或53%～55%，葡萄糖+果糖（占干物质含量）92%，pH3.3～4.5。果葡糖浆具有甜度高、风味好、保湿性强、渗透压大、热量低、营养丰富等特性，用于碳酸饮料、果汁饮料，可增加饮料纯正香甜气味，使食品更加清凉爽口；用于果酱、果脯、面包、糕点、饼干等食品之中，有利于抑制有害微生物生长，保鲜并防止老化等功效。由于其主要成分为葡萄糖和果糖，又被称为“人造蜂蜜”，在生产具有快速参与人体新陈代谢、恢复机体功能、消除疲劳等作用的食品时，可谓不可多得的优质糖源。

6. 麦芽糊精

是以精制玉米淀粉为原料，经生物酶作用，并加以提纯而制成。外观白色或微带黄的无定形粉末，无肉眼可见杂质，具有麦芽糊精固有的特殊气味，无异味。DE值10～20，水分≤6%，溶解度≥98%，pH4.0～6.0。麦芽糊精低甜、速溶、耐酸耐盐，可防结晶，具有良好流动性。麦芽糊精特别适合作为许多食品、调味料的填充原料，改善产品的口感和组织状态。另外，麦芽糊精甜度低、黏度高、溶解性好、吸湿性小、增稠性强、成膜性好，在糖果中可增强韧性、抗"砂"、抗"烊"；在饮料中可增加黏稠感。麦芽糊精含有较多的麦芽低聚糖，有助于调节肠道内菌落，抑制腐败菌。很多食品如麦乳精、果珍、果茶、果冻、椰奶、酸奶、咖啡伴侣、冰淇淋粉、各色糖果、方便食品等都含有麦芽糊精，婴儿奶粉则以麦芽糊精为基础原料。麦芽糊精对饮料的泡沫亦有良好保持性。

7. 低聚果糖

低聚果糖（fructooligosaccharide，简称FOS），又称寡果糖或蔗果低聚糖，分子式为G—F—Fn，n=1～3（其中，G为葡萄糖基，F为果糖基），是由蔗糖和1～3个果糖基通过β-2，1键与蔗糖中的果糖基结合而成的蔗果三糖、蔗果四糖和蔗果五糖（分别简称为GF2、GF3、GF4）及其混合物。具有一定的甜度，甜味特性良好，易溶于水，不增加产品的黏度，物理性质稳定，并易于添加于加工食品和饮料中。

低聚果糖功能主要表现在改善肠道菌群的功能，润肠通便。低聚果糖在人体内不能被消化吸收，属于低相对分子质量的水溶性膳食纤维，因此可用它来使粪便变稀、缓解便秘。它的这种生理功能完全归功于其独有的发酵特征（双歧杆菌增殖特性）。低聚果糖优于普通膳食纤维的特点是它的日常需求量较小，在推荐量范围内不会引起腹泻。

二、淀粉糖醇

淀粉糖的衍生物种类繁多，用途极广。淀粉糖的主要功能基团为醛（或酮）基，通过加氢还原可制成各种醇，并可进一步酯化制成各种酯类；通过催化氧化可制成酸并可进一步制成各种盐及酯；通过微生物发酵可制成多种有机化工产品等等。下面简要介绍几种在食品加工中常用的糖醇类。

1. 麦芽糖醇

麦芽糖醇是由麦芽糖氢化而得到的糖醇，它有液体状和结晶状两种产品。甜度相当于蔗糖，甜味温和，无杂味，极易溶解于水，具有显著的吸湿性，热量8.7864J/g，加热不会产生褐变反应。麦芽糖醇在动物体内很难被消化代谢，适用于生产各种低热量、低脂肪及无糖食品、减肥食品。麦芽糖醇吸收缓慢，人体摄入后不引起血糖迅速升高，也不影响胰岛素水平。具有良好的保湿性和非结晶性，可用来制造各种糖果，包括发泡的棉花糖、硬糖、透明软糖等。麦芽糖醇可被用来代替蔗糖而生产各种产品，同时由于其具有乳化性可代替脂肪生产乳脂品。麦芽糖醇的高甜度使其不需要其他甜味剂配合使用。麦芽糖醇不易被霉菌、酵母及乳酸菌利用，可防龋齿，FDA 已经批准利用麦芽糖醇生产的无糖食品使用“不产生蛀牙”的标志。麦芽糖醇作为安全食品配料，广泛用于各类产品中，世界粮农组织、世界卫生组织、食品添加剂专业委员会都认可其安全性，允许在冷饮、糕点、果汁、饼干、面包、酱菜、糖果等食品中使用，可按生产需要确定用量，对其每日使用量不规定。

2. 异麦芽糖醇

异麦芽糖醇又称异麦芽酮糖醇（isomaltitol）或帕拉金糖醇（palaltinitol），它是 GPS（葡萄糖甘露醇苷）和 GPM（葡萄糖山梨糖醇苷）两种立体异构体的混合物。呈白色粉末或结晶状，吸湿性在所有的糖醇中最低，在 25℃、相对湿度 85%环境中几乎不吸湿，在 60℃及 80℃温度下，环境的相对湿度必须超过 75%其吸湿性才会有明显增加。异麦芽糖醇的熔点 145～150℃。化学性质非常稳定，对酸、碱、热和微生物均很稳定，食品、饮料中大多数微生物（细菌、酵母和霉菌等）都不能利用它。其溶于水时所吸收的热量很低，几乎没有凉爽的口感特性。异麦芽酮糖醇，是近年来国际上新兴的功能性食用糖醇，是一种理想的代糖品。其独特的理化性质、生理功能和食用安全性已经实验充分证实，被美国 FDA 给予食品安全最高等级“GRAS（公认安全）”，对其每日摄入量不作限制。其用量近年来急剧上升，在欧美等发达国家，已占据无糖食品所使用甜味剂 50%以上市场。异麦芽酮糖醇由 α-D-吡喃葡糖基-1，6-山梨糖醇（GPS）和 α-D-吡喃葡糖基-1，1-甘露糖醇（GPM）基本上按等物质的量的比例混合而成。国外注册名称为益寿糖（Isomalt），国外商品名称为 Palatinit。

作为一种功能性甜味剂，异麦芽糖醇优越性主要表现在：

（1）甜味纯正，无异味和不良后味，可以增强加香食品的风味。

（2）可与其他甜味剂发生协同增效作用并掩盖其不良后味及风味。

（3）吸湿性小，结晶颗粒分散性好，不黏结，易于包装储运。

（4）稳定性好，不与食品中任何配料起作用，不发生美拉反应，耐酸、耐酶、耐高温。不易被细菌、酵母菌和霉菌等微生物利用。

（5）低能量，热值约为蔗糖的 1/2，可用于生产低热量食品。

（6）抗龋齿性，基本不被口腔微生物利用。

（7）代谢特性类似于膳食纤维，不会引起血糖含量和胰岛素水平的变化，适合糖尿病人食用。

（8）食用后不会导致腹胀、肠鸣、腹泻等不适现象发生。

（9）加热直至水分降至 2%时，会熔化成一种低黏度的液体，经快速冷却后变成透明固体，这种固体即使经过两年以上的储藏也不会重结晶，因不吸湿表面也不发黏，该特性对于制造硬糖非常理想。

（10）用于果酱果冻和调味料的生产，能提高产品质量。

（11）用于焙烤食品、涂抹食品、餐桌甜味剂，能延长保质期。

（12）用于乳制品、果蔬汁、酒类饮料等可以增加稠度，改善口感，提高质量。用于某些产品的涂层，具有良好的保型性。

3. 赤藓糖醇

是以玉米淀粉为原料，加工转化成葡萄糖，再通过发酵而得到的一种纯天然的甜味剂。性状白色晶体或者结晶性粉末，溶解吸热，口感凉爽，熔点119～123℃，pH5.0～7.0。甜度约为蔗糖的70%，具有热值低、结晶性好、口感好、无致龋性、对糖尿病人安全等特点，溶解吸热、口感凉爽，可广泛用于各种食品中。

4. 甘露醇

以淀粉为原料生产果糖，然后加氢制得甘露醇。也可将葡萄糖催化异构先制成甘露糖，然后加氢转化成甘露醇。甘露醇在医药方面有着广泛的用途，如治疗脑积水、肾功能衰竭、大面积烧伤引起的水肿等。作血管扩张剂、不吸湿的药片赋形剂，另外它在体内代谢不需胰岛素，也不会引起龋齿，因而在食品及日化行业中也有广泛的用途。

三、淀粉糖及淀粉糖醇在食品加工中的作用

赋味作用，赋色作用，保水作用，改善产品组织状态。

第四节　蜂　　蜜

一、概述

蜂蜜是蜜蜂用舌吸管从蜜源植物的花器、蜜腺中吸取花蜜，带回蜂箱后，从蜜囊中将花蜜吐入蜂巢中，再通过蜜蜂反复吸入吐出，将混有蜜囊分泌的转化酶的花蜜储藏在巢中，在酶的作用下花蜜中的多糖被分解为葡萄糖和果糖，水分减少到20%左右，成熟蜂蜜基本形成，至此人们可以利用摇蜜机的离心作用获得成品原蜜，从食品学角度而言，蜂蜜属植物性食品。性味甘、平、无毒，归经入肺、脾、大肠、心、胃，具有养阴润、润肺补虚、和百药、解药毒、养脾气、悦颜色、调和肠胃等功效。主治脾胃虚弱、津枯便秘、胃肠溃疡、虚劳干咳、咽干声哑、心腹痉痛、善解乌头、附子之毒；外用治口疮、烫火伤。中国是世界上较早驯化蜜蜂的国家之一。中国古代医学上蜂蜜广为利用。公元前1～2世纪成书的《神农本草经》中记载蜂蜜“治邪气，安五脏诸不足，益气补中、止痛解毒、除百病、和百药，久服强志轻身，不老延年。”明代李时珍《本草纲目》中记载，蜂蜜“甘而和平，故能解毒；柔而濡泽，故能润燥；缓可以去急，故能止心腹、

肌肉、疮疡之痛，和可以致中，故能调和百药，而与甘草同功”。纯正优质的新鲜成熟蜂蜜，是黏稠、透明或半透明的胶状液体，味甜，具有较浓郁的芳香。质量较次的蜂蜜常常带有苦味、涩味、酸味或臭味。温度低于10℃或放置时间过长，容易转变为不同程度的结晶。其主要成分有果糖37%、葡萄糖36%、蔗糖2%～3%，含有人体不能合成的8种必需氨基酸、矿物质、维生素、多种活性酶等营养物质。

由于蜜源不同，蜂蜜的色泽、气味成分等存有差异。蜂蜜的香气因花的种类而异，蜂蜜的酸味成分主要是乙酸、乳酸。总的来说，以色白黄、半透明、水分少、味纯正、无杂质、无酸味者为佳。

二、分类

蜂蜜依采集对象不同分为露蜜、甘露和花蜜。露蜜是由蜜蜂采自植物的叶或茎分泌出的甜汁酿制而成；甘露是由蜜蜂采自昆虫分泌出的甜汁酿制而成；花蜜系采自花果分泌出的甜汁酿制而成。按花的种类可分为椴树蜜、枸杞蜜、洋槐蜜、野菊花蜜、紫云英蜜、龙眼蜜、荔枝蜜等。按消费对象有儿童营养蜜、女士保健蜜、老人保健蜂蜜等。

蜂蜜的结晶体亦存在差异，如油菜蜜、白荆条蜜等容易形成结晶；而枣花蜜、紫云英蜜、刺槐蜜等不易结晶。椴树蜜的结晶体细腻如羊脂；油菜蜜的结晶呈棕黄色。一般来说，蜂蜜的结晶体以洁白色和浅琥珀色为最佳，色深则质次之。

食品加工中常用的品种有吉林椴树蜜、兰州枣花蜜、陇乐山花蜜、贵州正安蜜、湖南山桂花蜜、广东荔枝蜜以及台湾林家蜜等。

三、应用

蜂蜜多用于甜味菜点，也适用于少量咸味菜点，在烹调中可用于矫味、调味、增色。烹制菜肴，多见于蜜汁、蜜腊，亦见于烧、焖、蒸、扒、焗等技法，或清甜爽口、或香甜味鲜，各具特色。制作点心可增加色泽，使产品具有特殊的芳香。

用蜂蜜制作的菜点有冰汁燕菜、马蹄糕、香山蜜饼，山西阳泉蜜蜂糕，安徽蜜汁红芋、蜜腊莲子，江苏金银蹄、蜜汁火方，云南的蜜汁火腿，山东的蜜汁山药等。

使用蜂蜜时，应注意用量，防止过多而造成制品吸水变软。同时要掌握适当的温度及加热时间，防止制品发硬或焦煳、营养素被破坏。

食用蜂蜜需注意：蜂蜜最好用温开水冲服，不能用沸水冲烫，以免其营养成分被破坏。蜂蜜尽量不和性凉的食品如西瓜、丝瓜等同时食用，以免引起腹泻。

蜂蜜宜在饭前1～2h或饭后2h后食用。胃酸过多或消化性溃疡患者，在饭前约2h饮用蜂蜜水，不仅能抑制胃酸分泌，还能使胃酸水平降低，有利于溃疡面的愈合。

第五节　甜味添加剂

一、木糖醇

为植物的天然提取物，分子式为$C_5H_{12}O_5$，是一种五碳糖醇，是木糖代谢的正常中间产物，相对分子质量152.15，性状为白色结晶或结晶性粉末，甜度相当于蔗糖，极易溶于水（约160g/100mL），微溶于乙醇和甲醇，熔点为92～96℃，沸点216℃，热值为16.72kJ/g（与蔗糖相同），10%水溶液pH5.0～7.0。溶于水时吸热，故以固体形式食用时在口中会产生愉快的清凉感。木糖醇广泛存在于果品、蔬菜、谷类、蘑菇之类食物和木材、稻草、玉米芯等植物中。它可用作甜味剂、营养剂和药剂在食品、医药、化工等工业中广泛应用。木糖醇作为一种功能性甜味剂能参与人体代谢，进入血液后，不需胰岛素就能透入细胞而且代谢速度快，不会引起血糖快速升高，适合于生产糖尿病患者食用的营养型食糖替代品。但是木糖醇吃得过多，血中甘油三酯升高，易引起冠状动脉粥样硬化。木糖醇和普通的砂糖相比，具有热量低的优势，在一定程度上也有助于牙齿的清洁，但是过度的食用也有可能带来腹泻等副作用。木糖醇在结构上没有醛基和酮基，加热时不产生“美拉德”褐变反应，可以制成不同风味的焙烤食品。

木糖醇能促进双歧杆菌增殖，促进肠道内有益菌群的增殖，改善胃肠功能，具有很高的活性。木糖醇不被酵母发酵，对微生物是不良培养基。木糖醇的清凉感，可以增加薄荷、留兰香等食品的风味。木糖醇具有抑制腐蚀的作用，在口腔中长时间滞留也不会引起龋齿，根据这一特性，木糖醇被广泛应用于胶姆糖、口香糖、糖果、巧克力等食品。木糖醇在日本被广泛应用于医药品和化妆品中，用木糖醇作甜味料的胶姆糖专供牙科病人使用；欧洲国家的无糖口香糖占了口香糖市场的50%以上。

中华人民共和国卫生部2005年第2号公告批准GB2760—1996木糖醇适用于各种食品，按生产需要适量使用。主要有以下几方面：

（1）用于口香糖、胶姆糖、太妃糖、软糖、果冻、巧克力、口含片中，具有润喉、洁齿、防龋齿等特点。

（2）可以代替蔗糖，利用其不发酵性，用于饮料、牛奶、面包、果脯、饼干、酸奶、果酱、八宝粥中，使其口感好、甜味持久。

（3）木糖醇具有与甘油相同的保湿和改善皮肤粗糙的效果，而且使用时不发黏，令人倍感清爽，可用于各种护肤品和牙膏。

（4）木糖醇可为糖尿病患者提供理想的食糖代用品，果汁、饮料、咖啡、牛奶、冰品、面包、糖果等都可用木糖醇代替蔗糖使用，木糖醇也可以代替蔗糖制作糖醋排骨、糖醋鱼等菜肴，总之正常人怎样用蔗糖，糖尿病患者可以像正常人食用蔗糖一样食用木糖醇，但每天总的食用量成人最好不超过 40g，儿童减半应用。

二、甜菊糖

甜菊糖又称甜菊苷，是从原产于南美洲高原的菊科草本植物甜叶菊中提取的天然甜味成分。甜菊糖为白色粉末状结晶或淡黄色粉末、片状或粒状，甜度是蔗糖的 200～350 倍，热值为蔗糖的 1/300，具有高甜度、低热能的特点。甜菊糖易溶于水和酒精，属非发酵性物质，性质稳定，不易霉变。经大量实验证明，甜菊糖无毒副作用、无致癌物、食用安全，可预防高血压、糖尿病、肥胖症、心脏病、龋齿等病症，口感适宜、无异味，是一种可替代蔗糖的天然调味料。甜菊糖是目前世界已发现并经我国卫生部批准使用的最接近蔗糖口味的天然低热值甜味剂，也是继甘蔗甜菜糖之外第三种有开发价值的天然蔗糖替代品，被国际上誉为“世界第三糖源”。甜菊糖味似蔗糖，又有独特的清凉、甘甜的特点。可用于制作风味食品、糖果等。也可用作矫味剂，抑制某些食品、药物的异味、怪味，代替蔗糖用于制药、生产糖浆、冲剂、丸剂。还可用于调料、酱菜制品、牙膏、化妆品及香烟等。

三、甘草、甘草甜素与甘草苷

甘草又名蜜草（*Radix Glycyrrhizae*，*Glycyrrhiza uralensis* Flsch），英语 liquorice，licorice root，以味道甜而得名，系豆科多年生草本植物。深秋，荚果裂开，籽粒随风散布大地上，天然繁殖。茎挺拔直立；根如圆柱，直径 3～4cm，大的 5～6cm，长 1m 多，最长者达 3～4m。甘草多生长在干旱、半干旱的荒漠草原、沙漠边缘和黄土丘陵地带，适应性强，抗逆性强，是植物界抗干旱的能手。早在两千多年前，《神农本草经》就将其列为药之上乘，记载甘草有坚筋骨、长肌肉、倍气力及解毒之功，能治五脏六腑寒热邪气与金疮肿。公元 5 世纪南朝医学家陶弘景所辑的《名医别录》，称它为美草、蜜草，尊为“国老”。陶弘景说：“国老即帝师之称，虽非君而为君所宗，是以能安和草石，而解诸毒也。”并言：“此草最为众药之王，经方少有不用者。”李时珍在《本草纲目》中写道：“诸药中甘草为君，治七十二种乳石毒，解一千二百草木毒，调和众药有功，故有‘国老’之号。”

甘草性平，味甘，归心、肺、脾、胃经。有解毒、祛痰、止痛、解痉以及抗癌等药理作用，可补脾益气、滋咳润肺、缓急解毒、调和百药。临床应用有生炙之分，甘草生用则通，炙用则补。生甘草性味甘平主治咽喉肿痛，痛疽疮疡，胃肠道溃疡以及解药毒、食物中毒，以清热降火解毒为长；蜜炙品性味甘温，主治脾胃功能减退，大便溏薄，乏力发热以及咳嗽、心悸，除邪热，补脾胃，润肺益气等。甘草应用范围十分广泛，素有“十方九草”之称。近代研究表明，甘草不但有补脾、润肺、解毒、缓急作用，而且可以预防肥胖症的发生。甘草在食品、轻工业方面的用途也很广泛，如糖果、蜜饯和口香糖的甜味剂；甘草浸膏是制造巧克力的乳化剂；能增加啤酒的酒味及香味，提高黑啤酒的稠度和色泽；制作某些软饮料和甜酒；香烟矫味；润肤化妆品，等等。

我国卫生部规定甘草为药食兼用，在食品生产中可按生产需要添加。利用甘草提取物经调配、浸渍、干制等工艺生产的话梅、话李、九制陈皮、甘草橄榄、甘草金橘等，有甜、酸、咸等风味，广为消费者喜爱。

甘草的根和茎含有甘草甜素，主要为甘草酸（glycyrrhizic acid），还含有甘草苷（liquiritin）、甘草苷元（liquiritigenin）、异甘草苷（isoliquiritin）、异甘草苷元（isoliquiritigenin）、新甘草苷（neoliquiritin）、新异甘草苷（neoisoiiquiritin）及甘草次酸、还原糖、淀粉、胶质及矿物质等。甘草之所以有甜味，主要是甘草甜素所致。甘草成分复杂，目前已分离得到近百种活性成分，其中，最具代表性的成分是甘草甜素［glycyrrhizzin（GL）］，也称为甘草酸［glycyrrhizic acid（GA）］，是从甘草中提取的纯天然甜味素，其甜度为蔗糖的 250 倍，代替蔗糖使用既可增加甜度又可克服因多用糖而引起的发酵、腐败等缺点。同时由于热稳定性好，分解温度为 212～217℃，故即使是蒸煮、杀菌等高温操作也不会产生变色、分解等变化。甘草酸的甜度高于蔗糖 50 倍，甘草中甘草酸的含量在 10％左右，还有甘露醇、葡萄糖等多种成分。生产中应用的为甘草酸钠盐、钾盐及铵盐，产品均呈黄褐色至纯白色的粉末状。

甘草苷分子式 $C_{21}H_{22}O_{9}$，相对分子质量 418.39，是甘草中的甜味成分，由甘草酸与两个葡萄糖醛酸结合而成，其比甜度为 100～300，常用的是其二钠盐或三钠盐。甘草苷有较好的增香效能，可以缓和食盐的咸味，不被微生物发酵，并有解毒、保肝等疗效。甘草苷甜味释放缓慢，保留时间较长，很少单独使用。将甘草苷与蔗糖共用可节省蔗糖 20％左右；若按甘草苷∶糖精钠＝(3～4)∶1 的比例，再加入适当的蔗糖及柠檬酸时，甜味更佳。甘草苷可用于乳制品、可可制品、蛋制品、饮料、酱油、腌渍物等的调味。许多国家都允许甘草苷自由使用，不受条件限制。

四、糖精与糖精钠

糖精于 1878 年被美国科学家发现，很快就被食品工业界和消费者接受，如冷饮、饮料、果冻、凉果等均可用其调整甜味，另外在牙膏、眼药水医药及化工行业亦有应用。糖精（saccharin）化学名称邻苯甲酰磺酰亚胺，1，1，3-三氧代-2，3-二氢-苯并［d］异噻唑，分子式 $C_7H_5O_3NS$，相对分子质量 183.18。为白色结晶粉末，熔点 228.8～229.7℃，密度 828g/kg，微溶于水、乙醚和氯仿，易溶于乙醇、乙酸乙酯、苯和丙酮。甜度为蔗糖的 300～500 倍。糖精的钠盐称作糖精钠或可溶性糖精，学名邻磺酰苯酰亚胺钠（saccharin sodium），易溶于水，无色结晶或稍带白色的结晶性粉末，一般含有两个结晶水，易失去结晶水而成无水糖精，呈白色粉末，无臭或微有香气，味浓甜带苦，甜度为蔗糖的 500～700 倍，耐热及耐碱性弱，酸性条件下加热甜味渐渐消失，溶液浓度大于 0.026%则味苦。食品加工中使用的糖精如无特殊说明，一般均为糖精钠。糖精是一种人工合成的无营养价值的甜味剂，可供糖尿病患者代替食糖食用。在烹调中，糖精主要用于制作甜点制品及调味酱汁、果酱等食品中，以代替食糖增加成品的甜味，并可保持其色形不变、性能稳定。但在使用时需注意糖精溶液加热煮沸后，会逐渐分解生成 *O*-磺酸氨苯甲酸，从而产生苦味。如果食物中存在有机酸，当 pH 下降到 3.8 以下时，其分解就会加速。所以用糖精调味要尽量避免长时间加热，也不能用于酸性食品中。另外还要准确掌握用量，用量过多会产生苦味。制造糖精的原料主要有甲苯、氯磺酸、邻甲苯胺等，均为石油化工产品。甲苯易挥发和燃烧，甚至引起爆炸，大量摄入人体后会引起急性中毒，对人体健康危害较大；氯磺酸极易吸水分解产生氯化氢气体，对人体有害，并易爆炸；糖精生产过程中产生的中间体物质对人体健康也有危害。糖精在生产过程中还会严重污染环境。此外，目前从部分中小糖精厂私自流入市场的糖精，还因为工艺落后、管理不科学等原因而导致重金属、氨化合物、砷等有害杂质含量超标，长期食用，会影响人体的健康。我国规定，每千克食品中用量不能超过 0.15g，采取压减糖精生产政策，并规定不允许在婴儿食品中使用。

糖精钠是有机化工合成产品，是食品添加剂而不是食品，除了在味觉上引起甜的感觉外，对人体无任何营养价值。相反，当食用较多的糖精时，会影响肠胃消化酶的正常分泌，降低小肠的吸收能力，使食欲减退。1997 年加拿大进行的一项多代大鼠喂养实验发现，摄入大量的糖精钠可以导致雄性大鼠膀胱癌。美国等发达国家的法律规定，在食物中使用糖精时，必须在标签上注明“使用本产品可能对健康有害，本产品含有可以导致实验动物癌症的糖精”的警示。由于食用糖精对人体健康有害无益，所以一些发达国家都对糖精严格控制使用，其控制标准一般为用量不超过消费食糖总量的 5%，且主要用于牙膏等工业用途。而我国与发达国家相比，糖精用量远远超出正常使用量。从 1999 年下半年开始，国家对糖精钠生产经营秩序进行了治理整顿，关闭了一批糖精钠厂，仅保留了苏州精细、天津北方、天津长捷、开封兴化、上海福新共 5 家生产企业为国家定点生产企业。到2004年，我国糖精钠实际产量约27 000t，占世界糖精钠产量的80%以上，除我国以外，目前美国、韩国等国家还有少量生产。

长期食用糖精，会导致青少年营养不良，个别人产生厌食行为，干扰了青少年从正常膳食中摄取营养，对青少年的身体发育产生负面影响。为此，中国消协郑重发出警示：提请有关部门研究制订更为严格的糖精使用规定，并进一步加强对食品标签的管理；呼吁广大食品生产厂家不要因片面追求利润而盲目使用糖精，损害广大消费者的健康，并在国家允许使用糖精的产品中明确注明含有糖精，以便让消费者知情，以维护消费者的合法权益；提醒广大消费者树立良好的消费观念，多食用天然糖，在购买食品和饮料时，仔细阅读商品标签，尽量选择不含糖精的食品，购买有良好信誉的商品；也提醒广大学生家长教育自己的孩子，坚决抵制校园周边的“三无”小食品和饮料，以利于青少年健康成长。

五、阿斯巴甜

1966～1969年，美国C. D. Searle等发现天冬氨酰的二肽衍生物系列中，许多都具有甜味。其中，天冬氨酰苯丙氨酸甲酯（APM）在1974年被美国食品与药品管理局（FDA）批准为食用甜味剂，称为aspartame（阿斯巴甜），因天门冬氨酸和苯丙氨酸合成的二肽甜味剂，是从蛋白质中提炼出来的高倍甜味调料，亦称为蛋白糖的，化学名称：*N*-L-*α*-天冬氨酰基-L-苯丙氨酸-1-甲脂，分子式：$C_{14}H_{18}N_2O_5$，相对分子质量：294.31。白色结晶性粉末、无臭。有强烈甜味。其稀释溶液的甜度约为蔗糖的200倍，甜味与蔗糖十分相似，并有清凉感，无苦味和金属味，0.8%水溶液的pH4.5～6.0，长时间加热或高温可致破坏。在水溶液中不稳定，易分解而失去甜味，低温时和pH3～5时较稳定。水中溶解度约为1%，乙醇中为0.26mg/100mL。

阿斯巴甜广泛应用于碳酸饮料、带果肉饮料、果酱、果味粉、速溶咖啡、冷冻奶制品、胶冻软糖、口香糖、蜜饯、色拉调味汁的制作。阿斯巴甜也可制成粒、片、粉或汁剂，作为蔗糖的替代品直接加到日常甜食中，尤其适宜于糖尿病、肥胖病等忌糖患者服用。甜味与蔗糖极为相似，并有清凉感，后味无苦味感，口味纯正，有改善风味的效果，而且低能量，不引起肥胖、高血压、冠心病，不会影响血糖平衡，不会造成龋齿且对苦味有表层覆盖效果等特点。世界上100多个国家的5000余种食品中使用阿斯巴甜，其味道与安全性广为世界认可。

六、甜蜜素

“甜蜜素”化学名称环己基氨基磺酸钠，通常是指环己基氨基磺酸的钠盐或钙盐。甜蜜素的甜味纯正，甜度是蔗糖的 30～50 倍；对于热、酸、碱均甚稳定不变质；长时间与空气接触不吸潮，而且无色无味、清澈透明；易溶解于水，溶解后其液体呈中性。不会像蔗糖那样易发生酸酵作用，故使用于长期保存食品时最为适宜。在美国甜蜜素曾成为一种消费量很大的人工甜味剂，公认为安全物质，这种情况一直持续到 1969 年。这一年美国国家科学院研究委员会收到有关甜蜜素为致癌物的实验证据，美国食品与药物管理局（FDA）为此立即发布规定严格限制使用，并于 1970 年 8 月发出了全面禁止的命令。1982 年 9 月，Abbott 实验室和能量控制委员会在大量试验事实的基础上，以最新的研究事实证明甜蜜素的食用安全性，许多国际组织也相继发表大量评论明确表示甜蜜素为安全物质，许多国家（包括我国）允许甜蜜素的使用。甜蜜素无毒性，连续食用甜蜜素后，不会蓄积于人体内而发生有害作用，比糖精更可以安心使用。如西药、牙膏、化妆品甚至于家庭餐桌上都可使用。根据我国《食品添加剂使用卫生标准》（GB 2760—1996）及食用添加剂标准 GB12488—95 的规定，“甜蜜素”可以作为甜味剂，其使用范围为酱菜、调味酱汁、配置酒、糕点、饼干、面包、雪糕、冰淇淋、冰棍、饮料及其他烧煮食品、腌渍类等。

第六节　甜味调味品的应用

一、甜味调味品在不同加工阶段的应用方法

甜味调味品与咸味调味品一样，可以采取在食品热加工前、加热过程中或加热后一次性加入的方法，从而确定甜味或与其他调味品组成复合味。同时，也可以使用多次调味方法，在不同的加热与熟制阶段添加一种或一种以上的调味品，以达到调整甜味的目的。除了一些纯甜味的食品或菜点外，甜味调味品要与其他调味品配合使用，组成丰富味型。

二、糖在不同加工方式中的应用

（一）在挂霜类食品或菜点中的应用

挂霜可选用各类干果仁、水果、肉类、面包等原料，经炒，炸（鲜水果等要挂糊）或烤等，制成酥脆或外酥里嫩的半成品，散上白糖粉挂匀；或是将白糖 250～300g，加水 100～150g，微火熬至糖熔化，气泡由大变小，最后呈均匀的微小液泡时，倒入半成品 300～400g 翻拌均匀，使原料上粘匀细微糖粒即成。例如，挂霜面包是将面包片切成条，入油炸至黄脆，沥油备用。适量糖加水，微火炒至小泡均匀，糖液白而黏稠时，离火，倒入面包条，翻挂均匀即可。

（二）在拔丝及琉璃（琥珀）食品中的应用

拔丝菜点选用水果、干果、根茎类蔬菜等原料，切配后一般需挂糊炸至金黄，同时可采用油炒法或水炒法，或水油混合炒法将白糖炒至黄色，倒入炸好的原料，离火翻匀，装入抹上油的盘中，随凉开水碗上桌即可。油炒法每300～400g主料，放入100～150g糖，5～10g油；水炒法300～400g主料，放入100～150g糖，25～30g水；水油混合炒法每300～400g主料，放入100～150g糖，5～8g油，20g左右的水。无论是采用何种方法，炒糖都应注意火不能太旺，初始温度不能太高，一般以100～130℃为宜，炒糖过程中，要不断搅动，以免受热不均匀。糖液的颜色由白色变为浅棕黄色（或称栗色），气泡有大变小，用勺舀起，能成线状流下（温度170～180℃）时，下入主料翻匀，翻时不可过猛，以免脱糊，迅速装盘即成。

琉璃（琥珀）食品或菜点与拔丝菜点工艺基本相同，只是在原料翻挂均匀糖液后，倒在抹油的平盘上，逐个拨散，冷却后装盘成菜，例如，拔丝核桃仁是将去皮核桃仁入油炸至浅黄色，倒入炒好的糖液中，翻挂均匀，装盘成菜。若拨散冷却后，即成琉璃桃仁或称琥珀桃仁。

（三）在蜜汁食品中的应用

蜜汁食品可选用干鲜果品及火腿等为原料，去皮、核，初步成型处理后放入用白糖（或冰糖）、蜂蜜、清水熬至浓稠的蜜液中，小火焖炖至原料软糯，取出装盘，再将余液收浓，浇淋于原料上即为成品。或将原料蒸至软糯，加白糖或冰糖，蜂蜜蒸至入味，将汁液滗入锅内熬浓，浇淋于原料上即成。还有些食品或菜品可按拔丝的方法炒糖至黄色，加水熬成糖液，加入主料炖熬入味，加或不加蜂蜜，用湿淀粉勾芡，装入汤盘即为成品。为增加风味，可放适量糖玫瑰、甜桂花、鲜橘皮、香精等。例如，蜜汁三果是选用去皮、核的苹果块、山楂及香蕉块，放入按拔丝方法炒糖并加水熬成的糖液中，炖熬至山楂透亮鲜艳，加蜂蜜、糖玫瑰，勾芡而成。

（四）在烧、焖等需调糖色的烹饪技法中的应用

烹制红烧、干烧、黄焖、红煨及部分炸、卤、酱、熏类菜肴时，都需加入或部分需加入糖色，以使菜品色泽金黄、酱红，有些菜品还要加适量的白糖调味（如红烧菜）。糖色的炒制方法与拔丝基本相同，但炒糖的颜色较拔丝深，一般为鸡血红色或深酱红色，并具有焦糖香气，然后加入适量开水，熬成酱红色的液体即为糖色。糖色基本无甜味或甜味很弱，不苦或微苦，烹调时随用随取，用量视菜品需要而定。糖色也可在烹调时临时炒制。这些烹制技法的菜肴若要加白糖调

味，也要根据不同菜品味型需要而定或根据消费者口味确定。

（五）在其他烹饪技法中的应用

除了滑炒、煸、清炸、贴等烹饪方法中很少使用甜味调味品外，其他烹饪方法中均可根据味型需要，在码位、腌渍、烹调及味碟中添加适量甜味调味品，其中，以白糖最为常用。在制作烤类菜肴中，一般还需要刷上糖色或蜂蜜或饴糖，以使成品外表呈现诱人的金黄色。

第四章 酸味调味品

第一节 概 述

一、酸味

酸味是由呈酸味的物质在水中解离出的氢离子对味蕾刺激所产生的感觉。几乎所有能在溶液中解离出的氢离子的化合物都可以引起人的酸味感。人的舌头两侧中部对酸味最敏感。由于舌黏膜能中和氢离子，所以酸味感会逐渐消失。评价酸味强弱的方法很多。品尝法常用主观等价值（P.S.E）来表示酸味强度，是指感受到相同酸味时该酸味物质的浓度。一般说来，P.S.E 值越小，表示该酸味物质在相同条件下的酸性越强。几种食品工业中常用酸的 P.S.E 值及性质见表 4-1。

表 4-1 某些酸的 P.S.E 值及性质

名称	K_{a_1}	P.S.E/%	pH	将柠檬酸定为 100 时该酸的相当量	酸味特征
柠檬酸	8.4×10^{-4}	0.1050	2.80	100	温和、爽快，有新鲜感
酒石酸	1.04×10^{-3}	0.0728	2.80	68～71	稍有涩感，酸味强烈
富马酸	9.5×10^{-4}	0.0575	2.79	54～56	爽快，浓度大时有涩感
苹果酸	3.76×10^{-4}	0.0792	2.91	73～78	爽快，稍苦
琥珀酸	8.71×10^{-5}	0.0919	3.20	86～89	有鲜味
乳酸	1.26×10^{-4}	0.1125	2.87	104～110	稍有涩感，尖利
抗坏血酸	7.94×10^{-5}	0.2231	3.11	208～217	温和，爽快
醋酸	1.75×10^{-5}	0.0827	3.35	72～87	带刺激性
葡萄糖酸		0.3255	2.82	282～341	温和，爽快，圆滑，柔和

另一种评定法是测定腮腺分泌唾液的平均流速，常以每一腮腺在 10min 内流出唾液的毫升数来表示，流速越大其酸性越强。几种酸的酸味强度见表 4-2，供参考。

表 4-2　在一定条件下某些酸的酸味强度

酸味剂	pK_a	pH=2.6		[HA]=0.1mol/L	
		[HA] /10^{-3}mol/L	唾液流速	[H^+] /10^{-3}mol/L	唾液流速
CH_3COOH 乙酸	4.76	200	4.86	1.48	3.12
CH_3CH_2COOH 丙酸	4.87	200	2.87	1.02	1.83
$CH_3(CH_2)_2COOH$ 丁酸	4.82	200	2.24	1.41	1.28
HOOC—COOH 乙二酸	1.27	2.7	0.35	54.5	8.00
$HOOCCH_2COOH$ 丙二酸	2.86	4.3	0.45	15.8	7.13
$HOOC(CH_2)_2COOH$ 丁二酸	4.21	100	4.05	3.16	5.31
$HOOC(CH_2)_3COOH$ 戊二酸	4.34	100	4.85	2.40	3.84
CH_2=CHCOOH 丙烯酸	4.26	113	3.03	3.02	2.31
CH_3CH=CHCOOH 巴豆酸	4.70	200	3.13	1.66	1.33
$CH_2(OH)COOH$ 乙醇酸	3.83	42.9	1.72	4.47	3.92
$CH_3CH(OH)COOH$ 乳酸	3.86	20.0	0.39	5.29	2.51
$HOOCCH_2CH(OH)COOH$ 苹果酸	3.39	16.3	1.23	6.61	4.18
HOOCCH(OH)CH(OH)COOH 酒石酸	3.03	5.8	0.21	10.1	4.88

注：以人每一腮腺在 10min 内分泌唾液的平均毫升数做标准。

二、影响酸味的因素

（一）氢离子浓度

酸味与氢离子的浓度有关，所有的酸味物质均能分离解离出氢离子。当溶液中氢离子浓度太低，pH>5.0 时，不易感觉到酸味；但当溶液的氢离子浓度过大，pH<3.0 时，其酸味感强烈，人难以忍受。一般来说，在相同条件下氢离子浓度大的酸味物质其酸味也强，但两者之间没有函数关系。例如，酸味强度接近的苹果酸和醋酸溶液相比，醋酸的氢离子浓度要低很多。

人唾液的酸碱度在 pH6.7～6.9，当食物 pH 低于 5 时，人便会感受到酸味；当食物 pH 低于 3.0 时，人就会感到强烈、不适口的酸味，如酒石酸 pH 2.45，味感为强烈酸性；苹果酸 pH 2.65，味感为清鲜的酸味；磷酸 pH 为 2.25，味感为激烈的酸味；醋酸 pH 为 2.95，味感为食醋的浮而不实寡淡的酸味；乳酸 pH 为 2.60，味感为尖利而深沉的酸味；柠檬酸 pH 为 2.60，味感为新鲜的酸味；丙酸 pH 为 2.90，味感为酸酪味。

（二）总酸度和缓冲作用

总酸度包括离解和未离解的氢离子带来的酸度。缓冲作用是指由弱酸（碱）和弱酸（碱）盐所组成的体系在外加少量碱（酸）时对 pH 变化的抵制作用。通常情况下，pH 相同而总酸度（或缓冲作用）较大的酸味物质溶液，其酸味也强。例如，丁二酸比 pH 相同的丙二酸的总酸度大，其酸味也比丙二酸强。这除了两者负离子的性质不同外，还因为丁二酸当氢离子与酸受体作用后，原来尚未离解的分子还可以继续离解出比丙二酸更多的氢离子，使其酸味维持较为长久。

（三）酸根负离子的性质

酸味物质的负离子对酸味强度和酸感品质都有很大影响。在 pH 相同或相近的情况下，有机酸均比无机酸的酸味强度大。对于有机酸，若按唾液流速法评价，在其氢离子浓度相同时，一元酸的酸味强度随其烃链的增长而减小，而采用品尝法时其酸味强度顺序为丁酸＞丙酸＞乙酸＞甲酸，更长链的则对酸味产生抑制性，C_{10}以上的羧酸无酸味；二元酸在一定限度内随其烃链的增长，酸性强度也增大，但不及相应的一元酸；在负离子的结构上增加了疏水性的不饱和键，酸味比相同碳数的羧酸增强；若在负离子结构上增加了亲水的羟基，其酸性则比相应的羧酸减弱。

酸味物质的负离子还对其风味产生影响。大多数有机酸具有清鲜、爽快的酸味，尤其当酸浓度低到某种程度时，酸味则显得甜美，而磷酸、盐酸等无机酸却有苦涩感。

（四）其他物质的影响

在酸味物质溶液中加入糖、食盐或乙醇时，均会降低其酸味。例如，一般无机酸的阈值为 pH4.2～4.6，若加入 3%砂糖（或等甜度的糖精）时，其 pH 不变而酸的强度将降低 15%。酸味和甜味适当比例混合，是构成水果和饮料风味的重要因素。咸酸适宜是食醋的风味特征。若在酸中加入适量的苦味物质，也能形成食品的特殊风味。

三、酸味与其他味的关系

（一）酸味与甜味的关系

酸味与甜味同时存在时，可呈现出互相减弱的趋势，在加入量适当的条件下，酸味会变得更加适口，如果在 pH4.2～4.6 的酸味调料中加入 3%的蔗糖或和它同等甜度的其他甜味剂，pH 不变，但到酸味强度降低，并变得柔和。当酸味强于甜味时，使食品呈现清新凉爽的感觉，而当甜味强于酸味时，使食品呈现温馨愉悦的感觉。

（二）酸味与咸味的关系

酸味与咸味共同存在时，呈味强度互相减弱，但有时可以互相增强。实验表明，在0.01%的食醋溶液中加入1.2%的食盐溶液，或在0.1%的食醋溶液中加入10%的食盐溶液，咸味感增强；而在1%～2%的食盐溶液中加入0.3%以上$pH<3.0$的食醋则可以减弱咸味。在任何浓度的醋酸溶液中加入少量的食盐，酸味增强；加入大量食盐则酸味减弱。

（三）酸味与辣味的关系

酸味和辣味相互减弱作用虽不十分明显，但可使辣味的火热感觉降低，变得更适口。当酸、甜、辣三味按一定比例调和时，可使辣味明显减弱，即所谓“甘酸化辛”。

（四）酸味与鲜味的关系

酸味与鲜味的关系因鲜味剂的不同而有较大差异。酸味对味精的鲜味有明显的减弱作用，并产生异味，但酸味对海产品、肉制品的鲜味减弱效果则不明显。

（五）酸味与苦味的关系

酸味和苦味比例适当时，酸味和苦味可以互相减弱，使产品的风味醇厚而有根基。如干酒呈现的醇香中带有令人愉快的酸、苦、涩等综合味的复杂风味。而当酸苦味比例失调时则互相增强，又酸又苦的食品是令人难以下咽的。

四、酸味调味品分类

按加工方法可将酸味调味品分为如下几类：

（一）酿造类

食醋、果醋及发酵法制得的柠檬酸、葡萄糖酸、乳酸等。

（二）天然产物提取类

苹果酸、酒石酸、抗坏血酸等。

（三）化学合成类

磷酸、乳酸、丙酸、冰乙酸等。

第二节 食 醋

一、食醋及其分类

（一）食醋

食醋是以粮谷为原料经糖化、酒精发酵、醋酸发酵而制成的含醋酸的液态酸味调味品。传说在古代的中兴国，即今山西省运城县的杜康发明了酒。杜康的儿子杜杼也跟杜康学会了酿酒技术。后来，杜杼率族移居现江苏省镇江，在那里，他把酿酒后的酒糟存放起来，在缸里浸泡。到了二十一日的酉时（下午 5：00～7：00）开缸时，一股从来没有闻过的香气扑鼻而来，杜杼尝了一口，酸甜兼备，味道很美，便储藏着作为“调味浆”，并把二十一日加“酉”字来命名这种酸水叫“醋”。食醋古代又称为醯、酢、苦酒等，中国是世界上利用谷物酿醋最早的国家，早在公元前 8 世纪就已有了醋的文字记载。春秋战国时期《周礼》记载“醯入主醯”，“醯”是指醋和其他各种酸味品，由此推算，醋有三千多年历史。春秋战国时期，已有专门酿醋的作坊，到汉代时，醋开始普遍生产。南北朝时，食醋的产量和销量都已很大，当时的名著《齐民要术》曾系统地总结了我国劳动人民从上古到北魏时期的制醋经验和成就，书中共收载了 22 种制醋方法，这也是我国现存史料中，对粮食酿造醋的最早记载。醋性味酸苦、温、无毒，入肝、胃经。具有散瘀、止血、解毒、杀虫、治黄疸、疗痈疽疮肿，解鱼肉菜毒等功效。梁人陶弘景《神农本草经注》、李时珍《本草纲目》中均有关于醋应用方法与功效的记载。

中国各地物产气候不同，产生了各具特色的地方食醋，保持至今著名的有江苏镇江香醋、山西老陈醋、福建永春老醋、四川保宁麸醋、辽宁喀左陈醋等，其中山西老陈醋、镇江香醋、永春老醋、四川保宁醋并列“中国四大名醋”。《中国医药大典》记载，“醋产浙江杭绍二县为最佳，实则以江苏镇江为最”。

（二）食醋的分类

1. 酿造醋

（1）粮谷醋：以各种谷类或薯类为主要原料酿制成的醋。

① 陈醋　是以高粱为主要原料，大曲为发酵剂采用固态醋酸发酵，经陈酿而制成的粮谷醋。

② 香醋　是以糯米为主要原料，小曲为发酵剂采用固态分层醋酸发酵，经陈酿而成的粮谷醋。

③ 米醋　是以大米（糯米、粳米、籼米）为主要原料，采用固态或液态发

酵工艺酿造而成的粮谷醋。

④ 麸醋　以麸皮为主要原料，采用固态发酵工艺酿造而成的粮谷醋。

⑤ 薰醋　是将固态发酵成熟的全部或部分醋醅，经间接加热熏烤成为熏醅，再经浸淋而成的醋。

⑥ 谷薯醋　是以谷类（大米除外）或薯类为原料，采用固态或液态发酵工艺酿制而成的醋。

（2）酒精醋：以酒精为主要原料酿制成的醋。

（3）糖醋：是以各种糖类为主要原料酿制成的醋。

（4）酒醋：是以各种酒类为主要原料酿制成的醋。

（5）果醋：是以各种水果为主要原料酿制成的醋。

（6）再制醋：是在酿造醋中添加糖类、酸味剂、调味料、香辛料等制成的酿造醋。

2. 调配醋

在冰醋酸或醋酸的稀释液中加入糖类、酸味剂、调味料、食盐、香辛料、食用色素、酿造醋等调制而成的食醋。

二、食醋在食品加工中的作用

（一）赋味作用

在食物中添加醋可赋予其酸味及醋香味，并能与其他调味品组成复合味，同时可调整甜味、咸味、辣味和鲜味的强弱。如在烹制鱼类菜肴时，不但可去腥，同时由于醋和乙醇反应生成乙酸乙酯赋予菜点特殊的风味。

（二）增色作用

除白醋外，其他醋均可赋予菜点红棕色或琥珀色。

（三）去异解腻作用

醋可去腥膻臊臭等异味，解除或降低油脂肥腻感，促进食欲，提味爽口。

（四）调解原料的脆嫩度

在蔬菜中添加醋，可使原料的脆嫩度保持较长时间；醋可使肉类软化，便于成熟。

（五）护色作用

醋可以防止果蔬原料切配后氧化变色，保持原料本色。如将土豆块放入含醋的水中浸泡适当时间再烹调，土豆就不会变褐。

（六）保护维生素不受破坏

在菜肴加热时加适量醋，可减少维生素C的损失。

（七）杀菌防腐作用

在食物中添加醋酸、柠檬酸、丙酸等有机酸，尤其在高浓度下，可抑制甚至杀灭许多不耐酸的细菌。

三、食醋对人体的保健作用

（1）促进消化液分泌；

（2）消除疲劳；

（3）预防感冒、糖尿病；增强肾脏功能，有利尿作用，并能降低尿糖含量；可使体内过多的脂肪转变为体能消耗掉，并促进糖和蛋白质的代谢，可防治肥胖；

（4）扩张血管，有利于降低血压，防止心血管疾病的发生；

（5）延缓血液中酒精浓度上升；

（6）能减少致癌物质的毒性，有助于防治癌症；抑制和降低促人体衰老的过氧化物的形成；

（7）促进钙及食物中营养成分的吸收；

（8）能杀菌防腐、保护肠胃；对葡萄球菌、大肠杆菌、痢疾杆菌、嗜盐菌等具有一定的杀灭作用；

（9）具有美容护肤的功效。

四、食醋的生产工艺

（一）食醋生产原理

食醋酿造需经过液化、糖化、酒精发酵、醋酸发酵及后熟与陈酿等过程。每个工序中的化学变化，都是各类微生物所分泌酶引起的一系列生化作用。如下式所示：

$$\text{淀粉}\xrightarrow[\text{淀粉酶}]{\text{曲霉菌}}\text{葡萄糖}\xrightarrow[\text{酒化酶}]{\text{酵母菌}}\text{乙醇}\xrightarrow[\text{脱氢酶}]{\text{醋酸菌}}\text{乙酸（醋酸）}$$

曲霉中的糖化型淀粉酶使淀粉水解为糖类，曲霉分泌的蛋白酶使蛋白质分解为各种氨基酸；酵母菌分泌的各种酒化酶使糖分子分解为乙醇；醋酸菌中氧化酶将乙醇氧化成醋酸。整个食醋的发酵过程就是这些微生物产生的酶互相协同作用，发生一系列生物化学变化的过程。

1. 淀粉糖化

1）糖化原理

用淀粉质原料酿造食醋，首先要将淀粉水解为糖，水解过程分两步进行，第一步是原料的糊化与液化。原料加热蒸煮促使淀粉糊化，然后冷却，加入液化型淀粉酶，迅速将其降解为相对分子质量较小的能溶于水的糊精、低聚糖等淀粉分解产物，淀粉糊黏度急速降低，流动性增大，完成淀粉的液化。第二步是液化液在糖化型淀粉酶作用下水解为可发酵性糖类，这一过程称为糖化。制醋主要原料谷物的主要成分是淀粉、蛋白质、脂肪和灰分，其中，淀粉是影响产品质量的关键性物质；其他成分如纤维素、果胶和单宁等所占比例虽然不大，但对原料利用率及产品质量也具有不可忽视的作用。

2）糖化过程及糖化酶

食醋的酿造过程主要是通过多种酶或添加酶制剂的作用，对上述原料进行酶解来完成的，因此酶与酶制剂的质量和来源对产品品质至关重要。曲霉是酿造过程中促进糖化和发酵所需酶的主要来源，近年虽已大量利用酶制剂，但只能用来加强某种成分的分解或者代替曲中某些酶的作用，还不能完全替代曲中微生物的培养；同时，用酶制剂代替制曲后，食醋的风味不如传统制曲法浓郁。酿造食醋用曲中的酶系主要是淀粉酶，另外，蛋白质水解酶（包括蛋白酶和肽酶）、纤维素酶，通过他们的共同作用，才能生产出风味好、得率高的优质产品。

由淀粉转变成糖类的过程叫做糖化。其反应式为

$$(C_6H_{10}O_5)_n + nH_2O \xrightarrow{\text{糖化酶}} n\ (C_6H_{12}O_6)$$

在糖化和发酵时所用的曲中，有 α-淀粉酶、糖化酶、葡萄糖苷酶、果胶酶、纤维素酶等，由于这些酶的协同作用，使淀粉分解生成发酵性糖即葡萄糖和麦芽糖，再由酵母作用生成酒精。少部分非发酵性糖作为残糖存在于醋中，使食醋带有微弱的甜味。

老法酿醋时，原料先要蒸熟使淀粉完全糊化，再添加麦曲、药曲和酒曲，由曲霉菌所分泌的淀粉酶作用，将淀粉转变为葡萄糖和麦芽糖，作用缓慢，且属于不完全糖化。新的酿醋工艺采用由 B. F. 7658 枯草杆菌制成的酶试剂，它是由细菌分泌的 α-淀粉酶，作用温度 85～90℃，最适 pH6. 2～6. 4，能在 10～15min 内将大分子的直链淀粉和支链淀粉转变成短链的小分子糊精、低聚糖等降解产物，液化后淀粉糊的黏度显著降低，但尚不能被酵母菌利用，需再用由曲霉所制成的麸曲进行糖化。曲霉分泌大量糖化型淀粉酶，在 60～63℃、3h 左右条件下，将液化产物水解而成为葡萄糖。

除了酶法液化制醋可分成液化和糖化两个较为明显的过程外，在传统食醋酿造过程中，液化和糖化并不能截然分开。老法酿醋所用的糖化曲中，不仅含有曲

霉而且还含有根霉、毛霉等其他微生物，其酶系极为复杂，不仅液化和糖化过程不能明显分开，而且糖化和酒精发酵甚至醋酸发酵也是混合进行的。这种糖化和发酵同时进行的操作方法，被称之为“双边发酵”。在液体深层发酵制醋工艺中，即利用双边发酵法，在60～65℃时，糖化30min，还原糖仅达3.5%，就转入酒精发酵，利用酒精发酵期间糖化酶的后糖化作用，取得较高的转化率。这种双边发酵操作法，可大大缩短糖化时间。

淀粉水解后所生成的糖，大部分供酵母进行酒精发酵，继而进行醋酸发酵；一部分糖经发酵生成其他有机酸；还有一些则残留在醋醅内，作为食醋中部分色、香、味形成的基础物质。

制醋原料中的蛋白质经蒸熟后，在曲霉分泌的蛋白酶的作用下逐步转化生成各种氨基酸，构成食醋鲜味的来源。如谷氨酸和天冬氨酸含量增加，鲜味增强；甘氨酸、丙氨酸和色氨酸构成食醋中的鲜甜味。食醋中氨基酸氮的含量的增加也是蛋白质分解为氨基酸的结果。

目前在食醋加工中选用的曲霉是黑曲霉群中的甘薯曲霉及黄曲霉群中的米曲霉。黑曲霉群其分生孢子穗为炭黑或褐黑、菌丛呈黑色、最适生长温度为37℃。它能分泌糖化型淀粉酶、麦芽糖酶、酸性蛋白水解酶、果胶酶、纤维素酶和氧化酶等。黑曲霉群中使用的有甘薯曲霉、宇佐美曲霉和黑曲霉等。食醋工业中常用的菌种是中科3324甘薯曲霉或3758甘薯曲霉。黄曲霉群分为黄曲霉和米曲霉，分生孢子穗为黄绿色，最适生长温度为37℃，分泌的酶系有蛋白酶、淀粉酶、转化酶、纤维素、酯酶和氧化酶等。在食醋酿造中，一般选择3800黄曲霉和沪酿3.042米曲霉。

2. 酒精发酵

1）*酒精发酵原理*

在无氧的条件下，酵母菌所分泌的酒化酶系把糖发酵生成酒精和其他副产物，酒精作为醋酸发酵的基质，微量的副产物如甘油、乙醛、高级醇、琥珀酸等留在醋液中，赋予醋特有的芳香。

在糖化液中加入成熟的酒母醪进行酒精发酵。酵母将糖转变成酒精和二氧化碳，其反应式为$C_6H_{12}O_6 \longrightarrow 2C_2H_5OH + 2CO_2$。

在食醋生产中，要选择产酒率高、发酵迅速、抗杂菌能力强、适应性好、稳定性强的菌种。目前采用的有酵母K、酵母1300、2109和南阳5.6等，酵母K产酒率高、南阳5.6适应性好、酵母1300产酶性能较好。这些酵母分泌酒化酶，能把糖类转化为酒精和二氧化碳。另有麦芽糖酶、转化酶和乳糖分解酶等亦参加分解作用生成其他物质。酵母培养和发酵时的最适温度为25～30℃。酒精发酵一般经3～4d即可完成。

2）酒精发酵过程

（1）发酵前期。在接入酒母后初期，醪液中的酵母细胞数还不多，由于醪液中含有少量的溶解氧和适量的营养物，所以酵母菌能迅速繁殖，达到一定数量。这一时期醪液中的糊精继续被糖化酶作用，生成糖分，但由于温度较低，故糖化作用较为缓慢。从外观看，发酵作用不强，酒精和二氧化碳产生的很少，发酵醪表面显得比较平静，糖分消耗也较慢。前发酵阶段时间长短，与酵母的接种量有关，量大则短，反之则长。同时由于前发酵期间酵母量不多，发酵作用不强，品温上升也不快，接种时温度为26～28℃，前发酵期品温一般不超过30℃。如果温度太高，会造成酵母过早衰老；如温度太低，又会使酵母生长缓慢，不能很快成为优势菌而导致杂菌生长，影响产品质量。

前期应注意防止杂菌污染，因为在此阶段酵母量少，未成为优势菌，易被杂菌污染，故应加强防止污染措施及车间的卫生管理。

（2）主发酵期。此阶段酵母已大量繁殖，细胞数可达1亿个/mL以上。由于发酵醪中氧气已消耗殆尽，故酵母菌基本停止繁殖而主要进行酒精发酵作用。醪液中糖分迅速下降，酒精逐渐增多，产生大量的二氧化碳，醪液温度上升较快。生产上应加强这一阶段的温度控制。根据酵母菌的性能，主发酵温度最好能控制在30～34℃，如果温度太高，易使酵母过早衰亡，降低酵母活力，较易造成细菌污染。尤其是生产食醋的酒精发酵容器不完全密闭时，更应注意防止杂菌污染。

主发酵期的长短，取决于醪液中的营养状况和工艺条件，如果糖分高，则发酵时间长，反之则短。采用酶法液化通风回流工艺后，酒精发酵的主发酵时间为12h左右。

（3）后发酵期。随着发酵醪中的酒精蓄积和糖分减少，酵母的生命活动和发酵作用变弱，进入了后发酵期。此阶段糖分大部分被酵母消耗，残存的大部分糊精继续被分解，生成葡萄糖。由于这一糖化作用进行得极为缓慢，生成糖分很少，故发酵作用也十分缓慢，接近尾声。此时品温逐渐下降，应控制在30～32℃；如果温度过低，将使糖化酶作用减弱。淀粉质原料的后发酵阶段一般需40h左右。

当然，上述三个阶段并不是截然分开的，这与发酵温度、糖化剂种类、酵母菌性能和接种量等因素有关。此外，工艺上因为连续发酵一开始即处于主发酵状态，连续发酵较间歇发酵时间短。

酵母品种不同，耐酒精度也不一样，一般酒精浓度8.5%（体积）时，即显著阻碍酵母菌的繁殖，酒精浓度10%时酵母菌则完全停止繁殖。在液体中，由于许多条件如温度、糖度和酵母品种的不同，酒精生成量也不同。一般酒精酵母可以发酵到酒精浓度达12%～14%，低温长时间发酵可达到酒精浓度15%～

16%。通常酒精发酵时，醪液内酒精浓度一般为7%～8%；固体发酵时，酒醅按水分70%、酒精浓度6%计算，则其液浆中酒精浓度为0.06/0.7×100%=8.57%，说明酒醅中的酒精浓度高于酒精醪中的酒精浓度，但由于固态发酵的填充材料能起到冲淡酒精含量的作用，因而减少了对酵母的危害，并可防止酒精和浆水流失。

3. 醋酸发酵

醋酸发酵是依靠醋酸菌的作用，将酒精氧化生成醋酸。不同醋酸菌的发酵产物不同。醋酸菌除了能氧化乙醇生成醋酸外，还能氧化其他醇类和糖类，生成有机酸，如把丙醇氧化成丙酰酸，丁醇氧化成丁酸，葡萄糖氧化成葡萄糖酸或葡萄糖酮酸，并进一步氧化成琥珀酸和乳酸等，以及生成羟基乙酸、β-羟基丙二酸、酒石酸、草酸、己二酸、庚酸、甘露糖酸等。乙醇又与这些酸类物质发生酯化反应生成不同的酯类，构成食醋特殊芳香成分。所以有机酸种类越多，所形成酯类越丰富，香味就越浓郁，弥补单纯醋酸的寡淡。

除此以外，糖类转变成甘露醇，在醋酸菌作用下生成二酮果糖，原料中少量的脂肪成分在霉菌分泌的解脂酶的作用下生成各种脂肪酸和甘油，脂肪酸和醇作用生成不同的酯类。原料中的蛋白质经蛋白酶水解成各种氨基酸，使食醋口感醇厚，酸、甜、辛、咸、鲜各味协调，体态丰满。

醋酸发酵中主要的细菌是醋酸菌，它具有氧化酒精生成醋酸的能力，在繁殖时必须有氧气，它在液面上繁殖并形成菌膜。醋酸菌除了需要氧气外，还需要碳源、氮源和矿物质。发酵原料中的淀粉、糖类、蛋白质以及磷、钾、镁都可提供营养。醋酸菌繁殖的适宜温度为30℃，醋酸发酵的适宜温度比繁殖的适宜温度低2～3℃。最适pH3.5～6.5。醋酸菌繁殖一般在醋酸浓度6%～7%时完全停止，也有些菌种在醋酸浓度6%～7%时尚能繁殖。当酒精浓度为5%～12%时，醋酸菌发酵停止。另外醋酸菌只能耐受1%～1.5%的食盐浓度。食醋生产中醋酸菌菌种的选择非常重要，它是保证食醋质量的关键。目前，中科院1.41号醋酸菌和沪酿1.01醋酸菌都是高产稳产的菌种，但所分泌酶的种类还不够全面。国外有用多种醋酸菌混合发酵的，食醋的风味很好。例如，用胶醋酸菌、恶臭醋酸菌、巴氏醋酸菌、黑色醋酸菌、玫瑰醋酸菌和氧化醋酸菌混合发酵，由于各自的代谢产物不一，使食醋香味增强，这也是提高食醋品质的一个重要途径。

4. 后熟与陈酿

食醋品质的优劣取决于色、香、味三要素，而色、香、味的形成过程是十分复杂的，除在发酵过程中形成外，还与后熟陈酿过程中一系列物理化学反应有很大关系。例如，山西老陈醋发酵结束时风味一般，而经过夏季日晒、冬季冰冻的长期陈酿后，品质大为改善，色泽黑紫、质地浓稠、酸味醇厚，并具有特殊的香味。

陈酿后熟的方法有三种：一是醋醅陈酿，即将加盐后熟的醋醅移入缸内砸实，上盖一层食盐，密封，放置1个月，中间倒醅1或2次；二是生醋经日晒夜露，浓缩陈酿数月；三是将成品醋灌装后封坛陈酿。

食醋在陈酿期间，主要发生以下物理化学变化。

（1）色素的形成。食醋的色素来源于添加的色素和发酵过程以及陈酿过程生成的色素物质。酿制过程中色素形成的主要途径是食醋中的糖类与氨基酸经过美拉反应生成类黑素，陈酿时间越长、作用温度越高、空气越充足，色泽变得越深。

（2）香气的形成。食醋的香气主要来源于各种有机酸与醇通过酯化反应形成的酯类。酯类中以乙酸乙酯为主，由于酯化反应速度较为缓慢，所以酿制周期长的老陈醋，酯类形成较多，香气也浓郁。

（3）味的形成。醋酸是食醋呈酸味的主体酸。另外还有一些不挥发酸是微生物的代谢产物，它们与醋酸及其他挥发酸共同形成食醋的酸味，不挥发酸含量越高，食醋的滋味越温和。食醋的甜味是糖分形成的，食醋中糖分的来源是残留在食醋中没有被酵母利用的糖分。食醋中的氨基酸赋予食醋的清新鲜味。

（二）食醋生产中使用的主要原辅料

1. 原辅料选用原则

凡含有淀粉、糖和酒精而不含有毒有害物质的原料，原则上都可作为酿造醋的原料，除此之外，为了适应工业生产要求，选择酿醋原料时还应考虑以下几点：

（1）淀粉、糖或酒精含量高；

（2）资源丰富，产地离制醋工厂近；

（3）容易储藏；

（4）无霉烂变质，不含有毒有害物质，符合卫生要求。

2. 主要原料

（1）淀粉质原料。薯类、高粱、大米、玉米、糯米、小米、芋头、藕等。

（2）含糖原料。糖、糖蜜、各种含糖量较高的水果。

（3）含酒精原料。食用乙醇、白酒等。

3. 主要辅料

（1）制曲用料。麸皮、豆粕、谷糠、米糠等。能提供微生物活动时所需的糖类、蛋白质、维生素、矿物质等各种营养素。

（2）填充料。谷壳、高粱壳、玉米秸、玉米芯、高粱秸等。作用是使醋醅疏松，以利于空气流通，为微生物发酵提供良好的好氧条件。要求接触面积大、有适当的硬度、具有化学惰性、不得有异杂味、廉价。

(3) 添加剂。食盐、砂糖、芝麻、茴香、桂皮、生姜、炒米色等。

(4) 其他。橡子、荔枝核、龙眼核、山楂核等。

4. 饮用水

必须符合国家饮用水标准，软硬适度，不能用硬度过大的水。

5. 发酵剂

1) 糖化发酵剂

大曲、小曲、麸曲。其作用是使淀粉转化成可发酵的糖类。常用黑曲精，适宜温度 35～40℃，与麸皮拌和后成为麸曲，用量为制曲原料的 0.1%左右。

黑曲精通常是以常用的糖化菌种 AS3.758、AS3.350 或 AS3.324 为主要种源，也可采用三种以上混合培养、真空干燥、离心分离制成，克干基含孢子数 200 亿个以上，能大幅度提高淀粉质原料的糖化速度和糖化程度，提高糖、酒、醋的出品率。

2) 酒精发酵剂

以酵母菌为主，又称酒母。其作用是使糖化液中的糖类转化成酒精。常用活性干酵母，用量占主料的 0.5%左右，使用前用 6～7°Bé 的白糖溶液进行活化处理。

3) 醋酸发酵剂

以醋酸杆菌为主，又称醋母。其作用是使物料中的醇类转化成醋酸。常用活性醋酸菌，加入量为主料的 0.5%左右。

(三) 工艺流程

麸皮和谷糠 饮用水
↓ ↓

高粱（或碎米、甘薯干等）→粉碎→混合→润水→蒸熟→摊冷→拌匀（加麸曲、酒母、水）→边糖化边发酵→拌糠接种醋酸菌→翻醅→成熟醋醅→加盐陈酿→淋醋→陈酿储存→配兑→加热杀菌→包装→成品

(四) 操作要点

1. 原料配比（参考）

甘薯粉（或高粱、碎米粉等）100kg，谷糠（蒸前）80kg，麸皮 120kg，酒母 40kg，谷糠 50kg（转醋酸发酵时加入），醋酸菌种子醅（即成熟生醋醅）40kg，食盐 7.5～10kg（夏多冬少）。

2. 原料处理

原料粉碎后与麸皮和谷糠混合均匀，加入混合料 50%左右的水，在常压蒸煮1～2h，再焖 1h，出锅摊凉，补水（调整蒸煮熟料加水量）并迅速降温。

3. 加麸曲酒母

蒸煮后的原料夏天温度控制在 30℃以下，冬天温度控制在 40℃以下，麸曲要破碎，酒母要拌匀。然后将混合料入缸，混合料入缸水分一般为 60%～66%。

4. 入缸发酵

1）入缸

混合料入缸要填满，压实。夏季入缸温度 24℃，冬季 28℃，缸口加盖，室温 25～28℃。

2）第一次翻醅

入缸第二天品温升高至 38～40℃时应进行第一次翻醅（也称倒缸），调节水分和温度，翻至另一个空缸中后，将醅摊平压实，刷净缸口，加盖密封。

3）酒精发酵

酒精发酵阶段要求醅温 30～40℃为好，最高不要超过 47℃，入缸起 5～7d 酒精发酵结束。醅中酒精含量为 7%～8%，夏季最低不能低于 6%。

4）醋酸发酵

酒精发酵结束后每缸拌入粗糠约 10kg（按缸容量 250kg 计），醋酸菌种子（固体成熟醋醅）约 8kg，通过翻醅使其接种均匀。去掉覆盖物，保证通风良好，品温 37～39℃，每天倒缸 1 次。醋酸发酵接近成熟时，醋醅温度自然下降到 35℃。这时要加强检测，每天化验酸度增长情况。如果酸度不再增加，甚至稍有下降趋势时，应及时给醋醅加盐，加盐量为醋醅的 1.5%，防止醋醅过度氧化。加盐后可将缸口封严放置 2d 进行后熟，使醋的色泽与香气得到改善。

5. 淋醋

采用回套式淋醋法（三循环法）。用二醋浸泡醋醅 20～25h，淋下的醋为头醋，剩余渣为头渣；用三淋醋浸泡头渣 20～25h，淋下的醋为二醋，剩余渣为二渣；用清水浸泡二渣 20～25h，淋下的醋为三醋。

6. 陈酿

采用醋醅陈酿法时将醋醅加盐，移入缸中砸实，封盖后熟 15～20d，倒醅 1 次再封缸，陈酿数月后淋醋。采用醋液陈酿时醋液含酸量应大于 5%，将淋出的醋保持 1～10℃，陈酿 1～2 个月，同时应防止杂菌污染。

7. 配兑成品及杀菌

陈酿醋或新淋出的头醋称为半成品，出厂前应按产品质量标准进行配兑。除总酸含量 5%以上的高档食醋不需添加防腐剂外，一般食醋均应加入 0.06%～0.1%的苯甲酸钠作为防腐剂。采用巴氏杀菌，条件为 80～85℃，20min；采用高温直接加热法杀菌，条件为 90～95℃，10min；有条件的可采用超高温瞬时杀菌，出料温度应控制在 35℃以下，防止热敏性风味物质挥发或变性，降低产品品质。

8. 包装及成品储存

将杀菌冷却后的成品醋在无菌条件下灌装封口，然后储存于阴凉干燥处。

合格醋的外观：均匀一致无沉淀，呈琥珀色或红棕色，酸味柔和略带甜味并有特殊的香气。一级品总酸含量应≥5g/100mL，二级品≥3.5g/100mL。

第三节　果　　醋

醋是我国传统的醋酸性调味品，千百年来，人们在做菜时都需要加些醋，去腥解腻，增进菜肴风味。醋不仅能使菜肴增添风味，而且对人体有很好的保健作用。以水果为原料加工而成的果醋，富含多种对人体有益的有机酸，有解除疲劳、预防动脉硬化等保健作用，具有促进肝病、胃炎等疾病康复的功效。另外果醋酸味温和、口感优良、具有果香，近年来成为食醋家族的新宠。据报道，国外特别是欧洲、日本也刮起一股“喝果醋风”，有许多人把它作为饮料来饮用，果醋是一种新型保健调味品。

一、山楂醋

（一）配方（参考）

鲜山楂	200kg	活性醋酸菌	60kg
耐酸酵母	400g	食盐	4～8g
水	600kg	果胶酶	120g
白糖	60kg		

（二）工艺流程

沸水（加入漂烫与浸泡）；果胶酶（加入酶处理）；酵母菌（加入酒精发酵）

山楂→清洗→破碎→漂烫与浸泡→酶处理→调糖→加热→冷却→酒精发酵→醋酸发酵→过滤→澄清→勾兑→成品

活性醋酸菌（加入醋酸发酵）

（三）操作要点

1. 选果

山楂果实富含有机酸和糖，但水分少。宜选成熟度好、新鲜、无病害、不霉烂的果实。

2. 清洗

将选好的山楂用清水洗净。

3. 破碎

把果实破成 4 或 5 瓣，脱除果核。

4. 浸泡

用 300kg 开水浸泡 10～12h，取出。再加入 300kg 开水浸泡 10～12h。两次浸汁混合在一起。

5. 酶处理

把山楂汁温度调整到 42～45℃加入果胶酶，水解 2～3h。

6. 调糖度

先检测果汁的糖度，再把果汁中的糖度调整到 15%。

7. 加热

把果汁加热至 80～85℃后，冷却至 30℃左右备用。

8. 酒精发酵

加入酵母菌，搅拌均匀，密闭。在 28～30℃进行酒精发酵，每日搅拌 3 或 4 次。经 5～7d，酒精发酵基本完成，酒精含量应达到 5%～6%。

9. 醋酸发酵

在两个醋化罐中分别加入粉碎灭菌后的玉米芯，加入量为罐体积的1/3～1/2。把山楂酒加入到其中一个醋化罐中，加入活性醋酸菌，发酵温度控制在 25℃左右。当醋酸发酵开始时，即将山楂酒打入另一醋酸罐内。这一过程每10～12h 重复一次，因此醋酸菌总是在良好供氧条件下正常发酵。经过 15d 的发酵，酒精含量降到 0.1%以下时，醋酸发酵结束。

10. 过滤

将果醋过滤，进行浆渣分离，去除杂质。

11. 澄清

将过滤的果醋放入澄清罐内，自然沉降 1 个月。使果醋自然澄清。取出上清液。

12. 勾兑

检测醋酸含量，调整醋酸含量为 3%～3.5%为宜。如果过浓可加纯净水稀释，不足可加入少量的醋酸和柠檬酸。山楂醋应为淡红色，色淡可加入少量焦糖，果味不足可添加 0.1%～0.15%山楂香精。最后加入食盐以改善风味、提高防腐能力。

（四）质量标准（参考）

1. 感官指标

色泽：淡红色。

香气：具有山楂特有的香气。

滋味：酸味柔和，稍甜，无其他异味。

体态：澄清，无悬浮物及杂质。

2. 理化指标

总酸（以醋酸计）≥3g/100mL，酒精含量（体积分数）≤0.2%，还原糖（以葡萄糖计）≥1.0g/100mL。

3. 卫生指标

砷（以 As 计）≤0.5mg/kg，铅（以 Pb 计）≤1.0mg/kg，大肠杆菌≤3 个/100mL，致病菌不得检出。

二、苹果醋

（一）配方（参考）

苹果	650kg	砂糖	20kg
砻糠	150kg	蜂蜜	5kg
麸皮	25kg	柠檬酸	0.5kg
食盐	4kg		

（二）工艺流程

干酵母→活化→扩大培养→10%酵母醪　麸皮，砻糠
↓　↓
苹果→清洗→切瓣→去心→破碎→成分调整→酒精发酵→醋酸发酵→淋醋→过滤→杀菌→调配→成品

（三）操作要点

1. 原料处理

苹果要求成熟适度、含糖量高、肉质脆硬、无病虫害、无霉烂的果实。一般多采用国光、红玉等品种。

2. 清洗

把病虫害和腐败果剔除，伤果除去变质部分。用流动水清洗去除果实上的泥土、微生物及农药等污染物。

3. 去心

把苹果切成 2 瓣，挖去果心。

4. 破碎

用果蔬破碎机破碎，粒度 3～4mm。

5. 成分调整

首先检测果醪中糖、酸含量。用蜂蜜或白砂糖调整糖度为15%～16%，用柠檬酸调整酸度为0.4%～0.7%。

6. 酒精发酵

500mL三角瓶中加入果醪97g，杀菌冷却后加入果醪质量2%的干酵母于温度32～34℃、时间10～12h条件下进行活化处理，活化完成后按果醪10%的比例加入到50L的酒母罐中在温度30～32℃、10～12h条件下进行扩大培养，培养完毕后即为成熟酒母，按发酵醪10%的比例加入到发酵罐中进行酒精发酵，温度32～35℃、时间60～72h后，当酒精度达到7%～8%后酒精发酵结束。

7. 醋酸发酵

酒精发酵结束后立即进行醋酸发酵，按酒醪的30%拌入砻糠150kg，然后焖醅70～72h，温度达到32～35℃时进行第一次倒缸，以后每天倒缸1或2次，控制品温38～40℃，经12～15d的发酵，缸内温度降至32℃以下，进行酸度检测，如酸度连续两天不再升高即可淋醋。一般酸度可达到6%～7%。

8. 淋醋

淋醋采用三套循环法，每次按1∶1比例向醋醅加水，浸泡5～6h，直至醋醅残留酸在0.1%以下。淋醋后向果醋加入1%～2%食盐。

9. 杀菌

把生醋加热至75～80℃、保持10min进行杀菌处理。

10. 澄清

杀菌冷却后的果醋储存于沉降罐中，让其自然沉降澄清。然后吸出上层澄清的果醋。注意在澄清过程中防止污染。

11. 调配

调醋酸为3.5%～5%，加入适量香精调味，即为成品。

（四）质量标准（参考）

1. 感官指标

色泽：微黄。

香气：具有苹果醋特有的香气。

滋味：酸味柔和，无异味。

体态：无悬浮物及杂质。

2. 理化指标

总酸（以醋酸计）≥3.5g/100mL，

氨基酸态氮≥0.08g/100mL，

还原糖≥1.0g/100mL。

3. 卫生指标

细菌总数≤5000个/mL，大肠杆菌≤3个/100mL，致病菌不得检出，砷≤0.5mg/kg，铅≤1.0mg/kg。

三、猕猴桃醋

（一）配方（参考）

猕猴桃	1000kg	酿酒干酵母	1.5kg
砻糠	50kg	白糖	适量
麸皮	100kg	食盐	20kg

（二）工艺流程

酵母 ↓

原料筛选→清洗→破碎→打浆→调整糖度→灭菌→冷却→酒精发酵→醋酸发酵→淋醋→灭菌→澄清→调配→成品

↑

扩大培养←醋酸菌

（三）操作要点

1. 原料筛选

选用成熟的果实，严禁使用发酵、霉烂、有病虫害的果实，并对硬度大的原料果分批加工。

2. 清洗

用清水浸泡20～30min，然后用流动水清洗干净。

3. 破碎

用破碎机将洗净的原料果压破。

4. 打浆

破碎后的果肉用打浆机打浆，除去果籽、果皮等。

5. 调糖度

将猕猴桃汁加糖或加水调整糖含量15%。

6. 杀菌

将果汁加热至95～98℃、保持10～15min，然后迅速冷却备用。

7. 酒精发酵

在醋化罐内垫上一层60目尼龙过滤布或不锈钢网，关闭出料阀，加入猕猴桃汁及酵母菌，搅拌均匀，密闭。在 33～35℃进行酒精发酵，每天搅拌 5 或 6 次，经过 3d 左右，酒精发酵结束。

8. 醋酸发酵

取 30kg 麸皮和 15kg 砻糠，加 60kg 热水润湿，然后蒸 60min。冷却后，加入培养 24h 的醋酸菌液 5kg，在 35℃条件下培养，为使物料充分接触空气，每天翻拌 5 或 6 次，70～72h 后，即为醋用种子曲。取醋用种子曲 80kg 加入酒醪中，并加入蒸煮杀菌糊化处理的麸皮 70kg 和砻糠 35kg，翻拌均匀，进行醋酸发酵，品温控制在 30～33℃，当温度超过 38℃时打开出料阀，使料液流入接收槽，然后用泵打到醋化罐料层顶部，并使料液均匀淋下。每天反复 5 或 6 次，经常测定醋醅酸度，作好记录。经 20d 左右醋醅发出醋香，当酸度连续两天不发生变化时，即可加入食盐结束醋酸发酵。

9. 淋醋

按 1∶1 的比例向醋醅加水，浸泡 3～5h，打开出料阀，将醋汁排放出来，然后用泵再打到罐内，反复多次浸泡、淋洗醋醅。当酸度稳定时，停止淋洗。

10. 灭菌

将淋下的果醋加热至 80～85℃、维持 10～15min 进行杀菌处理，然后迅速冷却。

11. 澄清

将果醋放入澄清罐中，自然沉降澄清处理，然后吸取上清液。

12. 调配

用醋酸调酸度为（3.5～5）g/100mL，即为成品。

（四）质量标准（参考）

1. 感观指标

色泽：草绿色。

香气：具有猕猴桃特有的芳香。

滋味：酸味柔和、绵长，无异杂味。

体态：澄清，无悬浮物。

2. 理化指标

总酸（以酸度计）≥3.5g/100mL。

还原糖（以葡萄糖计）≥1.0g/100mL。

3. 卫生指标

大肠杆菌≤3 个/100mL。

致病菌不得检出。

四、太平果醋

太平果是北方种植面积广、产量较大的一种水果，也称沙果。形状似苹果但较小，可发酵糖的含量在15%以上，比普通苹果高3%左右，钙含量是苹果的4倍多，适合酿制果醋。

（一）配方（参考）

太平果100kg，柠檬酸0.5kg左右，白糖3～5kg。

（二）工艺流程

干酵母
↓
活化
↓
扩大培养
↓
酒母（10%）
↓
太平果→清洗→破碎→酒精发酵→醋酸发酵→淋醋→过滤→杀菌→调配→成品

（三）操作要点

（1）太平果用流动水洗涤干净，并用果蔬破碎机破碎去除果核。

（2）500mL三角瓶装入果醪100g，杀菌冷却，加入果醪量3%～4%的活性干酵母进行活化处理，温度32～34℃，时间4～5h。50L酒母罐扩大培养，活化酵母添加量为果醪的10%，温度30～32℃，时间10～12h，培养结束后即为成熟酒母。于发酵罐中加入果醪质量10%的成熟酒母进行酒精发酵，罐中醪体用砂糖调整糖度15%以上，保持温度32～35℃，60～72h后，待酒度达到7%～8%后酒精发酵即可结束。

（3）酒精发酵后应立即进行醋酸发酵，按果重的30%拌入稻壳、5%拌入麸皮，然后焖醅70～72h，待温度达到32～35℃时进行第一次翻醅，每天翻醅1次或每天倒缸1次。温度控制在38～40℃，待醅温降至32℃以下时进行酸度检测，如酸度连续两天内不再升高即可淋醋。发酵时间一般为12～15d，酸度可达7%～8%。

（4）淋醋采用三套循环法，使醋醅残留酸在0.1%以下。

(5) 将醋加热至 75～80℃，保持 10～15min 进行杀菌处理，迅速冷却，即可进行的后期调配。

(四) 产品标准 (参考)

1. 感观指标

色泽：微黄。

香气：具有水果醋特有的香气。

滋味：酸味柔和，稍甜、不涩，无其他异味。

体态：无悬浮物及杂质。

2. 理化指标 (表 4-3)

表 4-3 太平果醋理化指标

项目	一级食醋	二级食醋
总酸 (以醋酸计)	≥5g/100mL	≥3.5g/100mL
氨基酸态氮	≥0.12g/100mL	≥1.0g/100mL
还原糖	≥1.5g/100mL	≥1.0g/100mL

3. 卫生指标

砷≤0.5mg/kg，铅≤1.0mg/kg，细菌总数≤500 个/mL，大肠杆菌群不得检出 (100mL)，致病菌不得检出。

五、野生酸枣果醋

野生酸枣果实为圆形，紫红色。酸枣肉中含有大量果胶，不易取汁，但经过酶解处理后，能大大降低果胶含量，不仅易于发酵还减少了果醋制品出现沉淀的可能性。酸枣醋营养价值高于普通米醋，经常食用可调节体液的酸碱平衡，并有助于促进体内糖的代谢，使肌肉中的乳酸和丙酮酸等物质分解而消除疲劳；对原发性高血压及部分高血脂症患者具有较好的降压效果。在发酵过程中，酸枣中原有的有机酸与产生的醋酸混合均匀，使酸枣醋的风味别具特色。

(一) 配方 (参考)

野生酸枣浆 100kg，白糖 3～5kg。

(二) 工艺流程

果胶酶 (↓ 加入酶处理)；酒母培养 (↓ 加入酒精发酵)；醋酸菌 (↓ 加入醋酸发酵)

酸枣→洗涤→打浆→酶处理→灭酶、灭菌→过滤→酒精发酵→醋酸发酵→过

滤→勾兑→杀菌→成品

（三）操作要点

1. 酸枣浆制备

挑选新鲜的野生酸枣，用流动水冲洗干净，用打浆机打浆处理，打浆机筛孔为0.4～0.6mm，所用的水应为软化水。将分离的酸枣浆倒入酶解罐。加入0.01%亚硫酸钠护色防腐。

2. 酵母培养

选用优质的黄酒酵母，经四级扩大培养制得工作发酵剂。具体步骤如下：

酵母纯培养物→250mL三角瓶→培养20～24h→1000mL三角瓶→培养15～20h→15L卡氏瓶→培养15～18h→50L种子罐→培养8～10h→工作发酵剂。

其中，前两级培养一般选用7°Bé的麦芽汁作为培养基，后两级可直接使用酶解后的酸枣原汁作为培养基，同时调整pH4.2左右，温度27～28℃，每次接种量为10%左右。在整个酵母培养过程中，应严防杂菌污染。

3. 酒精发酵

在经过酶解处理的酸枣汁中加入20%～25%的工作发酵剂，要求酸枣汁装罐量不超过发酵罐的2/3，发酵时温度控制在26～33℃，发酵时间2～3d，此时酒精发酵基本结束，然后用食用酒精调整酒精含量至8%左右。

4. 醋酸发酵

将上述酸枣发酵液一次性加入到发酵塔中，同时接入10%的醋酸菌工作发酵剂，然后以“定时回浇”和“以温定浇”相结合的原则进行发酵，每隔90min将醋汁用泵回浇一次，控制品温35～42℃，通风量1∶0.3（体积比）。如果品温过高或过低，应灵活调整回浇次数和通风量，经2～3d，醋酸发酵过程基本完成，测定酸度不再升高时即为醋酸发酵终点。

5. 杀菌

将发酵好的果醋通过过滤机过滤，然后将酸度调整为5%，再根据需要进行勾兑，然后经换热器杀菌，要求在95℃下保持5～10min，迅速冷却，无菌灌装封口即为成品。

（四）质量标准（参考）

1. 感观指标

颜色为深棕色，酸味柔和、略带甜味，并有淡淡的枣香味。

2. 理化指标

酸度≥5%，可溶性固形物含量≥8%。

3. 卫生指标

细菌总数≤100 个/g，大肠杆菌≤3 个/g，致病菌不得检出。

（五）注意事项

（1）加入亚硫酸钠目的是为了抑制有害微生物，尤其是抑制野生的、不利于发酵微生物的生长。

（2）采用发酵塔进行醋酸发酵，塔中的填充料表面充分与氧气接触，使乙醇基本上完全氧化成醋酸，而且能大大缩短了发酵周期，生产周期为 8d 左右。

第四节　番茄浓缩制品

番茄，是一年生茄科草本植物，俗称西红柿，也称番李子、洋柿子。原产南美洲，相传 16 世纪英国公爵旅游时带到欧洲，可能是从西部传入中国，故称番茄。番茄可生吃、可炒菜、可榨汁、可做酱，人称“蔬菜中的水果”，时至今日其栽培已遍及世界。

番茄性微寒，味甘、酸；入脾、胃、肝经。可养阴生津、健脾养胃、平肝清热，适于热病伤阴引起的食欲不振、胃热口渴等症。

番茄酸甜适口、肉厚鲜美、营养丰富、果蔬兼备。每 500g 新鲜番茄中含糖 15.5g、脂肪 0.9g、蛋白质 2.8g、维生素 A 原 1.5g、维生素 B_1 0.14mg、维生素 B_2 0.12mg、维生素 C 55.13mg 及多种矿物质。番茄的维生素和矿物质含量（总量）是柑橘的 1 倍、苹果的 2.5 倍、香蕉的 3 倍、梨和葡萄的 4 倍。营养学研究结果表明，每人每天吃 200～400g 新鲜番茄，就可满足人体的维生素 A、维生素 B、维生素 C 及矿物质需要，而且还具有很多保健作用。利用番茄制成的食品很多，其中生产量最大的番茄制品为番茄浓缩制品，番茄酱与番茄沙司是番茄浓缩制品中的主要产品。番茄酱与番茄沙司在西餐和快餐中最为常用，现在中餐利用番茄酱或番茄沙司的菜点逐渐增加。

一、番茄浓缩制品的概念及种类

（一）概念

番茄浓缩制品为酸味调味品类烹饪原料，是用含有大量红色素的新鲜番茄，经洗涤、漂烫、打浆、浓缩、装罐及消毒等工序加工而成的一种液态或酱状调味料。

（二）种类

1. 番茄浆

将番茄预处理后，打浆，去除皮和种子，不加盐和其他调味料浓缩而制成的产品。常用的番茄浆主要是指干物质含量在20%以下（包括20%）的产品。番茄浆一般不直接食用，而是用作食品加工或烹饪的酸甜味调味料，同时赋予制品特殊的颜色和风味。

2. 番茄酱

加工方法与番茄浆相同，只是产品的浓度不同，番茄酱所含的干物质较番茄浆高，干物质含量一般为22%～24%或28%～30%。番茄酱一般不直接食用，而是用作食品加工或烹饪的酸甜味调味料，同时赋予制品特殊的颜色和风味。

3. 番茄沙司

是指在番茄打浆后的原浆中或将原浆浓缩至干物质含量12%～14%的番茄浆中，加入醋、精盐、糖和多种香辛调味料调整风味后再经浓缩而制成的酱状调味料。一般分为干物质含量不低于33%、29%、25%三种类型。番茄沙司除了具有番茄浆及番茄酱的相同用法外，一般可直接食用，用于蘸食或涂抹食物进行调味。

二、番茄浓缩制品的作用及应用

（一）在食品加工中的作用

番茄酱、番茄沙司等均在西餐中大量使用并引入中式菜点，现已形成颇具特色的番茄（汁）类菜肴，广泛应用于冷菜、热菜、汤羹、面食和小吃中。

1. 赋色作用

在食品加工中，多选用浓度高、口味好的番茄酱或番茄沙司作为调味品，番茄酱或番茄沙司不但使用方便，而且可使产品具有红艳光亮的色泽，备受消费者的欢迎。

2. 赋味作用

番茄酱或番茄沙司具有酸、甜、鲜、香等令人愉快的滋气味，因此将其加入到某些食品中，可使该食品的风味更加丰满并赋予产品独具特色的味道。

3. 调和作用

番茄酱或番茄沙司具有一定的黏稠度与吸附性，可使食品中的风味成分、蛋白质、糖类及脂类与番茄酱或番茄沙司形成均匀的混合物，从而达到改善食品组织状态、调和食品风味与口感的目的。

（二）保健作用

番茄制品中富含番茄红色素、维生素C、谷胱甘肽、有机酸和矿物质等营养物质，具有多种保健作用。

1. 番茄红色素的保健作用

番茄红色素是一种天然色素，在化学结构上属于类胡萝卜素，它是一种抗氧化剂，具有抗氧化清除自由基、抗衰老、抑制突变、减少心血管疾病、预防中风及预防癌症等作用，并具有利尿和助消化的作用，对肾脏病患者尤为有益。

2. 维生素C的保健作用

促进生物膜的合成，有利于创伤组织的愈合；促进氨基酸中酪氨酸和色氨酸的代谢，延长寿命；改善铁、钙和叶酸的利用条件；改善脂肪和类脂特别是胆固醇的代谢，预防心血管病；促进牙齿和骨骼的生长，防止牙龈出血，预防坏血病；增强机体对外界环境的抗应激能力，提高机体免疫力。

3. 谷胱甘肽的保健作用

解毒；抗氧化，清除人体内的自由基；抗辐射；保护肝脏；抗过敏；养颜美容护肤；改善视力；抗衰老。

4. 有机酸和矿物质等营养物质的保健作用

生津止渴、健胃消食、清热消暑。

5. 其他

番茄含有的苹果酸、柠檬酸，可刺激食欲，促进胃酸分泌，帮助消化，增强胃肠的吸收功能。番茄含有果酸，常吃番茄和番茄制品可减肥降脂；番茄中含有番茄碱，动物试验证明可明显降低组织胺所致毛细血管通透性升高，具有抗炎作用。另外番茄中还含有丰富的核黄素、抗坏血酸、维生素A、维生素K等，对防治牙龈出血、口腔溃疡有一定益处。

（三）应用

1. 使用量

番茄浓缩制品在烹饪中的使用量并无统一的规定，调味时一般应以适时、适度、适合菜品特点与食品要求及消费者喜好为原则。

2. 在不同烹调方法及不同味型中的应用

番茄浓缩制品主要用于酸味型、酸辣味型、酸咸味型的菜肴与食品中，其主要用于调整酸味、赋色及增香。烹调方法多以炒、熘、焖、烧、烹等为主并可作味碟。

三、番茄酱的生产工艺

番茄酱的加工过程是将番茄处理后，再经打浆、去皮和种子，不加盐和其他调料，经浓缩而制成的产品，其干物质含量一般为 22%～24%或 28%～30%。

（一）工艺流程

原料验收→挑选→洗果→破碎→预热→打浆→真空浓缩→加热→装罐→封口→杀菌→冷却→检验→成品

（二）操作要点

1. 原料验收、挑选及洗果

挑选新鲜、无霉烂、色泽红或深红、可溶性固形物含量高、成熟度适宜的番茄作为原料。按加工专用品种的要求，不得混入黄色、粉红或浅色的品种，剔除带有绿肩、污斑、裂果、损伤和成熟度不足的果实。

合格原料先浸洗，再用水喷淋，彻底清洗干净。番茄果柄与萼片呈绿色且有异味，影响色泽与风味，应全部除净。去蒂时将绿肩和斑疤修去，拣除不适合加工的番茄。

2. 破碎、预热及打浆

番茄打浆是为了去除果皮、种子并得到均匀细腻的原浆。将番茄先破碎再去籽。一般破碎分离器孔径 10mm 左右，脱籽器孔径 1mm 左右。

破碎去籽后的番茄原浆迅速加热到 85～90℃。其目的是：①抑制果胶酶和乳糖醛酸酶的活性，防止果胶类物质降解变性导致酱体的黏稠度和涂抹性的降低，防止制品产生汁液分离现象；②使破碎的果肉纤维软化，有利于打浆并减少打浆时的损失，增加制品黏稠度；③排除果实组织间隙及浆汁中的空气，防止加热过程中发生氧化，最大限度保护维生素等营养物质，同时避免在加热浓缩时产生泡沫。生产中亦有先将番茄漂烫灭酶处理后再打浆的工艺。

原浆经预热后进入三道打浆机，物料在打浆机中受高速回转刮板的击打而成浆状，浆汁受离心作用穿过圆筛孔，进入收集器至下一道打浆器。皮渣、种子等则由出渣口排出，从而达到浆汁与皮渣、种子的分离。番茄制酱须经 2 或 3 道打浆，才能使制成的酱体细腻。

3. 真空浓缩

番茄原浆含有大量水分，可溶性固形物含量只有 5%～7%，通过浓缩排除原浆中大量水分，不但可提高营养物质的浓度，而且节约包装，便于储藏及运输。

浓缩的方法有常压浓缩和减压浓缩。减压浓缩又称真空浓缩，具有较多优点：

（1）在减压下溶液的沸点较在常压下低，因此可以提高相同压力的加热蒸汽与沸腾液体间温度的差，增大蒸发器的生产能力，因而减小蒸发器的传热面积。

（2）可以利用低压蒸汽或废蒸汽作加热蒸汽。

（3）可以用来浓缩不耐高温易分解变质的溶液。

（4）由于溶液的沸点降低，蒸发器损失于外界的热量较小。

果蔬汁液是热敏性很强的物质，进行浓缩时要考虑尽量保护原有色香味成分。真空浓缩时将物料置于双效真空浓缩罐中，以 0.15～0.2MPa 的蒸汽加热，物料在 0.08～0.09MPa 真空状态下进行浓缩，物料温度为 50～60℃，产品的色泽和风味均可保持良好。当测得产品浓度较规定标准高出 0.5%～1.0%时可终止浓缩。

4. 加热、装罐及封口

经浓缩的番茄酱加热至 90～95℃进行灌装封口。容器有马口铁罐和塑料袋、玻璃瓶等。无论何种容器都需预先清洗喷淋处理。装罐后应快速进行排气封口，为提高二次杀菌效率和防止二次污染，提高罐内真空度，常采用热灌装，即在85℃以上进行灌装、封口。

5. 二次杀菌、冷却及检验

密封后应立即二次杀菌，采用连续常压杀菌时杀菌条件为 100℃、20～30min，杀菌后迅速冷却，避免产品高温长时间导致产品颜色变暗。采用高温高压短时间杀菌可最大限度地保护产品中热敏性营养物质不受破坏，杀菌公式可根据实际操作设备的条件及生产能力而定，但最高温度不超过 120℃。生产过程中应严防物料与铜、铁金属器具及设备接触引起氧化变色、产生异味。杀菌及冷却的温度和时间可按包装容器的传热性、装料量和酱体浓度而定。如采用马口铁罐和塑料袋包装可直接用冷水冷却，而玻璃瓶应采取一定温度梯度进行降温、冷却，以防由于骤冷导致容器破裂。番茄酱是典型的高酸性食品，包装材质必须具有较好的抗酸防腐性能，才能保证产品的储存稳定性。

冷却后的番茄酱要进行保温试验及抽样检验，合格者方可出厂。

（三）番茄酱质量标准

产品色泽为暗红色，具有番茄酱特有的风味，无异味。酱体细腻，不分层，稠度适中。可溶性固形物含量大于 33%，氯化钠含量 3%～5%，酸度（以醋酸计）0.8%～1.2%。

四、番茄沙司的生产工艺

番茄沙司是在番茄泥或番茄浆中加入砂糖、食盐、醋、辛香料以及其他调味料等制成的调味番茄深加工制品。番茄的质量及盐、醋、香辛料的选择、配比等都对番茄沙司质量有重要影响。番茄沙司宜于佐食含油脂高的食物，如炸薯条、熏肉等，另外在汉堡包及中式烧烤类菜肴中也得到广泛应用，因此番茄沙司的消费量较大。

（一）配方

配方一：番茄酱（浓度14%）100L，30%的醋精1L，砂糖5kg，食盐1kg，洋葱1kg，大蒜50g，丁香40g，肉桂30g，肉豆蔻衣10g，辣椒10g，天然调味液200g。

配方二：番茄酱（浓度14%）100L，醋13L，冰醋酸1kg，砂糖13kg，食盐2kg，洋葱2kg，红辣椒100g，肉桂100g，多香果90g，丁香80g，肉豆蔻衣20g，大蒜20g。

配方三：番茄浆或番茄酱（浓度12%）100kg，砂糖15kg，变性淀粉4kg，食盐2kg，冰醋酸10kg，洋葱2kg，丁香100g，桂皮140g，生姜粉20g，红辣椒粉20g，大蒜末20g，五香粉30g，煮调味料用水7kg左右。

配方四：番茄浆（浓度14%）100L，精盐3kg，白砂糖15kg，碎洋葱3kg，蒸馏果酸（10%醋酸）12L，肉桂130g，肉豆蔻12g，丁香粉80g，辣椒粉8g，胡椒粉130g。

配方五：番茄浆（含干物质5.5%）100L，精盐950g，白砂糖6kg，蒸馏果醋（10%醋酸）3L，洋葱碎末270g，大蒜碎末60g，肉桂15g，肉豆蔻、丁香各10g，辣椒粉15g，胡椒粉130g。

配方六：番茄浆（含干物质7%～8%）100L，白砂糖15kg，精盐1.5kg，饴糖7kg，醋精（30%）1L，肉桂粉50g，肉豆蔻8g，胡椒粉、丁香各30g，辣椒粉10g。

配方七：番茄泥（浓度14%）100L，变性淀粉6kg，30%的醋精1L，砂糖5kg，食盐1kg，大料50g，丁香40g，桂皮30g，肉豆蔻10g，辣椒10g，洋葱200g，大蒜50g。

（二）工艺流程

1. 番茄浆制作

番茄筛选→漂洗→热水漂烫→脱皮→打浆→匀浆处理→番茄浆

2. 番茄沙司制作

各种香辛料→配比→熬煮→过滤→调味液

↓

番茄浆、盐、糖→搅拌→熬煮→匀浆乳化→杀菌→浓缩→灌装封口→冷却→成品

（三）操作要点

（1）筛选去除霉变、破损及污染严重的番茄，将合格番茄放入沸水中漂烫10～20s，压碎脱皮、去籽、打浆，所得浆液可全部通过0.6mm孔径筛，滤液为番茄浆。

（2）将洋葱外衣去掉，切去根须，洗后切成细丝，蒜头去掉外衣，斩成细末，再磨制成泥状。其他颗粒状或片状香辛料用流动水快速洗涤去除泥土、沙石、草籽等杂质，然后沥干尽可能粉碎或敲碎，备用。

（3）在夹层锅中加入适量的水和醋酸，再加入各种香辛料，加热煮沸后，加盖焖1～2h，然后用0.147mm或0.125mm孔径的筛网过滤得调味液，渣子加适量水再煮一遍，过滤取汁，作为下次煮调味料的用水。

（4）将所有配料（除调味液）混合边加热边不断搅拌，待糖、盐溶化后加入番茄浆，搅拌均匀，浆液要能全部通过0.4～0.6mm孔径筛。加入调味液，搅拌煮沸杀菌、均质乳化、浓缩后趁热灌装封口，先以50℃左右热水淋洒降温，再分段冷却到30～40℃。

（四）质量标准

产品为暗红色，酱体细腻，不分层，稠度适中。可溶性固形物大于30%，氯化物含量3%～5%，酸度（以醋酸计）0.8%～1.2%。

（五）注意事项

（1）调味液最好现用现煮，如要多煮分次使用，应把配方中的糖、盐一同加入调味液中，这样可以提高调味液中的渗透压，达到抑制有害微生物的作用，然后密闭保存，并防止二次污染。

（2）空瓶洗净，倒置，在115～120℃条件下消毒15min左右后备用，瓶盖消毒，沥干备用。

（3）如使用聚酯瓶，应采用消毒液对空瓶进行浸泡消毒，并在无菌条件下灌装封口。

第五节　其他酸味调味品

一、柠檬汁

柠檬汁是从鲜柠檬中榨取的汁液，颜色淡黄，味极酸并略带苦涩味，有柠檬的特殊芳香。

在食品加工中常用的有柠檬汁原果汁和浓缩果汁。原果汁又分为澄清果汁和混浊果汁，其中以混浊果汁的风味、色泽和营养价值最好；浓缩果汁是由原果汁经真空浓缩 1～6 倍制成。

柠檬汁的酸味要来自柠檬酸。柠檬汁中含有丰富的维生素 C、维生素 B 及钙、磷、铁等营养成分。柠檬汁在西餐中的应用较广，近年来在中餐烹调中也逐渐使用柠檬汁，使菜肴具有芳香爽口的果香及柔和的酸味，别具特色。

二、浆水

浆水又称酸浆水、米浆水，是一种白色或稍呈白色的酸味液体，具有乳酸柔和的酸味及淡淡的清香，多用于调味或制作清凉饮料。多见于西北的甘肃、宁夏、青海、陕西一带，多为自制，目前尚无工业化、商业化产品。浆水富含乳酸钙、醋酸乙酯、谷氨酸钠等，有抑制腐败菌生长的作用。浆水冷爽可口、清甜曲香、酸味适口，具有甘酸性凉、和胃止渴等功效。民间常作主食调味，如炝锅后加浆水烧沸，以此下面条，叫浆水面。此外还可以制浆水散饭、浆水拌汤等。夏季也可用于浆水制作饮品，用于清热解暑。

浆水的制法有多种，其中甘肃制法为：取蔬菜适量切碎，煮熟，放在缸中；另以豆面和面粉煮成稠汤，倒入缸中，加适量冷开水，搅匀密封。夏季 2～3 日即成，揭盖见白花漂浮，酸香扑鼻，即可食用。制作时，加入原制浆水（俗称引子、老汤、酵子），风味更佳。

三、酸菜汁

酸菜汁是腌制酸菜时产生的汁水，主要成分是乳酸，酸度适口、清鲜咸辛、口味独特。用于烹调方法同醋，可调制出口味独具的菜品，如用其烹制的酸辣汤，风味浓郁、口感醇厚，综合品质优于用醋酸调味烹制的酸辣汤。

四、酸味果汁、果酱类

山楂汁、山楂酱、酸梅汁、酸梅酱、橙汁、菠萝汁、橘汁、苹果汁、杨梅汁等均可作为食品加工及烹饪的酸味调味料，使用方法可参考其他酸味调味品。

五、酸味食品添加剂

（一）乳酸（lactic acid）

乳酸又名 α-羟基丙酸、2-羟基丙酸，分子式 $C_3H_6O_3$，相对分子质量 90.08，是一种常见的羟基羧酸，广泛存在于自然界中，许多发酵食品如腌菜、酸菜、泡菜、酱菜、酸乳、发酵醪、啤酒中均含有乳酸。1780 年瑞典化学家 C. W. 舍勒从酸乳中首先发现并分离出一种新的有机酸，命名为乳酸。1857 年巴斯德发现乳品变酸是微生物作用结果，并命名此微生物为乳酸菌。1878 年李斯特成功地分离出纯乳酸菌并定名为乳杆菌。以后人们就用乳杆菌生产乳酸。在人类和哺乳动物的血液和肌肉中以及某些植物体液内含有乳酸。20 世纪初发现乳酸有 3 种不同的旋光性质是由于乳酸分子中羟基所连接的碳原子是非对称性引起的，有 3 种同分异构体：左旋、右旋、消旋。乳酸通常是纯乳酸与乳酸酐混合物，为无色或微黄色透明黏稠状液体，稍有酸味。纯乳酸为无色结晶物质。乳酸溶于水、乙醇、乙醚，但不溶于氯仿和二硫化碳。由于乳酸分子内有羟基和羧基两种基团，因此有自动酯化的性质，当浓度大于 25%时其聚合性增强。乳酸是重要的食用有机酸，因其左旋特征，具有很好的生物相容性，能与哺乳动物乳汁相融，可直接参与人体代谢、无任何副作用，是良好的酸味剂，广泛地被用在食品饮料、糖果、糕点、酒类、果蔬制品加工、儿童食品等方面。由于乳酸的酸性稳定，有助于改进食品风味，延长食品保藏期，因此在食品工业中还可用作防腐剂、还原剂等。乳酸还可与其他酸味剂混合使用，乳酸饮料及果味饮料等食品使用乳酸时与其他酸味剂如柠檬酸等并用，使酸味柔和、清新。乳酸还有杀菌作用，可以用做手术室、病房、实验室、车间等场所的喷雾或熏蒸杀菌，另外乳酸在化工、制革、纺织、印染等行业也有大量应用。

制造乳酸的原料有大米、薯干、玉米淀粉、糖蜜和乳清等。目前发酵法产生的乳酸约占总乳酸产量的一半，多以玉米淀粉为原料，经过生物发酵精制而成，为无色澄清黏性液体，水溶液显酸性。

（二）柠檬酸（citric acid）

1. 柠檬酸历史

1784 年 C. W. 舍勒通过在水果汁中加入石灰乳以形成柠檬酸钙沉淀的方法首先从柑橘中提取柠檬酸。天然柠檬酸最初产于美国加利福尼亚州、意大利和西印度群岛，意大利的产量居首位。到 1922 年，世界柠檬酸的总销售额的 90%由美国、英国、法国等垄断。发酵法制取柠檬酸始于 19 世纪末。1893 年 C. 韦默尔发现青霉（属）菌能积累柠檬酸。1913 年 B. 扎霍斯基报道黑曲霉能生成柠檬酸。1916 年汤姆和柯里以曲霉属菌进行试验，证实大多数曲霉菌如泡盛曲霉、米曲霉、温氏曲霉、绿色木霉和黑曲霉都具有产柠檬酸的能力，而黑曲霉的产酸能力更强。1923 年美国菲泽公司建造了世界上第一家以黑曲霉浅盘发酵法生产柠檬酸的工厂。随后比利时、英国、德国、前苏联等相继研究成功发酵法生产柠檬酸。这样，依靠从柑橘中提取天然柠檬酸的方法逐渐被发酵柠檬酸所取代。1950 年前，柠檬酸采用浅盘发酵法生产，1952 年美国迈尔斯实验室采用深层发酵法大规模生产柠檬酸。此后，深层发酵法逐渐建立起来。深层发酵具有周期短、产率高、节省劳动力、占地面积小、便于实现自动化控制和连续化等优点，现已成为柠檬酸生产的主要方法。

我国在1952年开始用黑曲霉浅盘发酵制取柠檬酸。轻工业部发酵工业研究所于1959年完成了深层发酵制柠檬酸试验，1965年进行了以甜菜糖蜜为原料浅盘发酵制取柠檬酸的中间试验，并于1968年投入生产。1966年后，天津市工业微生物研究所、上海市工业微生物研究所相继开展用黑曲霉进行薯干粉原料深层发酵柠檬酸的试验研究并获得成功，从而确定了我国柠檬酸发酵法生产的主要工艺路线。

在柠檬酸发酵技术领域，由于高产菌株的应用和新技术的不断开拓，柠檬酸发酵和提取收率都有明显提高，每生产1t柠檬酸分别消耗2.5～2.8t糖蜜、2.2～2.3t薯干粉或1.2～1.3t蔗糖。随着生物技术的进步，柠檬酸工业有了突飞猛进的发展。

2. 柠檬酸理化特性

柠檬酸学名2-羟基丙烷-1，2，3-三羧酸，分子式$C_6H_8O_7$，相对分子质量192.14。柠檬酸为无色半透明晶体、白色颗粒或白色结晶性粉末，无臭、味极酸，易溶于水和乙醇，水溶液显酸性。熔点153℃，引燃温度1010℃（粉末）。柠檬酸溶于水、乙醇、乙醚，不溶于苯，微溶于氯仿。在干燥的空气中微有风化，在潮湿空气中微有潮解。柠檬酸结晶形态因结晶条件不同而不同，有无水柠檬酸$C_6H_8O_7$，含结晶水柠檬酸有$2C_6H_8O_7 \cdot H_2O$、$C_6H_8O_7 \cdot H_2O$或$C_6H_8O_7 \cdot 2H_2O$。商品柠檬主要是无水和一水柠檬酸。当温度低于(36.3±0.15)℃时，从水溶液中结晶的柠檬酸带一分子结晶水。一水柠檬酸结晶相对分子质量为210.14，属斜方晶系，常温下稳定，温和加热至70～75℃时软化失水，至135～153℃完全熔化，迅速加热时在100℃熔化，结块变为无水柠檬酸；继续加热至153℃时熔化成液体，而当结晶温度高于(36.3±0.15)℃时，从水溶液中结晶出来的柠檬酸不带结晶水，其相对分子质量为192.13，属单斜晶系全对称晶类。一水结晶暴露于干燥空气会失去结晶水，久储易结块，因此宜密封保存。柠檬酸是一种较强的有机酸，极易溶于水，溶解度随着温度升高而增长。水溶液呈酸性，其2%的水溶液pH为2.1。加热可以分解成多种产物，与酸、碱、甘油等发生反应。

3. 柠檬酸的应用

在所有有机酸的市场中，柠檬酸市场占有率70%以上，到目前还没有一种可以取代柠檬酸的酸味剂。食品工业中柠檬酸主要用于香料或作为饮料的酸化剂，医学上用作多价螯合剂。柠檬酸是生物体三羧酸的循环中间产物，人体自身代谢也产生柠檬酸，无论成人还是婴儿，均能将柠檬酸完全分解。如果每天从饮料中摄入0.5g柠檬酸，对人体完全无害。美国FDA将柠檬酸列为普遍认为安全(GRAS)的食用物质，我国食品添加剂使用卫生标准规定在果酱类、饮料、罐头、糖果中可根据生产正常需要使用，对柠檬酸在食品中的应用范围及用量未加任何限制，其铵盐、钙盐、钠盐、钾盐及柠檬酸异丙酯、硬脂酸酯及三乙酸酯等也未对人体有任何伤害。各种汽水中的柠檬酸用量为 0.5%～0.8%。使用时通常配成 50%的溶液。无水柠檬酸比结晶柠檬酸有较小的吸湿性，常用在固体饮料中。

食用柠檬酸主要成分见表 4-4。一分子结晶水柠檬酸不但用作清凉饮料、果汁、果酱、水果糖和罐头等的酸性调味剂，也可用作食用油的抗氧化剂，改善食品的感官性状，增强食欲和促进体内钙、磷等矿物质的消化吸收。柠檬酸的盐类如柠檬酸钙和柠檬酸铁可作为补充钙和铁的营养强化剂。柠檬酸的酯类如柠檬酸三乙酯可作无毒增塑剂，制造食品包装用塑料薄膜。

表 4-4　食用柠檬酸主要成分（摘自 GB/T8269—2006）

项目	无水柠檬酸		一水柠檬酸		
	优级	一级	优级	一级	二级
鉴别试验	符合试验		符合试验		
柠檬酸含量/%	99.5～100.5		99.5～100.5		≥99.0
透光率/%	≥98.0	96.0	98.0	95.0	—
水分/%	≤0.5		7.5～9.0		—
易炭化物	≤1.0		1.0		—
硫酸灰分/%	≤0.05		0.05		0.1
氯化物/%	≤0.005		0.005		0.01
硫酸盐/%	≤0.01		0.015		0.05
草酸盐/%	≤0.01		0.01		—
钙盐/%	≤0.02		0.02		—
铁/(mg/kg)	≤5		5		—
砷盐/(mg/kg)	≤1		1		—
重金属（以 Pb 计）/(mg/kg)	≤5		5		—
水不溶物	滤膜基本不变色，目视可见杂色颗粒不超过 3 个		滤膜基本不变色，目视可见杂色颗粒不超过 3 个		—

4. 柠檬酸在食品和饮料中主要功能

（1）使酸味可口，刺激唾液分泌，增强饮料的解渴性。

（2）调节 pH，如果添加其钠盐或钾盐能增强缓冲性。

（3）与糖配合添加到饮料中，可改善饮料风味。

(4) 络合微量金属离子。

(5) 在酒类制品中用来调节酒的酸度、防止沉淀、增强抗氧化作用。

(6) 防腐并增强苯甲酸盐的作用。

(7) 催化蔗糖转化为转化糖。

5. 使用时注意事项

(1) 由于柠檬酸可促进体内钙的排泄和沉积，如长期大量食用含柠檬酸的食品，有可能导致低钙血症。儿童表现有神经系统不稳定、易兴奋、植物神经紊乱；大人则为手足抽搐、肌肉痉挛，感觉异常，瘙痒及消化道症状等。

(2) 柠檬酸具刺激作用。在使用中，长期接触者可能引起湿疹。

(3) 柠檬酸可燃。粉体与空气可形成爆炸性混合物，遇明火、高热或与氧化剂接触，有引起燃烧爆炸的危险。

(三) 苹果酸 (malic acid)

1. 苹果酸理化特性

瑞典化学家 C. W. 舍勒 1785 年首次从苹果中发现苹果酸。苹果酸学名 2-羟基丁二酸，又名羟基琥珀酸，分子式 $C_4H_6O_5$，相对分子质量 134.09。白色结晶颗粒或结晶粉末，无臭或稍有特异臭气，有特殊愉快的酸味，易吸潮，在相对湿度为 98%、25℃以下放置 6d 后，结晶质量增加 54%。苹果酸是一种酸性较强的有机酸，其 0.1%和 1.0%的水溶液 pH 分别为 2.8 和 2.4。它易溶于水，可溶于乙醇，但不溶于乙醚。

自然界中苹果酸以三种形式存在，即 D-苹果酸、L-苹果酸及其混合物 DL-苹果酸。D-苹果酸密度为 1595kg/m^3，熔点 101℃，分解点 140℃，比旋光度 +2.92° (甲醇)，溶于水、甲醇、乙醇、丙酮。L-苹果酸密度为 1595kg/m^3，熔点 100℃，分解点 140℃，比旋光度 −2.3° (8.5g/100mL 水)，易溶于水、甲醇、丙酮、二噁烷，不溶于苯。等量的左旋体和右旋体混合得外消旋体，密度 1601kg/m^3，熔点 131～132℃，分解点 150℃，溶于水、甲醇、乙醇、二噁烷、丙酮，不溶于苯。

2. 苹果酸的应用

最常见的是左旋体 L-苹果酸，苹果、樱桃、山楂、葡萄和柠檬等很多水果中均含有丰富的苹果酸，未成熟的苹果含 0.5%左右的有机酸，其中，苹果酸占 97%以上，苹果酸因此而得名。苹果酸也可由延胡索酸经生物发酵制得。L-苹果酸是生物体三羧酸的循环中间产物，而人体内只有 L-苹果酸脱氢酶，美国已经明确规定在婴幼儿食品、饮料、药品中不能使用 DL-苹果酸而必须使用 L-苹果酸。由于苹果酸易被人体吸收，口感接近天然果汁并具有天然香味，与柠檬酸相比，产热量更低，口味更好，因此作为性能优异的食品添加剂和功能性食品广泛应用于酒类、饮料、果酱、口香糖等多种食品、化妆品、医疗和保健食品等领域，是目前世界食品工业中用量较大和发展前景较好的有机酸之一，是新一代的食品酸味剂，被誉为“最理想的食品酸味剂”，目前在老年及儿童食品中有取代柠檬酸之势。

（1）L-苹果酸可以配制多种香精、香料。

（2）与柠檬酸相比，酸度大（酸味比柠檬酸强20%），苹果酸比柠檬酸酸度强1.25倍，或者说80g的苹果酸和100g的柠檬酸形成的酸味强度相当，要达到相同的酸味强度使用L-苹果酸可以减少用量20%。另外L-苹果酸的酸味柔和（具有较高的缓冲指数），滞留时间长，具有特殊香味，风味别致。应用于果汁、清凉饮料时，用量为0.25%～0.55%；应用于果子露，用量为0.05%～0.1%；果酱0.2%～0.3%；果冻0.1%～0.3%；水果糖0.05%～0.1%；均可收到良好的赋味、矫味效果。

（3）和其他酸味剂混合使用可收到良好调味效果。苹果酸与柠檬酸配合使用，可以模拟天然果实的酸味特征，使口感更自然、协调、丰满。清凉饮料、粉末饮料、乳酸饮料、乳饮料、果汁饮料中均可添加苹果酸改善其口感和风味，当50% L-苹果酸与20%柠檬酸共用时，可呈现强烈的天然果实风味。

（4）与甜味剂使用无不良后味。苹果酸与人工合成的二肽甜味剂阿斯巴甜（aspartame）配合使用，作为软饮料的风味固定剂可收到良好的赋味效果。对于一些食品加苹果酸可以节省白糖10%～20%。

（5）L-苹果酸可减少咸味食品的食盐用量。日本近几年已成功地将苹果酸盐应用于减糖、减盐食品中，应用苹果酸的某些盐类代替食盐浸渍咸菜时，浸渍效果优于食盐，同时可以作为肾炎患者的食盐代用品。

（6）L-苹果酸可以使果胶产生凝胶作用，因此可以用来制作果糕、果冻凝胶态的果酱和果泥等。

（7）苹果酸可以降低pH，产生螯合作用，抑制酚酶的活力，防止褐变，保护维生素C。

（8）苹果酸可用作食品保鲜剂。可去除鱼腥味、不新鲜肉臭味，提高食品储藏性。

（9）作为组织改良剂。在酸奶制品中加入L-苹果酸，还可改善其品质。在配制白醋时添加苹果酸作为乳化稳定剂。调制面团时加入适量苹果酸可以使面筋蛋白质中的二硫基团增多，有助于蛋白质，形成大分子立体网络结构，增强面团的持气性、弹性和韧性。

（10）L-苹果酸可以用作一些食品的保色剂，如天然果汁制品的保色剂。

（11）L-苹果酸有较好的抗氧化能力，食品中脂类的氧化、蛋白质的破坏和色素氧化都会使食品的感官品质下降、营养价值降低、货架期缩短。添加L-苹果酸可延缓氧化、延长货架期、保持食品的色香味和营养价值。

（12）用于制备和合成驱虫剂、抗牙垢剂等。

（13）另外 L-苹果酸还可以作为工业清洗剂、树脂固化剂、合成材料增塑剂、饲料添加剂等。

1967 年美国 FDA 宣布苹果酸为安全的食用酸，我国食品添加剂使用卫生标准（见表 4-5）规定可按需要使用。

表 4-5　食用 L-苹果酸主要成分（摘自 GB13737—92）

项目	指标
含量（以 $C_4H_6O_5$ 计）/%	≥99.0
比旋光度 $[\alpha]_D^{20}$	−1.6～−2.6
硫酸盐（以 SO_4 计）/%	≤0.03
氯化物（以 Cl 计）/%	≤0.005
砷（以 As 计）/%	≤0.0002
重金属（以 Pb 计）/%	≤0.002
灼烧残渣/%	≤0.10
易氧化物	合格
澄清度	合格

3. 苹果酸保健功能

（1）人体缺乏 L-苹果酸会导致三羧酸循环不正常，致使代谢失调。

（2）不损害口腔与牙齿，代谢上有利于氨基酸吸收，不积累脂肪。

（3）L-苹果酸可用于药物制剂、片剂、糖浆中，还可以配入氨基酸溶液中，能明显提高氨基酸的吸收率。

（4）L-苹果酸可以用于治疗肝病、贫血、免疫力低下、尿毒症、高血压、肝衰竭等多种疾病，并能减轻抗癌药物对正常细胞的毒害作用。

（5）是低热量食品添加剂。

（6）L-苹果酸中含有天然的润肤成分，能够溶解黏结在干燥鳞片状死细胞之间的“胶黏物”，起到清洁皮肤，减少皱纹，使皮肤变得嫩白、光洁而有弹性。

（四）酒石酸（tartaric acid）

1848 年，巴斯德在实验室里偶尔发现酒石酸盐溶液中的霉菌可以利用 D-型酒石酸但不能利用其同分异构体 L-型酒石酸。后来，他采用发酵方法制出了纯净的左旋酒石酸。酒石酸学名 2，3-二羟基丁二酸，无臭、味酸，为无色半透明或透明的单斜晶体，有旋光性，密度1760kg/m^3，熔点168～170℃，易溶于水、甲醇、乙醇，难溶于乙醚、氯仿。外观呈白色为细致颗粒状的结晶性粉末，稍有吸湿性。

1. 酒石酸种类

酒石酸分子中有两个相同的不对称碳原子，因此有三种光学异构体。

（1）左旋酒石酸或D-酒石酸，密度1759.8kg/m^3，熔点168～170℃，旋光度－12.0°（20g溶于100g水中）。

（2）右旋酒石酸或L-酒石酸，密度1759.8kg/m^3。熔点168～170℃，旋光度＋12.0°（20g溶于100g水中）。天然酒石酸是右旋酒右酸。

（3）外消旋酒石酸，等量的右旋酒石酸和左旋酒石酸可混合成外消旋酒石酸，密度1697kg/m^3，熔点205℃。

（4）内消旋酒石酸，密度1666kg/m^3，熔点140℃，溶于水。用于药物、果子精油等生产。将酒石酸用石灰乳处理成酒石酸钙，再用硫酸处理制得，也可将顺丁烯二酸酐用过氧化氢氧化生成。

（5）右旋酒石酸和左旋酒石酸均易溶于水，溶于甲醇、乙醇、甘油，微溶于乙醚，不溶于氯仿。

2. 酒石酸的应用

酒石酸在工业生产和人们的日常生活中有着广泛的用途。制药、食品饮料以及化工、电讯等行业都离不开酒石酸，且主要由几个葡萄酒生产大国如法国、西班牙、意大利和德国等国供应。从国际市场对酒石酸的消费结构看，大部分用作食品饮料的酸味剂。

1）食品行业

可作增味剂以及食用色素成分之一，植物果实中存在的酒石酸为L-酒石酸，L-酒石酸不被人体小肠吸收，在体内不被氧化，口服后几乎完全从尿中排出。水溶液对皮肤略有刺激性，日允许摄入量ADI值0～30mg/kg，作为添加剂一般用量安全性较高，但内服75～90g有死亡例。我国规定：在果酱、饮料、罐头、糖果中可根据正常生产需要使用。在清凉饮料中用量为0.1%～0.2%，单独使用较少，一般多与柠檬酸、苹果酸等并用，特别适合于添加到葡萄汁、粉中，也可作为速效合成膨松剂的酸味剂使用。

2）医药行业

用于抗结核药乙胺丁醇的生产，作为不可替代的光学异构体拆分剂，用来拆分其中间体2-氨基丁醇，每年仅此一项就需消耗几千吨L（＋）-酒石酸。

3）化学工业及其他工业

用于印染的防腐剂、照相显影剂、金属离子隐蔽剂、电镀、制革及制镜行业。

（五）琥珀酸（amber acid）

1. 琥珀酸理化特性

琥珀酸学名丁二酸，分子式为 $C_4H_6O_4$，相对分子质量 118.09，熔点 185℃，沸点 235℃（分解），相对密度 1.57（15℃），无色或白色、无嗅而具有酸味的固体。琥珀酸溶于水，微溶于乙醇、乙醚、丙酮、甘油。可与碱反应。也可以发生酯化和还原等反应。受热脱水生成丁二酸酐。琥珀酸是一种二羧酸，是三羧酸循环的中间产物，同时也是厌氧代谢的发酵产物之一，很多微生物产生琥珀酸盐作为它们能量代谢的主要终产物。

2. 琥珀酸的应用

琥珀酸已被美国 FDA 认定为 GRAS（一般认为安全），具有多种用途。

（1）在食品行业中作为酸味剂、pH 改良剂、风味物质和抗菌剂。

（2）用于医药、抗生素、氨基酸和维生素等产品的生产。

（3）作为表面活性剂、清洁剂的添加剂。

（4）作为离子螯合剂，用于在电镀行业防止金属的溶蚀和点蚀。

（5）作为化学试剂，用作碱量法标准试剂、缓冲剂、气相色谱对比样品。

3. 使用注意事项

（1）毒性较小，对眼睛、皮肤、黏膜有一定的刺激作用，对全身不产生毒害作用。大剂量口服可引起呕吐和腹泻。处理或接触丁二酸蒸气时要注意穿戴好防护用品，以免引起咳嗽和刺激皮肤。

（2）对环境有危害，对水体和大气可造成污染。

（3）遇明火、高热可燃。粉体与空气可形成爆炸性混合物，当达到一定浓度时，遇火星会发生爆炸。受高热分解，放出刺激性烟气。

（六）富马酸（fumaric acid）

1. 富马酸理化特性

富马酸又名延胡索酸，化学名称为反丁烯二酸，分子式 $C_4H_4O_4$，相对分子质量 116.07，相对密度 1.64（20℃），白色结晶粉末，熔点 286～287℃，200℃以上升华，沸点 290℃（分解），加热至 230℃以上生成顺酐，与水共煮生成 DL-苹果酸。富马酸有特殊酸味，酸味强，约为柠檬酸 1.5 倍。溶于乙醇（5.76g/100g，30℃），微溶于水（0.63g/100mL，25℃）和乙醚，极难溶于氯仿。无吸湿性，可燃，具刺激性，遇明火、高热可燃。粉体与空气可形成爆炸性混合物，当达到一定浓度时，遇火星会发生爆炸，受高热分解，放出刺激性烟气。可利用化学合成法和发酵法生产富马酸，利用亚硫酸废液作为原料发酵生产，可降低废液中糖类 75％，同时有 40％被消耗的糖类转化为富马酸。

2. 富马酸的应用

富马酸可作为食品添加剂和饲料添加剂，同时也是一种重要的有机化工原料和精细化工产品，广泛用于涂料、树脂、医药、增塑剂等领域。

富马酸是一种单斜三棱形针状结晶体，在水中的溶解度较小，在酸性溶液中极易结晶析出，此特性影响了它在饮料工业中的应用。据报道，将富马酸与麦芽糊精混合后溶解，喷雾干燥，得到的混合物能迅速溶解于10%的糖液。

(1) 富马酸用作食品添加剂，口味纯正，有调味及抗氧化作用，另外也可作为生产L-苹果酸的原料。

(2) 富马酸的吸湿性很小，适于制备膨胀剂、汽水糖及粉末果汁。

(3) 生产糖果时添加富马酸，可使糖果表面光洁。用于果酱生产可增加果酱的黏性。用于生产汽水、果汁、冰淇淋和水果糖，酸味纯正。

(4) 对面包、蔬菜、水果、鲜肉等食品具有很好的防霉效果。

(5) 化工行业富马酸可用作不饱和树脂和醇酸树脂以及电泳漆的原料。此外，富马酸和脂肪醇在硫酸催化剂作用下进行酯化反应，可以生成富马酸酯，其中，富马酸二甲酯是一种新型防腐防霉剂，具有高效、低毒、广谱抗菌的功能。

（七）D-葡萄糖酸及其内酯

葡萄糖酸具有与柠檬酸相似的酸味，稍有臭味，酸味强度是柠檬酸的0.5倍，常与其他酸味剂混合使用。δ-D-葡萄糖内酯的水溶液加热可转变成葡萄糖酸。

1. D-葡萄糖酸（gluconic acid）

D-葡萄糖酸又名右旋糖酸，分子式$C_6H_{12}O_7$，相对分子质量196.16，相对密度1.24（50%～52% aq.）。为无色至淡黄色透明糖浆状液体，无臭或有微臭，是一种弱的有机酸，在水溶液体系中存在两种内酯：δ-内酯和γ-内酯。葡萄糖酸易溶于水，微溶于乙醇，不溶于乙醚，结晶葡萄糖酸带一个结晶水。葡萄糖酸水溶液在温度30～70℃，于过饱和情况下可以结晶析出δ-内酯，而在70℃以上则能结晶出γ-内酯。δ-内酯为无色结晶，水中溶解度为50mg/100mg，水溶液先甜后酸，其1%水溶液pH为3.5，在90℃以上会很快转化为葡萄糖酸。

葡萄糖酸腐蚀性极小，酸性爽口，常应用于清凉饮料、食醋、调味品及面包工业中。葡萄糖酸是毒性最低的一种有机酸，其钙盐可作成口服液及静脉注射剂用于补充钙及抗过敏，钙盐易溶于热水，水溶液的pH6～7，可用作一般食品的钙强化剂，若按葡萄糖酸钙中的钙理论含量的9.16%计算，其使用量通常占所用食品的1%以下。

2. 葡萄糖酸-δ-内酯（gluconic acid lactone）

葡萄糖酸-δ-内酯分子式$C_6H_{10}O_6$，相对分子质量178.14，白色结晶或结晶性粉末，几乎无臭，味先甜后酸，易溶于水，不溶于乙醚。主要用作稳定剂和凝固剂、酸味剂、螯合剂、保鲜剂。用于鱼虾保鲜，最大使用量为 0.1g/kg，残留量小于 0.01mg/kg；用于香肠（肉肠）、鱼糜制品、葡萄汁、豆制品（豆腐花、豆花），最大用量 3.0g/kg。本品与碳酸氢钠按 2∶1 混合成发酵粉，可用于制作饼干、面包、蛋糕，用量约为小麦粉的 0.13%。

葡萄糖酸-δ-内酯在水溶液中能慢慢地转化为葡萄糖酸，因而被称为迟效性酸味料，能满足食品加工后产生酸味效果的要求，如西点、馒头、炸面包圈等利用它的迟效性使制品缓慢产生酸味；在包装豆浆中添加 0.25%～0.3%葡萄糖酸-δ-内酯，豆浆在低温（30℃）时没有凝固性，经加热 75～80℃杀菌后葡萄糖酸-δ-内酯变为葡萄糖酸，豆浆会凝固，即所谓的内酯豆腐，这种豆腐持水性好、味道鲜美、保存期长。葡萄糖酸-δ-内酯用途广泛，作为酸味剂按 0.01%～0.4%比例添加于果子露、果酱、食醋及清凉饮料中。

（八）抗坏血酸（ascorbic acid）

1. 抗坏血酸的历史

坏血病是几百年前就知道的疾病，但是直到 1911 年才确定它是因为缺乏营养而产生的。在 18 世纪坏血病在远洋航行的水手中非常普遍，也流行在长期困战的陆军士兵、长期缺乏食物的社区、被围困的城市和劳工营等长期缺乏蔬菜水果供应的地区。坏血病患者四肢无力、肌肉疼痛、精神抑郁、牙龈出血，严重者牙齿脱落、严重疲惫、腹泻、呼吸困难、骨折，甚至肺脏或肾脏衰竭而死亡。1519 年，葡萄牙航海家麦哲伦率领的远洋船队从南美洲东岸向太平洋进发。3 个月后，有的船员牙床破了，有的船员流鼻血，有的船员浑身无力，待船到达目的地时，原来的 200 多人，活下来的只有 35 人。1536 年法国探险家 Jacques Cartier 在发现圣劳伦斯河之后，溯流而上抵达魁北克过冬。探险队中 24 人死于坏血病，其他多人也都病重。有一位印第安人教他们饮用一种树叶泡的茶，治好了这些人。后来发现这种树的叶子里含有丰富的维生素 C。15 世纪中国明朝的郑和多次率领船队下西洋，但史料并无记载有大量船员因长期航行而染上坏血病而死，这与当时郑和船队带备茶、蔬菜和水果有关，亦可见茶、蔬菜和水果内的物质对防治坏血病有很大的帮助。1747 年英国海军医官詹姆斯·林德在船上做了著名的实验：12 个严重的坏血病海员，大家都吃完全相同的食物，唯一不同的是两个病人每天吃两个橘子和一个柠檬，6 天之后，只有吃柑橘水果的两人好转，其他人病情依然。詹姆斯·林德继续研究，1753 年出版了《坏血病大全》一书。1795 年詹姆斯·林德去世，他的实验结果也湮没无闻。但是另一位英国医生 Gilbert Blane 相信詹姆斯·林德（Lind）的结果，由于他的努力，英国海军部才通令每个海军官兵每天都必须饮用 3/4 盎司柠檬汁。1796 年英国海军中坏血病病例大幅降低。1912 年，波兰裔美国科学家卡西米尔·冯克，综合了以往的试验结果，发表了维生素的理论。他认定自然食物中有 4 种物质可以分别防治夜盲症、脚气病、坏血病和佝偻病。这些物质被卡西米尔·冯克称为“维持生命的胺素（vitamine）”，拉丁文中的 *vita* 意思是生命，冯克以为这些物质都含有氮或胺基，所以加上胺素 amine 的结尾。后来发现有些物质并不含氮，所以改称为 vitamin，中文称为维生素或维他命，这 4 种物质分别被称为维生素 A、维生素 B、维生素 C 和维生素 D。1920～1930 年，有机化学家开始研究维生素的化学成分和结构。1928 年匈牙利生化学家 Albert Szent Gyorgyi 在英国化学家 Frederick Gowland Hopkins 的实验室中成功地从牛的副肾腺中分离出 1g 维生素 C 纯品。他也因为维生素 C 和人体内氧化反应的研究获得 1932 年的诺贝尔医学奖。1928 年他发表论文，确定维生素 C 的化学分子式是 $C_6H_8O_6$，所以称之为 hexuronic acid。1929 年他到美国作学术研究，从牛副肾中分离出 25g 维生素 C 纯品。1930 年 Szent Gyorgyi 回到匈牙利，发现匈牙利的辣椒中含有大量的维生素 C。他成功地从中分离出 1kg 纯 hexuronic acid，并再送一批给英国化学家 Walter H. Haworth 继续分析其结构。Haworth 确定了维生素 C 的正确化学结构，并且用不同的方法生产出维生素 C 而获得了 1937 年的诺贝尔化学奖。Szent Gyorgyi 和 Haworth 最后决定将维生素 C 命名为抗坏血酸（ascorbic acid）。1933 年瑞士化学家 Tadeus Reichstein 发明了维生素 C 的工业生产法，此方法先将葡萄糖还原成为山梨醇，再经过细菌发酵成为山梨糖，山梨糖与丙酮反应生成二丙酮山梨糖（di-acetone sorbose），然后再用氯及氢氧化钠氧化成为二丙酮古龙酸（di-acetone-ketogulonic acid，DAKS）。DAKS 溶解在混合的有机溶液中，经过酸性催化剂重组生成维生素 C。此方法成为日后工业化生产维生素 C 的主要方法，这个方法的专利权在 1934 年被瑞士罗氏公司购买，也奠定了罗氏公司维生素 C 生产的霸主地位。

1980 年中国科学院北京微生物研究所的研究员尹光琳发明“维生素 C 二步发酵新工艺”，大幅改进了 Reichstein 的一步发酵法，降低了维生素 C 的生产成本。此法先将葡萄糖还原成为山梨醇，经过第一次细菌发酵成为山梨糖，再经过第二次细菌发酵转化为 KGA（2-keto-gulonic acid），最后异化成为维生素 C。这项专利的国际使用权于 1985 年出售给瑞士罗氏公司，这项专利在我国的国内使用权并没有卖给罗氏公司，到了 1990 初期我国国内生产维生素 C 的药厂基本都采用二步发酵法。

随着日益激烈的市场竞争，2002 年初，两大国际巨头罗氏公司以及德国巴斯夫战略调整，国外维生素生产企业及产量大幅减少，我国维生素 C 生产量逐年增加，维生素 C 出口量占世界市场的 80%。至 2006 年垄断品牌以世界最大的维生素 C 生产商石药集团自行研发上市的“果维康”维生素 C 系列产品和罗氏公司生产的“力度伸”泡腾片为主。

2. 抗坏血酸理化特性

维生素 C 俗称抗坏血酸。其化学式 $C_6H_8O_6$，相对分子质量 176.13，学名 L-2，3，5，6-四羟基-2-己烯酸-γ-内酯，无色无臭的片状结晶体，有酸味，易溶于水，不溶于脂溶剂，熔点 190～192℃。维生素 C 是含有 6 个碳原子的酸性多羟基化合物，其分子 C2 及 C3 位上两个相邻的烯醇式的羟基极易解离而释出 H^+，所以维生素 C 虽无自由羧基，但仍具有有机酸的性质，又因它具有防治坏血病的功能，故又称为抗坏血酸。另外维生素 C 具有还原性，维生素 C 脱去 2 个 H 后成为氧化型维生素 C（脱氢抗坏血酸），当有供氢体存在时，氧化型维生素 C 又可变为还原型维生素 C（抗坏血酸）。

维生素 C 共有 4 种异构体（L-抗坏血酸、L-异抗坏血酸、D-抗坏血酸、D-异抗坏血酸），其中，L-抗坏血酸的生物活性最高，其他抗坏血酸无生理活性，通常所说的维生素 C 即指 L-抗坏血酸。食用抗坏血酸标准见表 4-6。维生素 C 的理化性质不稳定，热、氧、光线、金属离子（铜、铁等）、氧化酶等作用都会加快其被破坏的速度。例如，蔬菜在高温下煮 5～10min，维生素 C 的损失率可达到 70%～90%。

表 4-6　食用抗坏血酸标准（摘自 GB14754—1993）

项　目	指　标
含量（以 $C_6H_8O_6$ 计）/%	≥99.0
比旋度 $[\alpha]_D^{25}$	+20.5°～+21.5°
炽灼残渣/%	≤0.1
砷（As）/%	≤0.0003
重金属（以 Pb 计）/%	≤0.001

3. 抗坏血酸在食品加工中的应用

（1）食品、水果、饮料的保鲜。

（2）抑制添加亚硝酸的肉类制品中亚硝铵的形成。

（3）改善面团质量，增加面包类发酵型焙烤食品的膨胀度。

（4）补充饮料、水果和蔬菜的加工中损失的维生素 C。

（5）防止氧化褐变。在果蔬加工过程中，维生素 C 作为有效的酚酶抑制剂可防止产品变色和风味变劣。

（6）改善食品风味。防止冷冻食品风味变劣，改善啤酒、葡萄酒的风味。

（7）防止油脂氧化。维生素 C 在含油脂食品（如饼干、面包等）中，作为抗氧化剂的增效剂，以防止油脂酸败。

4. 抗坏血酸的主要功能

抗坏血酸参与体内多种代谢过程。降低毛细血管的脆性，增强机体抗逆性，防治坏血病，也用于多种急、慢性传染病及紫癜等的辅助治疗。还可用于食品营养强化剂。

（1）坏血病的预防与治疗。

（2）急慢性传染病（用于增强抵抗力）治疗。

（3）促进创伤的愈合和病后恢复。

（4）肝硬化、肝炎以及重金属或有机物中毒（如汞、锌、苯中毒等）。

（5）用于克山病患者发生心源性休克时的治疗。

（6）作为营养成分的添加剂。

5. 使用时注意事项

（1）对于维生素 C 含量较高的辣椒、苦瓜、番茄、菜花、甘蓝以及菠菜、油菜、小白菜之类蔬菜，尽量采用焯水凉拌、急火快炒等烹制技法，最大限度减少维生素 C 在烹调过程中的损失。

（2）注意食物之间配伍，防止有毒有害物质生成。

（3）大剂量摄入维生素 C 对人体会产生不良的副作用，使尿液酸化，导致尿酸盐与草酸盐沉积为结石，并产生痛风症等。过量口服维生素 C 可产生恶心、呕吐、腹泻、腹痛等症状。对糖尿病患者，大剂量维生素 C 应慎用，有碍于糖尿病患者的诊断与确切掌握降糖药物的剂量及其他不良反应，维生素 C 能增加维生素 B_1、维生素 B_{12} 的需要量，可造成有关维生素的缺乏症。此外大剂量补充维生素 C 还可引起高钙血症和低钠血症等。

（九）乙酸

乙酸也称醋酸，为无色有刺激性酸味的液体，与水、乙醇、甘油、乙醚等互溶，能腐蚀皮肤，有杀菌作用。食醋是含有 3%～5%醋酸的调味料，用发酵法制得，在烹调食品时会引起许多化学变化，能增进风味，去除鱼腥味，还具有防腐作用。冰醋酸是不含水的纯净乙酸，熔点 16.7℃，沸点 118℃，易溶于水，水溶液呈弱酸性。纯品在冻结时呈冰状结晶体，故称冰醋酸。冰醋酸必须达到食用级才可用作合成醋的原料，否则对人体有害。工业上以乙醛的氧化或其他合成法生产乙酸或冰醋酸。

（十）磷酸（phosphonic acid）

磷酸，分子式 H_3PO_4，相对分子质量 97.99，熔点 42.3℃，高沸点酸，可与水以任意比互溶。纯净的磷酸为无色晶体。磷酸是三元中强酸，可进行 3 步电离，不易挥发，不易分解，不属于氧化性酸，具有酸的通性。

食品级磷酸及其盐类属于食品添加剂中的品质改良剂和营养强化剂，现已广泛用于各种肉鱼制品、禽蛋制品、水产品、乳与乳制品、谷物制品、饮料、果蔬制品、油脂制品及变性淀粉等的加工。我国食品级磷酸及其盐类的推广应用还处于初级阶段，随着我国食品工业的发展和人民生活水平的提高，食品级磷酸及其盐类的市场需求量必将会有大幅度增长，开发和推广应用食品级磷酸及其盐类，将促进化工、食品两大行业的发展。食用磷酸标准见表 4-7。

表 4-7 食用磷酸标准 GB3149—2004

项 目	指 标
磷酸（H_3PO_4）的质量分数/%	≤75.0～86.0
砷（As）的质量分数/%	≤0.000 05
氟化物（以 F 计）的质量分数/%	≤0.001
重金属（以 Pb 计）的质量分数/%	≤0.0005
易氧化物（以 H_3PO_3 计）的质量分数/%	≤0.012

磷酸使用时应注意，磷酸蒸气或雾对眼、鼻、喉有刺激性，口服液体可引起恶心、呕吐、腹痛、血便或休克。皮肤或眼接触可致灼伤。长期接触会造成鼻黏膜萎缩、鼻中隔穿孔、刺激性皮肤疾病。

第五章　鲜味调味品

第一节　概　　述

鲜味是烹饪原料本身具有的或经过加热分解产生的部分氨基酸、核苷酸、酰胺、三甲基胺、肽及有机酸等物质对味蕾刺激所产生的感觉。鲜味需有咸味存在时，方能显现其味道。鲜味调味品一般不单独使用，多与咸味调味品及其他调味品共同组成复合味。

鲜味可以提高食品总的味觉强度，并带来不同于酸、甜、苦、咸4种基本味感的整体味感，但对食品的香气无影响。鲜味可以增强食品的一些风味特征，如持续性、爽口性、温和感、浓厚感、肉味感等。鲜味还可使食品与菜点风味变得柔和、诱人，能促进唾液分泌、增进食欲。所以在食品加工与烹饪中，人们利用鲜味调味品或原料自身的鲜味来调和食物，以期达到良好的调味效果。在使用鲜味调味品时，应注意避免在碱性及过酸条件下食用，也不要过度加热，否则会影响呈鲜效果。

鲜味物质广泛存在于动植物原料中，如畜肉、禽肉、鱼肉、虾、蟹、贝类、海带、豆类、蘑菇等原料。食品加工与烹饪中可用具有鲜味的动植物原料煲汤，得到味道鲜美的汤食，也可提取鲜味原料中的鲜味成分加工成各种鲜味调味品，使用更加方便。

一、鲜味调味品的分类

鲜味调味品种类颇多，一般可分为三大类，即植物性鲜味调味品、动物性鲜味调味品、复合鲜味调味品。

（1）植物性鲜味调味品。以来源于植物的原料为主体并添加其他辅料而制成的以鲜味为主的调味品。包括味精、笋粉、蘑菇粉、香菇粉、菌油、蘑菇浸膏、腐乳等。

（2）动物性鲜味调味品。以来源于动物的原料为主体并添加其他辅料而制成的以鲜味为主的调味品。包括蚝油、鱼露、虾油、虾酱、鱼子酱、蟹油、蛏油、鸡精、牛肉精等。

（3）复合鲜味调味品。是指由多种调味品按一定配比，采用相应的工艺手段进行加工、复合调配的以鲜味为主的调味品。包括鸡精、牛肉精、猪肉精、豉油、蒜蓉豆豉等。

二、鲜味与其他味的关系

（一）鲜味与咸味的关系

咸味可使鲜味突出得以显现其鲜美的滋味，咸味是鲜味的根基。但鲜味剂的加入量并不随含盐量的增加而增加。实验表明，味精的最佳添加量，在一定含盐量范围内（0.8%～2%），有随着加盐量递增而递减的趋势。如在0.8%的食盐溶液中需加0.38%的味精、在1.0%的盐液中只需加0.3%的味精、而在1.2%的盐液中只需加0.28%的味精就可以获得良好的增鲜效果。

（二）鲜味与酸味的关系

一般来讲，过酸的环境不利于鲜味尤其是味精的鲜味显现。适量的鲜味调味品能缓和酸味，使酸味变得清新。

（三）鲜味与甜味的关系

在鲜味中添加适量的甜味，会产生复杂的味感，有利于去腥解腻。但添加过多的甜味剂，会遮蔽鲜味，甚至产生腥、臊等令人不愉快的异味。

（四）鲜味与苦味的关系

鲜味具有减弱苦味的作用，使原本具有苦味的食品醇厚感增强，在有酸、甜、咸味以适当比例配合时，则能收到更好的调味、矫味效果。

第二节　植物性鲜味调味品

一、味精

1. 味精的历史

1907年，日本东京帝国大学的研究员池田菊苗发现昆布（海带）汤蒸发后留下的棕色晶体具有一种难以描述但很不错的味道，池田教授将这种味道称为“鲜味”，经分析其成分主要为谷氨酸钠。继而，他为大规模生产谷氨酸晶体的方法申请了专利。1908年池田教授从38kg海带煮汁中提取了30g味精。1909年池田教授与铃木三郎合作成立味之素公司，将其提取的鲜味剂取名“味の素”，即有“味觉的元素”之意，并进行商业化生产。日本味之素公司成立后一直致力于味精的生产、新产品的开发及事业的拓展。日本人的“味之素”很快就传进了中国。这种奇妙的白色粉末打动了一位名叫吴蕴初的化学工程师的心。他对这种被日本人严格保密的白粉进行分析化验，证实就是谷氨酸钠。经过一年多的时间，吴蕴初独立发明出一种生产谷氨酸钠的方法来：在小麦麸皮（面筋）中，谷氨酸的含量可达40%，他先用34%的盐酸加压水解面筋，得到一种黑色的水解物，经过活性炭脱色、真空浓缩，就得到白色结晶的谷氨酸。再把谷氨酸同氢氧化钠反应，加以浓缩、干燥，得到谷氨酸钠。吴蕴初把他制得的鲜味剂叫做“味精”，他是世界上最早用水解法来生产味精的人。1923年，吴蕴初在上海创立了天厨味精厂，向市场推出了中国的“味之素”——“佛手牌”味精。以后，佛手牌味精不仅畅销于中国市场，还打进了美国市场。吴蕴初也获得了一个“味精大王”的称号。1947年，味精登陆美国市场，命名为Ac'cent flavor enhancer。1936年，美国从甜菜糖蜜中分离得到L-谷氨酸，用提取法进行了谷氨酸的工业化生产。1956年，日本以淀粉水解糖为原料，经过谷氨酸杆菌发酵，生产L-谷氨酸取得成功，1957年实现工业化生产。

2. 味精的理化特性

工业化生产的第一代味精，一般以小麦、大豆等含蛋白质较多的原料经水解法制成，也可采用微生物发酵淀粉原料来制取或用甜菜、甘蔗、糖蜜、蜂蜜等通过化学合成制取，又称“味素”，是应用最广的鲜味调味品，主要成分是谷氨酸钠及少量的食盐、水分、脂肪、糖、磷、铁等。谷氨酸钠是谷氨酸的钠盐，化学式$C_5H_8NO_4Na$，摩尔质量169.111g/mol，熔点225℃，为无嗅无色白色结晶粉末。谷氨酸钠易溶于水，溶解度74g/100mL。

普通味精为无色至白色的结晶性粉末，无臭，不溶于酒精、乙醚、丙酮等有机溶剂，易溶于水，密度1650kg/m^3，熔点195℃，最佳溶解温度为70～90℃，对光稳定，容易保存。当味精溶液的pH3.2时（呈酸性），其解离程度最小，鲜味也最低。当味精溶液的pH6～7时，谷氨酸钠几乎全部电离，这时鲜味呈味程度最高，鲜味最强。当溶液的pH超过7时，溶液处于碱性条件下，谷氨酸钠会转变为谷氨酸二钠，是一种碱性化合物，毫无鲜味。烹调时，如菜肴的酸性或碱性偏重，再添加味精，其增鲜效果不大。味精在加热至120℃以上或较长时间加热时，会失去结晶水生成焦性谷氨酸钠（化学名称羧基吡啶酮），该物质无鲜味且对人体无益，但因味精添加量较少（一般浓度在0.2%），生成焦性谷氨酸钠量更少，不会影响味精的整体呈鲜效果及人体健康。为保证味精在食品加工过程发挥增鲜作用，同时提高产品的使用安全性，味精适宜在食品或菜点将熟时加入，尽量高温短时间加热。

3. 味精的应用

味精是中式烹饪中应用最广的鲜味调味品，不仅可以增进菜肴本味，给菜肴带来鲜美滋味、提高食欲。还能掩盖或减少菜肴的某些异味，使咸味柔和、减弱苦味。味精在胃酸的作用下形成谷氨酸，是构成蛋白质的基本单位，可参与人体代谢，改进和维持脑机能。

味精的使用量，应根据菜肴原料的多少、食盐的用量和其他调味品的用量来确定。制作口味清淡的菜肴时，味精最低使用量以食盐量（1.0%）的10%为宜；如果制作口味偏浓、偏重的菜肴，味精的使用则必须增至食盐量的20%～30%。

除了纯甜味或酸甜浓的食品与菜点外，一般其他需突出或体现鲜味的食品与菜肴均可使用味精提鲜。若食品与菜点原料本身鲜味浓厚或已添加其他鲜味调味品，则可以不加或少加味精。

在选购味精时应注意，优质味精有光泽、无异味及杂质。一般颗粒较大的产品谷氨酸钠含量高，粉末状产品谷氨酸钠含量低。使用颗粒较大的味精最好事先溶于适量水中，或是在有汤汁的菜点中加热溶解后再装盘出菜。否则，未溶解的味精直接入口，会带来不快的感觉。

4. 味精的功能

据研究味精性平、味酸。具有滋补、开胃、助消化的功能。由于味精可在体内分解生产谷氨酸，因此除了作为一般食品的调味剂，尤其适于神经衰弱、肝昏迷恢复期、胃溃疡及胃液缺乏、胃纳欠佳、食欲不振等人群食用。

二、强力味精

19世纪中叶，德国科学家从牛肉汤中分离出肌苷酸。1913年，日本证实肌苷酸及其盐类具有鲜味。1960年，日本证实5′-鸟苷酸盐具有鲜味，并在香菇中大量发现。1960年，利用微生物发酵方法生产肌苷酸和鸟苷酸取得成功，使食品增味剂的生产发展到一个新的水平。强力味精又称超鲜味精、特鲜味精、味精之王等，是工业化生产的第二代味精，是一种复合调味料，主要由呈鲜味特强的肌苷酸钠或鸟苷酸钠与普通味精混合而成。5′-鸟苷酸二钠与5′-肌苷酸二钠的混合物俗称I+G。肌苷酸和鸟苷酸等都称作核苷酸系调味剂，还是一种营养调节剂。研究表明核苷酸参与调节肝的蛋白质合成，与维持肝脏的正常功能有关，核苷酸具有抗氧化作用，补充核苷酸对生长的影响在哺乳期婴幼儿较明显，如在婴儿食品中添加核苷酸使早产婴儿的平均增重、体高、头围都高于对照组。

肌苷酸与谷氨酸之间具有味觉上的协同作用。单独增高肌苷酸钠的浓度，其呈味力并未增强，但与谷氨酸钠共存时，却可发挥强大的呈味力。如在味精中添加2%的5′-肌苷酸钠，味精鲜味会成倍增加。鸟苷酸钠的呈味性与肌苷酸钠相同，与谷氨酸钠共存时，也可发挥强大的呈味力。如在97%普通味精中加3%肌苷酸钠或鸟苷酸钠，其鲜度可增加4倍以上，且不同配比量可使味精的鲜度提高几倍至几十倍不等。

强力味精的鲜度比普通味精高出许多倍，但它是以普通味精为基础原料（可占总量的90%以上）加工而成的，因此强力味精的主要成分也是谷氨酸钠，使用前提也是必须有食盐存在，过酸过碱的环境呈鲜效果都不明显。在食品加工与烹饪中的主要作用是强化鲜味，增强食品滋味，强化肉类香味，协调甜、酸、苦、辣味等，使食品与菜肴滋味更浓郁、鲜味更丰厚，掩盖或减少食物中的不良气味。

肌苷酸钠不单独使用，多与谷氨酸钠合用。一般肌苷酸钠的用量，以谷氨酸钠使用量的1/50～1/20为宜。鸟苷酸钠多与谷氨酸钠和肌苷酸钠按一定比例混合后作为鲜味调味剂使用，常用复合鲜味调味料配比为谷氨酸钠88%，肌苷酸钠12%；谷氨酸钠92%，肌苷酸钠8%；谷氨酸钠95%，肌苷酸钠2.5%，鸟苷酸钠2.5%，等等。强力味精在食品加工与菜肴烹制时的用量一般可按味精用量的1/6～1/4添加，其在食品加工与烹饪中的应用范围与普通味精相同。

三、菌油

菌油又称为蘑菇油，是一种新型鲜味调料，为湖南长沙特产。制作方法是在春季采集鲜嫩松菌，洗净后用茶油炸熟，晾凉后储于瓮中随用随取。以红褐色为佳。菌油中的鲜味主要来自鸟苷酸和谷氨酸。

民间制作菌油所选用的食用菌有多种，如蘑菇、侧耳（平菇）、双孢菇、金针菇等，其中典型的制作方法是将1kg平菇洗净，放入400g茶油中炒制，并添加适量的盐、酱油、姜，还可加辣椒、花椒、陈皮等，然后存于瓮中随用随取。

菌油可用于烧、炖、炒、焖多种烹饪方法中，也可用于冷菜、面条、米粉等，使用方法同香油一样。著名的菜品有菌油煎鱼饼、菌油烧豆腐等。

四、食用菌浸膏

我国是世界上最早从事食用菌栽培的国家，早在距今六、七千年前的仰韶文化时期，我们的祖先就已经大量采食菌类。全世界生产量最大的10种菇菌中，绝大部分起源于我国。直到今天，由我国劳动人民最初确立的食用菌栽培技术原则，仍以其丰富的科学内涵而熠熠生辉。中国食用菌协会提供的数字表明，目前全国从事食用菌生产的农民超过2000万人，我国菇菌年总产量已超过900万t，占全世界总产量的70%以上，总产值已达400多亿元，成为世界上最大的菇菌生产国和出口国。

食用菌营养丰富，蛋白质不但含量较高而且是优质蛋白质，富含八种必需氨基酸，尤其赖氨酸和亮氨酸的含量最为丰富。另外，食用菌还含有许多种生理活性物质，如食用菌多糖、食用菌核苷酸等，具有特殊的保健功能。近年来，随着技术的进步，我国食用菌的产量逐年递增，食用菌精深加工产品的种类及产量也越来越大。

食用菌浸膏是将香菇、平菇等食用菌的提取液过滤、浓缩制得的体态浓稠鲜味调味品。其主要呈鲜物质为谷苷酸、鸟苷酸。

食用菌浸膏具有浓郁的香味、鲜美的口味及蘑菇特有芳香气味。不同食用菌制成的蘑菇浸膏带有不同原料菇的味感，可广泛用于各类食品加工原料的提香增鲜，及炒、煮、烹、炸、炖、烧、焖、扒、拌等各类菜肴。灌肠制品、面点馅心调味及汤食用蘑菇浸膏调味，更是别具风格。

食用菌提取液是将食用菌蛋白在自溶或外加酶作用，将食用菌中的有效成分抽提出来，经过滤、浓缩制得的一类产品，富含多种呈味物质。食用菌味道鲜美即与其含大量游离氨基酸及核苷酸有关，香菇、平菇、金针菇、凤尾菇、银耳、黑木耳、猴头菇等常见食用菌的氨基酸总量平均为 15.7%（干重）。食用菌中含有丰富的核酸，核酸是遗传的物质基础，人类所需核酸是从食物中获得的，成人一日核酸需要量为 4g，双孢菇、草菇、凤尾菇等食用菌核酸含量高达 5.4%～8.8%（干重）。食用菌还含有丰富的多不饱和脂肪酸、食用菌多糖等多种生理活性物质，具有抗病毒、抗肿瘤、提高免疫力、调节血脂、降血糖、保肝解毒等功能。因此以食用菌提取液为原料加工而成的食用菌浸膏不仅具有调味作用，还具有保健功能。

五、豆腐乳

豆腐乳是以豆腐为原料添加食盐、黄酒、红曲色素等辅料，经长霉、腌坯、发酵而成的块状豆制品。腐乳至今已有一千多年的历史，为我国特有的发酵制品之一。早在公元 5 世纪，北魏时期的古书上就有“干豆腐加盐成熟后为腐乳”之说。在《本草纲目拾遗》中记述：“豆腐又名菽乳，以豆腐腌过酒糟或酱制者，味咸甘心。”清代李化楠的《醒园录》中已经详细地记述了豆腐乳的制法。著名的绍兴腐乳在四百多年前的明朝嘉靖年间就已经远销东南亚各国，声誉仅次于绍兴酒，1910 年获“南洋劝业会”展览金质奖章；1915 年在美国举办的“巴拿马太平洋万国博览会”上又获得奖状。目前，我国腐乳已出口到东南亚、日本和美国、欧洲等国家和地区。

（一）豆腐乳的分类

1. 红腐乳

又称“红方”。在腐乳后期发酵的汤料中，配以红曲酿制而成的腐乳。表面呈鲜艳的红色或紫色，断面为淡黄色。在酿制过程中因添加不同的调味辅料，可使其呈现不同的风味特色。其含盐量≥8%。如“大块”、“红辣”、“玫瑰”等腐乳品种属“红方”。

（1）普通型红腐乳：在红腐乳发酵后期的汤料中，只加入红曲和酒类酿制而成的腐乳。

(2) 辣味型红腐乳：在红腐乳的生产过程中，添加了辣椒调味料制成的腐乳。

(3) 甜香型红腐乳：在红腐乳的生产过程中，添加了甜味料和果花香料，具有明显果花香气的腐乳。

(4) 香料型红腐乳：在红腐乳的生产过程中，添加了植物香辛料形成的具有香辛料香气及滋味的腐乳。

(5) 咸鲜型红腐乳：在红腐乳的生产过程中，添加了肉类、水产品或食用菌等辅料酿制而成的含有明显辅料香气和滋味的腐乳。

2. 白腐乳

又称“白方”。在腐乳后期发酵的汤料中，不添加任何着色剂酿制而成的腐乳。表里颜色一致，均为淡黄色或灰黄色，鲜味突出，酒香浓郁。在酿制过程中因添加不同的调味辅料，使其呈现不同的风味特色，其含盐量≥8%。“甜辣”、“桂花”、“五香”等品种属“白方”。

(1) 普通型白腐乳：在白腐乳的生产过程中，加入了黄酒、白酒及少量香料酿制而成的腐乳。

(2) 辣味型白腐乳：在白腐乳的生产过程中，添加了辣椒调味料制成的腐乳。

(3) 甜香型白腐乳：在白腐乳的生产过程中，添加了甜味料和果花香料而制成的，具有明显的果花香气的腐乳。

(4) 香料型白腐乳：在白腐乳的生产过程中，添加了植物香辛料制成的，具有香辛料香气和滋味的腐乳。

(5) 咸鲜型白腐乳：在白腐乳的生产过程中，添加了肉类、水产品或食用菌等辅料而制成的，具有明显的辅料香气和滋味的腐乳。

3. 青腐乳（臭豆腐乳）

青色腐乳是指臭腐乳，又称青方、臭豆腐。它是在腐乳后期发酵过程中加入了苦浆水、盐水，故呈豆青色且其表里颜色基本一致。臭腐乳的发酵过程比其他品种更彻底，所以氨基酸含量更丰富。特别是其中含有较多的丙氨酸和酯类物质，使人吃臭豆腐乳时感觉到淡淡的甜味和特殊酯香味。但是，由于这类腐乳发酵彻底，致使发酵后一部分蛋白质的硫氨基和氨基游离出来，产生明显的硫化氢臭味和氨臭味，使人远远就能嗅到一股臭腐乳独特的臭气味。在酿制过程中可添加了不同的调味辅料，使其呈现不同风味特色，其含盐量≤12%，常见的有普通型和辣味型2种青腐乳。

4. 酱腐乳

在腐乳后期发酵过程中，以酱曲（大豆酱曲、蚕豆酱曲、面酱曲）为主要辅料酿制而成的腐乳。其表里颜色基本一致，具有自然生成的酱褐色或棕褐色，酱香浓郁、质地细腻。在酿制过程中，因添加不同的调味辅料而风味特色不同。常见的有普通型酱腐乳、辣味型酱腐乳、甜香型酱腐乳、香料型酱腐乳和咸鲜型酱腐乳。

5. 其他品种

腐乳品种中还有添加糟米的称为糟方、添加黄酒的称为醉方，还有添加芝麻、玫瑰、虾籽、香油等辅料的其他花色腐乳。

由于地域、饮食习惯的差异，各地所产豆腐乳也各具特色。江浙一带，如绍兴、宁波、上海等地的腐乳以细腻柔绵、口味鲜美、微甜著称；而四川大邑县豆腐乳川味浓郁，以麻辣、香酥、细嫩无渣见长；四川成都、眉山等地所产的白菜豆腐乳每块都用白菜叶包裹，味道鲜辣适口、别具特色；河南柘城的酥制腐乳则醇香浓厚。

（二）豆腐乳的应用

红腐乳、白腐乳、酱腐乳通常除了作为美味可口的佐餐小菜外，在烹饪中还可以作为调味料，做出多种美味可口的佳肴。豆腐乳具有鲜、咸、微甜等复合风味，归于鲜味调味品主要是取其鲜味、特殊香味及固有的滋味。使用方法得当起到赋咸、增香、提鲜、增色的作用，加工或烹制出许多美味的食品和菜肴。如腐乳蒸腊肉、腐乳蒸鸡蛋、腐乳炖鲤鱼、腐乳炖豆腐、腐乳鸡、腐乳糟大肠等。

青腐乳（臭豆腐）一般不用作调味，只做佐餐小食。

利用腐乳进行调味品时，一般要加水或汤汁将腐乳磨成糊状，再根据需要添加，且多用于咸鲜、咸辣味型食品与菜肴中，采用的烹调方法主要有拌、烧、焖、蒸等，还是涮羊肉调料的主要调味品之一。

（三）豆腐乳的生产原料

生产豆腐乳的原料分为制坯原料和腌坯原料两大类。为增加其花色品种，有时还加入特色辅料。

1. 制豆腐坯原料

1）大豆

制豆腐坯主要以大豆为原料。按豆粒颜色大豆可分为黄豆、青豆、黑豆。黄豆柔糯，制成的豆腐坯适宜久置；黑豆坚实，制成的豆腐坯柔韧性较差。所以，作为豆腐乳酿造的豆腐坯原料宜采用黄豆。大豆蛋白属于盐溶性蛋白，受大豆中磷酸钾的影响或在卵磷脂的乳化作用下，可以在 pH 7 左右溶于水中，而在 pH4.3 左右时沉淀析出。生豆浆被加热，蛋白质分子运动速度加快，互相撞击的频率增大，溶解度下降。Mg^{2+} 或 Ca^{2+} 可置换氨基酸羧基中的氢离子而与蛋白质结合，大大降低蛋白质的溶解度，将大豆蛋白质均匀的转变成凝胶并缓慢凝结，蛋白质分子的连接和凝固充分的有条不紊地进行，最后形成稳定的网络结构，即豆腐坯的特有的组织状态。只有优质的大豆才能生产出品质优良的豆腐坯。

2）冷榨豆片

冷榨豆片是大豆经软化轧片后用液压机低温榨油，所得的豆饼再轧成的片状或粒状物。冷榨豆片和大豆相比，化学成分除脂肪显著减少外，蛋白质和糖分都有相应的增加。由于冷榨豆片榨油时压力小（一般 9.8MPa 左右）、加压缓慢、温度低、蛋白质热变性不严重。所以，冷榨豆片可以用来磨浆制成豆腐坯。

3）水

洗涤、泡豆、磨浆制豆腐坯，都要用水。制豆腐坯的水应该清洁，符合国家饮用卫生标准，含有机质和矿物质要少。硬水、偏酸性水会影响大豆蛋白质胶体的吸水程度，使大豆膨胀不佳，降低大豆蛋白溶解度，蛋白提取率低，导致产品出品率降低。

4）盐卤和石膏

盐卤、石膏是常用的凝固剂，豆浆加热后加入盐卤或石膏能使豆浆中溶解的蛋白质凝固。盐卤是镁盐吸潮后的溶出物，其主要成分是氯化镁，此外还有硫酸镁、氯化钠、溴化钾等，有苦涩味，浓度为 28°Bé。石膏主要成分是含水硫酸钙，一般是通过焙炒磨成细粉作为凝固剂，也有不经焙炒直接磨成粉的。点浆时，最好结合盐卤使用，先用石膏点浆使蛋白质起花后，再以少量盐卤浇于面层，使黄浆水澄清。也有用盐卤块溶化成苦卤水点浆的。除此之外还有用酸性黄浆水点浆的，各地各厂家可根据实际生产情况选择凝固剂。

2. 腌坯原料

1）食盐

利用食盐作为腌坯原料，使产品具有适当的咸味，并与氨基酸结合形成鲜味成分。同时煮浆时加入少量食盐，增加了热变性后大豆蛋白的溶解度，使蛋白以较小的颗粒分布在热豆浆中，便于点卤时 Mg^{2+} 和蛋白质充分、持久的作用，使蛋白质联结、凝固更充分，提高豆浆中蛋白质的凝固率。制造豆腐乳应选择颜色洁白、氯化物含量高、杂质含量少的优级盐或一级盐，否则会降低豆腐乳质量。

2）黄酒或白酒

腌坯时添加黄酒或白酒，有利于腌坯过程中酯类物质的形成，增加酯香味，同时把酒中的风味物质引入豆腐乳。腌坯的黄酒酒精含量 15%（体积分数）左右，酸度 0.5 以下，以绍兴黄酒最佳，其具有酒精含量低、醇和、香味浓的特点。用白酒腌坯酒精含量宜 50%左右。

3）红曲

红曲最早发现于中国，已有一千多年的生产、应用历史。红曲又称红曲米，古代称丹曲，早在明代宋应星的《天工开物》中即有详细记载，李时珍在《本草纲目》中亦有将其入药的记载，评价其："此乃人窥造化之巧者也。"红曲性温、味甘、无毒，入脾、胃二经，药食兼用，消食活血、健脾燥胃，具有降血压、降血脂、降血糖、抗菌等功效。食品中添加红曲还具有一定的抗菌防腐能力。红曲是用红曲霉菌在蒸熟、冷却的籼米或大米上接种培养而成的发酵制品。我国福建、江西、广东、北京、上海、江苏、浙江、台湾等地均有出产，以福建古田产最为著名。红曲霉喜好醋酸和低度酒精，要求高温高湿，氧化能力强，并能抑制杂菌生长。将籼米蒸熟拌和0.1%～0.15%的冰醋酸，接种红曲霉菌，36～48℃培养。培养过程中红曲霉菌能产生红色与黄色色素，将米染成紫红色。红曲米为整粒米或不规则形的碎米，外表呈棕紫红色，质脆，断面为粉红色，无虫蛀、无霉变，微有酸味，易溶于氯仿，溶于热水、酸、碱溶液，微溶于石油醚。红曲色素对pH稳定，耐热性强，耐光性强，几乎不受金属离子及氧化剂、还原剂的影响，对蛋白质的染色与着色性好。红曲色素安全性高，我国食品添加适用规范中未对其使用量和使用范围进行严格限制，可按生产需要添加，生产红腐乳时用量2%左右。

4）糟米

糟米是制糟方时加入坛内的酒酿糟，制作方法与制作甜酒酿相仿，其不同特点是蒸米和浸米时间都短。发酵1d后，当酒酿液产生一半时，即加入用米量40%左右的、酒精含量50%的白酒，抑制发酵，冷却储存，使用时再适当加入新鲜酒酿。

5）辣椒

选购无虫蛀、无腐烂的鲜红辣椒晒制干辣椒，经过焙炒、磨细制成辣椒面，此辣椒面添加于豆腐乳中，不仅使用豆腐乳具有辣味、焦香味，还能把豆腐乳染成红色。

为了适应不同地域消费者习惯上的差异，腐乳生产所用配料中还有砂糖、花椒、桂皮、玫瑰、酒或其他香料。

（四）豆腐坯制造

豆腐乳的品种虽然繁多，但是都是由豆腐坯制成。豆腐坯的大小、含水量等虽有差异，但是制造方法基本相同。

生产豆腐坯的原料是大豆、豆粕或冷榨豆片，通过浸泡、磨浆、滤浆，使原料中的蛋白质尽量溶解到豆浆中。然后将豆浆加热，并添加适当的中性盐类，降低豆浆中蛋白质的溶解度，并使形成的蛋白质网络结构凝固下来，再经压榨制成豆腐，豆腐经过划块后就形成了生产豆腐乳的豆腐坯。

1. 工艺流程

盐卤、石膏粉
↓
大豆→浸泡→磨浆→滤浆→煮浆→点花→压榨→划块→豆腐坯
↓（滤浆）豆渣　　↓（压榨）黄浆水

2. 工艺操作要点

1）*浸泡*

大豆经筛选除去砂、石、金属碎屑等杂质，洗净后加水浸泡。浸泡的目的是使大豆吸水膨胀、软化纤维、蛋白质外膜由硬变软、结构变得疏松，以利于磨浆时蛋白质的游离释放。浸泡水的温度、水质和大豆储存时间等因素都对浸泡时间有一定的影响。

冬季水温低浸泡15～20h，夏季水温高只需浸泡5～6h左右。泡豆理想的水温是15～20℃，既可使细胞间连接减弱，又不至于因果胶酶活力过强而使大豆子叶过软，造成“发囊”现象，不利于磨浆。同时温度较低，各种酶的活力也低，不会造成大豆过强的呼吸，导致大量营养的消耗。为防止在浸豆中自然升高品温，引起浸泡水变酸，最好在中间更换一次泡豆水，起到降低浸泡水温度及浸泡液浓度，加快大豆吸水渗透、膨胀作用，缩短浸泡时间的作用。

水的pH及硬度对浸泡效果有影响。偏酸性的水和含大量钙、镁离子的水都会使影响大豆浸泡效果，使其膨胀不佳。因此，泡豆时宜用软水、弱碱性水。在浸泡大豆水中加入纯碱，能改善豆浆质量和出品率，使大豆中非水溶性蛋白质部分转化为水溶性蛋白质，提高原料利用率，同时有脱涩、脱腥效果。纯碱添加量一般为大豆的0.3%。浸泡后捞出，沥净浸泡水并用清水冲洗干净。

浸豆用水量约为大豆的3～4倍，以豆胀后不露出水面为宜。浸泡好的豆子应达到如下要求：大豆吸水量为豆重的1～1.5倍，体积增加1.5～2.5倍，大豆表面光滑无皱纹，用手指轻捻能破成两瓣，但手感不软烂，表皮不会轻易脱落，指掐易断，断面无硬心。

冷榨豆片常以稀碱液浸泡。首先取4倍于冷榨豆片的水，加入纯碱（Na_2CO_3）配制成pH9～10的稀碱液然后加入冷榨豆片充分搅拌，然后每隔30min搅拌一次，随浸泡时间增长pH不断下降，浸泡结束时pH7.0左右。夏季水温在25～30℃浸泡4～5h，冬季水温在10℃以下浸泡20h以上，直至豆片柔软。另外豆片浸泡时应防止产生泡沫、酸败。

2）*磨浆*

磨浆是将浸泡好的大豆磨细成糊的过程。砂轮磨出浆率高、占地面积小、使用方便，但不易于清洗、消毒，砂轮片中易藏污纳垢影响磨浆质量。同时砂轮片易于磨损。胶体磨不但生产能力大、生产效率高，同时易于清洗消毒处理，是提高磨浆质量的理想设备。

磨浆时严格按设备的操作规范使用设备，使设备处于最佳工作状态。如采用多次套浆滤浆分离法分离蛋白，磨浆时料水比一般为1∶（2～4）。如果采用一次浆渣分离，料水比应为1∶（8～10）。水应按比例缓慢加入，避免加入过急造成大量泡沫的生成，增加滤浆及加热杀菌阻力。同时水温要适当，防止高温使蛋白质变性、降低出浆率。

磨成的豆糊应洁白、细腻，有光泽，稀稠合适，组织状态均匀。

3）滤浆

滤浆又称扩浆或吊浆。通过滤浆可以把豆糊中的蛋白质和豆皮等不溶性粗纤维分离出来。滤浆应达到不混浆、豆渣要滤净。即豆渣不能混入豆浆，还要充分把豆糊中的蛋白质洗脱下来，豆浆浓度恒定、质量稳定。豆浆中如混入豆渣使豆腐坯组织粗糙，终端产品口感不细腻；豆渣中蛋白质含量高导致大豆蛋白损失，降低出品率。另外滤浆时豆浆浓度要稳定。豆浆浓度低，煮浆时间长、耗能多，浆液中蛋白质分布过于分散，热变性凝聚的蛋白质呈分散状，网络结构难于形成，制得的豆腐坯保水性低、粗糙、弹性差；豆浆浓度高，则加热时加凝固剂之前，蛋白质就因热变性凝聚成凝胶状态，制得的豆腐坯缺乏韧性。生产时如果各批次豆浆浓度不稳定，也给点浆操作确定盐卤用量造成不便。

滤浆常采用离心机过滤，滤布孔眼选用0.147～0.175mm，采用多道分离操作，可降低每一次的分离阻力，如常采用的4次分离法，即四浆水套三浆、三浆套二浆、二浆套头浆，用部分二浆与头浆合成豆浆。每100kg大豆出浆1000kg为宜。

4）煮浆

煮浆是为点浆使蛋白质凝固创造条件，并起到灭菌和除去豆腥味的作用。煮浆温度应控制在95～100℃。温度过高，会造成蛋白过度变性，凝固性差，粗糙，浆水发红，产品保水性差，结构松弛，颜色暗，易破碎，营养价值降低。但煮浆加热不足，又不能使蛋白质全部变性，一些可溶性蛋白质会随黄浆水损失，也会造成产品结构松弛，抗拉力差。

煮浆升温要迅速，达到温度后维持时间短，一般5min为宜。煮浆温度达到95℃左右时，豆浆很容易产生大量泡沫，生产中可加入油脚、磷脂或其他消泡剂，降低豆浆表面张力而消泡。消泡剂对豆腐坯的质构及产品风味有一定影响，应严格控制用量，按相应添加剂使用国家标准执行。

常压煮浆时间长、能耗多、噪声大。理想的煮浆设备是自动化连续式豆浆机，采用直接或间接蒸汽加热，根据热浆上升的原理把3～5个封闭的加热罐串联在一起，每个罐进浆口在下面，出浆口在上面。煮浆时，浆泵把豆浆打入第一罐加温，第一罐浆满后，又从上口溢到第二罐加温，逐级溢流，逐步升温，平均每个罐升温 10℃以上，豆浆进口 40℃、出口 95℃以上，达到煮浆目的。加热罐外有保温层，最大限度减少热量损失，温度升快，煮浆时间少，能耗小。

5）点浆

点浆是向煮熟的豆浆中加入凝固剂，使大豆蛋白凝聚成豆花。点浆掌控程度直接关系到豆腐坯质量和出品率。点浆时豆浆温度应在 82℃左右，豆浆 pH6.8～7.0。凝固剂如用盐卤应配成 11～12°Bé 的溶液使用，如果用半脱水石膏粉应用稀浆水制成 9～10°Bé 的混合液使用，点浆温度应比用盐卤的点浆温度稍高。凝固剂用量根据原料大豆用量及豆浆的浓度的不同而有所不同，同样用量的大豆制成的豆浆，浓度低时豆浆量就多，凝固剂用量就要增加。一般 100kg 大豆或冷榨豆片制成 1000～1100kg 的豆浆，点浆时需要 28°Bé 盐卤 9～10kg。

为了使大豆蛋白充分凝固，有条不紊地形成均一、细致的网络组织结构，水分和脂肪很好地被固定在网络结构中，除控制豆浆 pH 处于蛋白质等电点和适宜的点浆温度外，点浆操作还应缓慢，给蛋白质的凝固提供充足的时间蹲脑，是提高豆腐坯得率及质量的好经验。即所谓“慢点浆、长养花”，“养花”即蹲脑。

在煮浆时加入大豆质量 0.3%的面粉和焖浆时加入浆液量 0.04%的食盐，可以使淀粉糊化形成的空间网络与面筋蛋白、大豆蛋白凝固后的蛋白质网络交错连接、交叉叠合，提高整个网络结构的稳定度，提高豆浆的凝聚率，增强豆腐的韧性和弹性；食盐溶解后的 Na^{+} 与凝固剂中的 Mg^{2+}、Ca^{2+} 作用，使蛋白质凝固缓慢有序，提高了豆腐坯的质量与出品率。

用盐卤点浆时，边加凝固剂边搅拌，使滴加的盐卤溶液与豆浆混合均匀，蛋白质渐渐凝结，并与水分离，再把少量的盐卤溶液浇在液面上，静置 5～10min 板浆，使蛋白质凝胶形成得更好更均匀，同时强制排出豆腐脑中的多余水分，使其成型。

用石膏点浆时首先以少量的生豆浆和磨细的熟石膏悬浮液混合均匀，置于点浆罐中，石膏用量为大豆质量的 2%～2.5%，再将 87～91℃的熟豆浆冲入混匀，待熟石膏完全溶化后再在液面浇少量盐卤，静置 5～8min 后板浆。

6）压榨

板浆后过 2～3min，待豆花下沉、黄浆水澄清后，放出 2/3 的黄浆，泼浆、压榨。脱水程度根据豆腐坯含水量要求而定。一般做豆腐乳要求豆腐坯含水 73%～76%，小白方要求豆腐坯含水 80%～82%。冬季要求豆腐坯含水量稍多，夏季要求含水稍少。

压成的豆腐坯厚薄要均匀，水分符合要求，色泽正常，柔韧弹性，无裂口，无水泡，无麻皮。

7）划块

将压成整板的豆腐坯取下，去除包布，平铺板上，按品种规格要求用切块器划成小块。切面要求光滑，大小一致，制成生产豆腐乳的豆腐坯。

（五）豆腐乳发酵

豆腐乳发酵分前期发酵和后期发酵。前期发酵又称培菌，是在白坯上培养毛霉或根霉，让菌丝生长繁殖，分泌酶类，形成韧而细的皮膜。后期发酵是先将毛坯用盐腌制，再根据不同品种的要求，添加配料、装坛、储藏，形成色、香、味俱佳的豆腐乳成品。

1. 工艺流程

菌液配制←毛霉或根霉扩大培养

↓（至接种）

豆腐坯→入笼格→接种→培养→调温→养花→凉花→搓毛→腌坯→装坛→后熟→成品

（腌坯 ↑ 食盐；后熟 ↑ 各种配料）

2. 发酵

1）前期发酵

豆腐乳的前期发酵主要使毛霉在白坯上旺盛生长、菌丝紧紧包住坯子外层、形成腐乳特征性皮膜，并促使毛霉分泌蛋白酶、淀粉酶、谷胺酰胺等，为后发酵生成多种氨基酸准备活力强大的酶系。菌丝生长的好坏直接关系到腐乳的块形、色泽和氨基酸含量的高低。前期发酵技术的控制是制好豆腐乳的关键。前期发酵过程中主要有装格、接种、培养、凉花、搓毛等。

（1）毛霉菌种的准备。采用人工接种毛霉制造豆腐乳，可以缩短发酵时间，保证豆腐乳质量，除家庭生产豆腐乳采用自然接种外，绝大多数酿造厂生产豆腐乳均人工接种毛霉。

选择性能稳定、优良，活力强，适应性广的耐热毛霉菌种，进行试管斜面培养和克氏瓶扩大培养，得到克氏瓶扩大培养的麸皮菌种，检选菌丝整齐、粗壮、浓密，色泽正常，无倒毛现象，无杂菌污染，蛋白酶活力高的菌种制作接种的菌悬液。

接种菌悬液时首先取检验合格的克氏瓶菌种 1 只，加无菌水 400mL，用玻璃棒搅碎菌丝，用无菌滤布过滤，滤渣倒还克氏瓶，再加 400mL 无菌水洗涤 1 次，将两次滤液合并，准备接种时用。

（2）装格接种。豆腐乳前期发酵传统采用木框竹底盘笼格。先用蒸汽对笼格灭菌，灭菌结束，待温度降至 35℃时，向笼格底部及四壁喷洒新配制的接种悬浮液，随即装格。把豆腐坯一一竖放在笼格内，排列整齐成行，每块间留 2～5cm 的空隙。装完一只笼格，立即用配制好的菌悬液喷洒在豆腐坯上。接种力求均匀、全面，让每块豆腐坯前后左右和顶上都喷洒上菌悬液。一般每 100kg 大豆制得的豆腐坯，用克氏瓶菌种 1 瓶。

装格的豆腐坯要做到如下几点：①水分适当，水分太高者应剔除；②大小形状符合规定，超厚、太薄、烂心、缺角等次品应剔除；③豆腐坯品温应在 40℃以下。

(3) 培养。接种完毕，稍经摊晾，让豆腐坯表面水分适当散失，然后将笼格移入发酵室，笼格层层重叠起来培养。

培养过程中根据耐热毛霉的生活习性与发酵规律进行管理。控制室温 20～24℃，相对湿度 90%。笼格每天上下对调 3 次，接种后温度适宜，14h 后毛霉就开始生长，此时开始第一次翻笼，调节上下层温度、保持空气新鲜。20～24h 后，菌丝生长逐渐旺盛，白坯表面可以看到散点式的霉花，这时温度升高较快，需要进行第二次翻笼。以后视培养情况缩短翻笼间隔的时间，将温度控制在 30℃之内，经过 20～28h 的培养，当菌丝已经布满整个豆腐坯时，应通过翻笼和减少笼格堆叠层数降低品温至 25～27℃养花，促进酶系大量分泌，养花时间大约需要经历 30～40h，然后打开笼格让热量和水分散失，使坯料迅速冷却，霉气也随同散发出去，此操作在工艺上称为凉花。凉花后使毛坯温度冷却到 20℃以下即可搓毛腌制。

由于毛霉适于低温培养，虽然人们选育出了耐热毛霉，但是自然温度下终年生产豆腐乳的问题仍未获得全面解决。根霉生长最适温度 28～30℃，高温季节在豆腐坯上仍然能旺盛生长，可以抑制杂菌生长，减少杂菌污染，所以高温季节生产豆腐乳应采用根霉菌种。采用根霉做豆腐乳前期发酵的菌种，其管理方法和采用毛霉做菌种生产豆腐乳的管理方法基本相同，但发酵温度稍高。

2) 腌坯

(1) 搓霉。把笼格内温度冷却至 20℃以下的坯块互相依连的菌丝分开，轻轻在每块表面揩涂一遍，弄倒毛头，使豆腐坯上形成一层皮膜，坯与坯靠拢，以利于腌坯。

(2) 腌制。腌坯容器有缸、罐、腌坯池等。腌坯的容器应洗净擦干并进行灭菌处理，在离底部 15～20cm 处铺设一块中央有直径为 15cm 圆孔的隔板。把腐乳坯放在隔板上，沿缸壁向内整齐地排成圆圈，坯块侧放，未长霉的一侧靠外，每圈贴紧，不留空隙，一直排至隔板中心孔边缘。摆满一层以手压平表面，撒一层食盐。如此一层层摆满全缸。食盐用量逐层增多，整缸装满，上面再盖一厚层食盐。红腐乳每万块（4.1cm×4.1cm×1.6cm）腐乳坯春季用盐约 60kg，冬季用盐约 57.5kg，夏季用盐约 62.5～65kg。生产青方时用盐量较少，每万块

(4.2cm×4.2cm×1.8cm）豆腐坯，腌坯只用 47.5～50kg 食盐。腌坯时间冬季 13d、春秋两季 11d、夏天 8d 即可。

腌坯时用盐量要适当，用盐过少，毛坯不能充分析出水分，达不到抑制杂菌和防腐的目的，也不能使蛋白酶充分浸出而渗透毛坯基质内均匀作用于霉豆腐进而分解蛋白质。盐分过高或腌制时间过长，析出的水分过多，会造成腐乳硬度过大。同时高盐抑制酶解过程，使蛋白质降解程度变差甚至使成品出现生心或硬心，风味变劣。为防止蛋白质过度分解而引起坯料腐烂、块形破损，防止蛋白质降解程度过低，防止水分析出过多引起坯块硬度大、口感粗糙等缺陷，生产过程中应控制适当的用盐量和腌坯时间，平均含盐量 16%较适宜。腌坯时淋盐面积大，腌坯时间就短。腌坯食盐随化随淋，淋掉毛花，产品口味好。

为了使腌缸中上下层含盐均匀，腌坯 3～4d 时，要再添加盐水淹没坯面进行压坯。腌坯期满，准备装坛的前一天，将腌坯盐水从中心圆孔吸出后，坯块放置过夜，使其适当干缩，以利于配料。

3）*后期发酵*

豆腐乳的风味主要是在后期发酵形成和完善的。豆腐乳品种很多，主要是根据后期发酵配料不同，结合豆腐坯的大小厚薄来命名的。

(1）配料装坛。

① 小红方：小红方又称红腐乳，每块体积为 4.1cm×4.1cm×1.6cm，每万块用黄酒 94.6kg，烧酒 5.4kg，面曲 8.2kg，红曲 4.5kg，糖精 15g。一般每坛装 280 块，每万块装 36 坛。红方装坛前首先应配制好染坯红曲卤和装坛红曲卤。

染坯红曲卤配制：红曲 1.5kg，面曲 1.6kg，黄酒 6.25kg，先浸泡 2～3d，磨细成浆后再加黄酒 18kg，搅拌均匀备用。

装坛：腌坯事先在染坯红曲卤中将六面染红，点清数目，装入坛内，再将装坛红曲卤灌入，淹没腐乳 1cm。每坛再按顺序加入面曲 150g，荷叶 1 或 2 张，封面食盐 150g，最后加封面烧酒 150g，加盖，密封坛口。

② 小辣方：每块体积为 4.1cm×4.1cm×1.6cm，每万块用辣椒粉 10kg，花椒粉 1kg，五香粉 0.5kg，食盐 5kg 配成混合粉。

混合粉制法：干辣椒去蒂经炒焙后磨细，花椒经烘烤磨细与五香粉拌匀，再加入 5kg 炒过的干盐混合均匀备用。

装坛：将腌坯一一在混合粉中蘸拌，使六面都蘸上混合粉，边蘸边点清数目入坛。也有用白菜叶包裹入坛，其操作方法是先将嫩白菜叶洗净晾萎脱水，入坛时先用萎蔫白菜叶，按每 4 块 1 包包裹腌坯，然后入坛。用白菜叶包裹时混合粉中的盐分应略有增加。装坯完毕，每坛盖荷叶 2 张，面封食盐 150g，加酒精含量 50%的白酒 100g，最后加盖，密封坛口。

③ 青方：青方又称臭豆腐，是季节性销售商品。一般春夏生产，含水量大，

含盐量低，每块体积 4.1cm×4.1cm×1.8cm，每万块所应用的装坛灌卤液是由冷开水 22.5kg，黄浆水 75kg，加入花卤和食盐配制成 8～8.5°Bé 的卤液。

装坛操作简单，首先将腌坯点清数目入坛，再将卤液灌满至坛口，每坛再加白酒 50g，最后将坛口密封。

除通过腌坯后配料装坛外，还有直接以花坯搓毛后用盐和其他配料直接装坛，同时完成腌制和后发期发酵的生产方法。

（2）储存。腐乳的后发酵是在储存过程中完成的。豆腐乳品种不同，配料千差万别，成熟有快有慢。装坛封口后，一般都放在空场上进行晒露后发酵，在常温下一般 6 个月可以成熟。而含水量大含卤化物低的品种，如青方 1～2 个月成熟，白方只需 30～35d 就能成熟。成熟速度快的豆腐乳品种保质期较短，不宜久储。糟方、碎方、红方含氯化物高、酒精多或糖分高，成熟期长，有的品种后发酵期需要 1 年时间。

4）后发酵过程中腐乳的变化

豆腐乳后发酵的进行，主要是厌气性芽孢杆菌在腌坯中生长。除此之外，前发酵在腌坯中积蓄的酶类以及装坛配料中由面曲、糟米、红曲等带入的酶类都对豆腐乳的发酵成熟起作用，引发复杂的生物化学变化，使腌坯中蛋白质水解，淀粉糖化，生成氨基酸、酯类、有机酸、高级醇等。配料中添加的料酒及香料物质也参与反应，使成品细腻、柔糯、鲜嫩，形成豆腐乳特有的色、香、味。

厌气性细菌与后发酵关系十分密切。例如，青方产生刺激食欲的特殊气味，就是厌氧氨化细菌作用生成的氨和硫化物引起的。腌坯含盐量少，细菌生长受到的抑制作用小，豆腐乳的成熟就快。反之，用盐量大，细菌生长和原来积蓄的酶类活动都受到强烈抑制，豆腐乳的成熟也慢。1%～2%的酒精和 10%～15%的食盐既可以增加豆腐乳产品的风味，又可以保证后熟期的安全、抑制杂菌生长、防止杂菌污染、保证产品质量。但是高浓度酒精会使豆腐过度硬化、影响产品口感，所以，配料中酒精含量也不宜过高。

3. 产品质量标准

豆腐乳储藏一定时间形成其特有的色、香、味即成为成品。豆腐乳成品的质量标准因为各地消费者习惯不同，各品种的色、香、味均各具特色，未能统一。但是不论哪类品种，都必须细腻而柔糯。例如，红方要求表面有鲜艳的红色、断面淡黄色，有浓郁的酱香及酒香，味咸而鲜，尝之细腻、柔糯、化渣、无酸苦等异味。青方要求呈豆绿色，有正常的臭气，味咸而鲜，质地柔糯细腻。

豆腐乳制造过程中成分的变化见表 5-1，感官指标见表 5-2，理化指标见表 5-3，微生物指标见表 5-4，豆腐乳常用产品质量内控指标见表 5-5。

表 5-1　豆腐乳制造过程中成分的变化情况　（单位：%）

名　　称	水分	氨基态氮	盐分	酯类	总酸
豆腐坯	72	—	—	—	—
前期发酵毛坯	70.0	0.16～0.18	—	0.59	0.43
腌坯后	56.4	0.51～0.2	16	1.51	0.49
成品（后熟几个月）	58	0.5	12～14	2.25	1.03

表 5-2　豆腐乳感官指标

指标	红腐乳	白腐乳	青腐乳
适用范围	适用于以大豆为主要原料，添加红曲米生产的红腐乳	适用于以大豆为主要原料生产的白腐乳	适用于以大豆为主要原料生产的青腐乳
质量指标	表面红色或枣红色，内部呈杏黄色，具有红腐乳特有的香气，滋味鲜美，咸淡适口，无异味，块型整齐均匀，质地细腻，无杂质	乳黄色，具有白腐乳特有的香气，滋味鲜美，咸淡适口，无异味，块形整齐均匀，质地细腻，无杂质	豆青色，具有青腐乳特有之气味，滋味鲜美，咸淡适口，无异味，块形整齐均匀，质地细腻，无杂质

表 5-3　腐乳理化指标

项　　目	指　　标		
	红腐乳	白腐乳	青腐乳
水分含量/(g/100g)	≤67.0	67.0	70.00
总酸（以乳酸计）含量/(g/100g)	≤1.30	1.30	1.30
氨基态氮（以氮计）含量/(g/100g)	≥0.50	0.60	0.70
食盐（以氯化钠计）含量/(g/100g)	≥8.00	8.00	12.00
还原糖（以葡萄糖计）含量/(g/100g)	≥2.00	0.15	—
水溶性无盐固形物含量/(g/100g)	≥10.0	7.00	7.00
蛋白质含量/(g/100g)	≥12.00	11.00	11.00
砷（以砷计）含量/(g/100g)	≤0.50	0.50	0.50
铅（以铅计）含量/(g/100g)	≤1.00	1.00	1.00
添加剂	按添加剂国家卫生标准执行		
黄曲霉毒素	按国家相应卫生标准执行		

表 5-4 腐乳微生物指标

项目	指标		
	红腐乳	白腐乳	青腐乳
大肠杆菌最近似值/（个/100g）	<30	30	30
致病菌	不得检出	不得检出	不得检出

表 5-5 豆腐乳常用产品质量指标（供生产参考）

项目	指标
熟浆浓度（20℃）/°Bé	>5
沉渣含量/(mL/100mL)	<3
腐乳坯水分/(g/100mL)	72±2
腌坯食盐含量（以氯化钠计）/(g/100mL)	12～14

六、蛋白调味液

蛋白调味液是利用生产粉丝的废液，经絮凝沉淀离心分离、盐酸水解，混合调配而制得。该产品的生产充分利用蛋白质资源，又避免因废液排放对环境造成污染。蛋白调味液味道鲜美、清澈，适用于色泽清新的各类菜肴制作，如凉拌菜、清蒸、白焯等。

（一）配方

蛋白水解液 80%，砂糖 10%，食盐 6%，黄酒 1%，味精 1%，酱油 1%，白醋 0.5%，增香剂适量。

（二）工艺流程

粉丝废液→调 pH→絮凝沉淀→离心分离→回收蛋白→水解→中和→过滤→脱臭→过滤→调配→杀菌→无菌灌装封口→检验→成品

（三）操作要点

(1) 粉丝废液中蛋白质的含量关系到蛋白质的回收率，蛋白质含量低，回收意义不大。一般要求浆液中蛋白质含量高于 2%。

(2) 调粉丝废液 pH6.5～6.8，使蛋白质充分溶解。

(3) 将废液加入沉淀罐或沉淀池，调整废液温度 20～30℃，加入絮凝剂，絮凝剂用量经过小试确定。以 40～60r/min 的速度，搅拌 2～3h，使蛋白质絮凝，静置沉淀，放掉上清液。也可采用等电点法进行蛋白质的沉淀分离。

（4）沉淀后的浓蛋白液利用离心机脱水回收蛋白，其含水量为20%～30%。

（5）将回收蛋白称重，放入酸水解罐中加入蛋白质量1倍左右的20%的食用盐酸，在100～110℃下水解20～24h，使蛋白质转变为氨基酸。也可采用酶法水解工艺，条件温和、对设备无腐蚀性，但水解程度低于酸水解法，水解产物是蛋白质、肽、氨基酸的混合物。

（6）酸解液降温、冷却至40℃左右时，加入碳酸钠中和至pH5左右，加热至沸，过滤，滤液备用。

（7）在滤液中加入液重0.5%～1%的活性炭，每10～20min搅拌一次，反应3～4h，进行脱臭处理。或经树脂交换器进行脱臭处理，消除腥味及酸解异味，然后过滤去除活性炭，得蛋白水解液。

（8）将蛋白水解液、砂糖、食盐、酱油按配方称重，混合，加热至沸，维持10～15min杀菌处理，冷却至85～90℃加入味精、黄酒、增香剂，搅拌均匀即为蛋白调味液。

（9）将杀菌后的蛋白调味液无菌灌装封口于预先经清洗、消毒、干燥的容器内，检验，合格者贴标即为成品。

七、腐乳扣肉汁

腐乳扣肉汁是以酱油、腐乳、黄酒为主要原料，再配以各种调味剂调配而成。该产品色泽酱红、食用方便，烹制扣肉、红烧肉等肉类菜肴时，可使肉肥而不腻、柔糯鲜香。

（一）配方（按100kg产品计）

腐乳25kg，酱油20kg，黄酒10kg，砂糖10kg，葱、姜、蒜各8kg，大料末8kg，味精1g。香油、增稠剂、水适量，红曲色素少量。

（二）工艺流程

酱油、腐乳、砂糖→加热→搅拌→调味与调配→匀浆→杀菌→灌封→检验→成品

（三）操作要点

（1）将酱油、腐乳、砂糖混合均匀，边加热边搅拌成为均匀浆汁。

（2）将葱、姜、蒜捣碎成泥状，大料粉碎成可全部通过0.175mm的粉末，加入上述的浆汁中混合均匀。

（3）继续加热至微沸，加入事先配制好的增稠剂浆料或糊状料及红曲色素，并不断搅拌，维持10～15min，使其受热均匀，防止局部过热，物料焦煳。停止

加热后加入香油、味精，搅拌均匀即为腐乳扣肉汁。

（4）将调配好的腐乳扣肉汁用胶体磨或匀浆机进行匀浆处理，使其组织状态均匀一致、细腻。

（5）匀浆后的腐乳扣肉汁要长期保存，必须进行杀菌处理，可加热至95～100℃，保持10～15min，然后热灌装，封口，冷却，检验合格者即为成品。

（四）质量标准

成品为酱红色，有一定黏稠度，流动性好。有腐乳香味，具有咸、甜、鲜综合风味。

八、鱼香汁

鱼香汁是川菜调味汁，风味独特，甜、酸、辣、咸各味俱备，用其烹制的美味菜肴中，即便没有鱼，也能散发出浓郁的鱼香味。

（一）配方（按100kg调味汁计）

酱油15kg，砂糖20kg，葱姜蒜各10kg，泡辣椒（或红辣椒糊）10kg，米醋10kg，黄酒10kg，味精2kg。

（二）工艺流程

酱油、砂糖→加热→溶解→调配→精磨→杀菌→灌封→二次杀菌、冷却→检验→成品

（三）操作要点

（1）溶解。酱油与砂糖一起加热，溶解并搅拌均匀。

（2）调配。加入葱姜蒜和泡辣椒等调味料，搅拌均匀，最后加入米醋、黄酒、味精，煮沸，维持10～15min，停止加热。为了赋予产品柔滑的口感特征，此时可加入适量的增稠剂如黄原胶、羧甲基纤维素钠、海藻酸钠等，添加量为调味汁总量的0.4%～0.6%。增稠剂需事先加水配制成均匀的糊状或浆状，边加边搅拌，务求分布均匀，不得有未溶解的胶团，导致产品口感变劣。

（3）精磨。将配好的鱼香汁通过胶体磨或匀浆机进行均质匀浆处理，使各组成成分分布均匀。

（4）杀菌、灌封。加热煮沸，维持10～15min，进行杀菌处理，然后进行热灌装或无菌灌装封口技术，提高产品保质期。

（5）二次杀菌、冷却。如没有无菌灌装封口生产条件，为防止二次污染给产品带来的危害，灌封后可进行二次杀菌。一般可水浴加热至85～90℃，保持20～30min，然后冷却，吹干或擦干瓶身水分，检验，合格者贴标，即为成品。

（四）质量标准

成品酱红色，组织均匀，无沉淀，有光泽；口感甜、酸、辣、咸，有浓郁的鱼香味。

（五）注意事项

（1）根据当地的口味，可适当调整调味料的比例，但辣椒是鱼香汁中形成鱼香味主要因素，其用量要充足。

（2）由于鱼香汁体态浓厚，加热工序应注意温度控制，搅拌均匀，防止物料焦糊。

第三节　动物性鲜味调味品

一、概念及分类

（一）概念

动物性鲜味调味品是以动物性原料为主要原料，经一定工艺加工制得用以提高菜点鲜味的调味品。

（二）分类

按主要加工原料来源可分为：蚝油、鱼露、虾油、虾酱、蟹油、蛏油、鸡精、牛肉精、肉汤等。

二、动物性鲜味调味品的生产工艺

（一）蚝油

蚝油是一种天然鲜味风味调味品，是粤菜传统调味料之一，在我国广州、福建、香港、澳门、台湾等地食用较为普遍，在国际上也久负盛名。蚝油具有天然的牡蛎风味，味道鲜美、气味芬芳、营养丰富、色泽红棕、亮丽有光泽，适用于烹调各种肉类、蔬菜，调拌各种面食，可直接佐餐食用。如各种凉拌菜、面条卤、涮海鲜、水饺等食品的调味和蘸食，可做烧、烤、炸的调味汁，亦可做炒、煎、蒸的调味品。

1. 配方（供参考）

配方1：浓缩蚝油5%，浓缩毛蚶汁1%，调味液25%～30%，蛋白水解液15%，砂糖20%～25%，酱油5%，黄酒1%，食盐7%～10%，变性淀粉1%～3%，味精0.3%～0.5%，白醋0.5%，增稠剂0.2%～0.5%，增香剂、增鲜剂适量，防腐剂0.1%，其余为水。

配方 2：浓缩蚝汁 25%，砂糖 4%～6%，食盐 5%～8%，变性淀粉 3%～4%，味精 1.2%～1.5%，增稠剂 0.3%～0.4%，焦糖色 0.25%～0.5%，防腐剂 0.1%，其余为水。

配方 3：砂糖 5%～10%，酱油 20%～22%，食盐 7%～9%，变性淀粉 4.5%～5%，水解植物蛋白 1%～1.5%，蚝油香精 0.1%～0.15%，增稠剂 0.15%～0.2%，焦糖色 0.5%～1%，其余为水。

2. 工艺流程

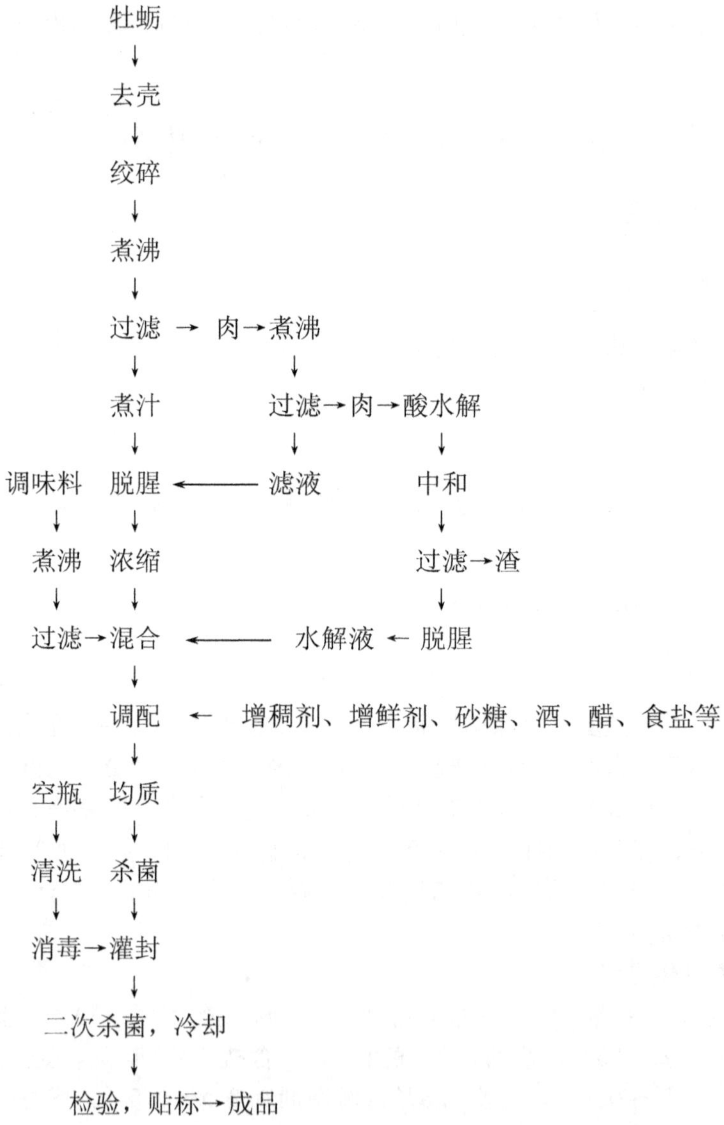

3. 操作要点

（1）原料。采用鲜活的牡蛎或毛蚶。

（2）去壳。用沸水漂烫，使牡蛎或毛蚶的韧带收缩，两壳张开，去掉壳或凉后去壳。

（3）清洗。将牡蛎肉或毛蚶肉放入容器内，加入肉重1.5～2倍的清水，缓慢搅拌，洗除附着在蚝肉或毛蚶肉上的泥沙及黏液，拣出碎壳，沥干备用。也可用流动水快速清洗干净，防止长时间浸泡，使鲜味成分流失。

（4）破碎。将清洗干净的蚝肉或毛蚶肉放入绞肉机或钢磨中破碎处理。

（5）煮沸杀菌。把绞碎的蚝肉或毛蚶肉准确计量，煮沸，溶出鲜味成分，同时起到杀菌作用，保持微沸状态2～3h，然后用0.246～0.175mm（60～80目）筛网过滤，过滤后的蚝肉或毛蚶肉再加5倍的水继续煮沸1～2h，过滤，将2次浸煮汁液合并备用。

（6）脱腥。在上述浸煮汁液中加入汁重0.5%～1%的活性炭，煮沸20～30min，去除腥味，过滤，脱除活性炭。

（7）浓缩。将脱腥后的汁液常压浓缩或真空浓缩至水分含量低于65%，即为浓缩蚝汁或毛蚶汁。为了利于保存，防止腐败变质可加入浓缩汁重15%左右的食盐，使用时用水稀释按配方调配。

（8）酸水解。将煮汁后的蚝肉或毛蚶肉称重，加入肉重0.5倍的水，0.6倍的20%的食用盐酸，在水解罐中100℃下水解8～12h。水解后在40℃左右用碳酸钠中和至pH5左右，加热至沸腾，过滤，滤液即为酸水解液。在水解液中加入0.5%～1%的活性炭，煮沸10～20min，进行脱腥处理，补足失去的水分，过滤，滤液备用。

（9）调味液的配制。将八角、姜、桂皮等调味料按配方准确计量，加水，加热煮沸1～2h，过滤，滤液备用。

（10）调配。浓缩汁、水解液、砂糖、食盐、增鲜剂、增稠剂等按配方准确计量，混合均匀，加热至沸，维持10～15min，冷却至80～85℃加入黄酒、白醋、味精、香精，搅拌均匀，得到蚝油初级制品。

（11）均质。将调配好的蚝油进行均质处理，使各种成分分布均匀，降低体系组成成分的粒径，防止大颗粒成分沉淀分层，同时促进乳化，防止油水分离，使产品组织均匀、口感细腻。

（12）杀菌。将均质后的蚝油加热至85～90℃，保持20～30min，进行杀菌处理。

（13）灌封。杀菌后的蚝油装入预先经过清洗、消毒、干燥的容器内，封口。为了防止二次污染，最好采用无菌灌装封口技术。

（14）二次杀菌、冷却。如未采用无菌灌装封口技术，为保证产品储存稳定性，防止腐败变质，可进行二次杀菌处理。采用水浴杀菌温度 85～90℃，保持 20～30min，也可采用保温隧道进行二次杀菌，然后冷却至室温，吹干包装瓶外部水分，检验合格者贴标即为成品。

4. 质量标准

1）感官指标

具有蚝油的独特风味，不得有苦涩味或不良气味。色泽为红褐色或棕褐色。体态黏稠、细腻，不得有颗粒。

2）理化指标（参考）

粗蛋白 0.26～0.30g/100mL，还原糖 2.75～3.20g/100mL，总糖 12～20g/100mL，总酸 0.12～0.32g/100mL，氨基酸态氮 0.15～0.56g/100mL，食盐10～14g/100mL，无盐固形物 21～23g/100mL，相对密度（15℃）1.044～1.218。

5. 注意事项

（1）增稠剂可先与颗粒状原料如糖、盐等混合均匀，再加水，防止增稠剂先和水接触形成胶团，降低其分布的均匀性，影响产品质量。也可将增稠剂加入适量水及调味液混合后用胶体磨或匀浆机进行匀浆处理后使用。

（2）采用酸水解工艺时水解罐应能耐强酸，避免酸腐蚀。也可采用蛋白酶进行水解处理，由于酶解条件温和，虽然酶解效果好但易被杂菌污染，应采用专业酶解罐进行。

（3）蚝油营养丰富，水分含量高，易被微生物污染。在生产过程中注意环境、器具、设备等清洁卫生，生产前后都要对设备进行严格清洗消毒，车间定期进行紫外线杀菌处理。

（二）五香汁

五香汁属于冷菜汁，是制作卤味的汤汁，最适合烧煮牛、羊肉及鸡、鸭等，其浓郁的五香味，可以去除牛羊肉的腥膻味及禽类的粪臭味。

1. 配方（按 100kg）

酱油 10kg，鸡骨架 5kg，食盐 5kg，砂糖 2.5kg，蒜姜各 2kg，料酒 0.5kg 花椒、大料、茴香各 0.25kg，桂皮 0.1kg，糖色适量。

2. 工艺流程

鸡骨架→煮沸→调味→文火煮沸→过滤→调配→灭菌→灌封→成品

3. 操作要点

（1）将鸡骨架放入锅内，加入 100kg 水，烧开后撇去浮沫。

（2）将花椒、大料、茴香、桂皮放入鸡汤内，继续熬煮 20～30min，再加入食盐、料酒、砂糖、葱、姜，用文火煮沸维持 2h。

（3）将鸡骨架捞出（可再利用），汤汁过滤，最后加入酱油、糖色，配重，采用高温短时或超高温瞬时杀菌处理后灌装封口，检验合格者贴标，即为成品。

4. 质量标准

成品色泽酱红，无沉淀，无分层，组织状态均一，味道醇厚。

5. 注意事项

（1）鸡骨架汤中的白沫及油都要撇去，否则会影响产品风味，还易引起产品氧化酸败。

（2）五香汁可反复使用，在酱制食品时，每次取出酱好的食品后，把汁内浮油撇净，杀菌、冷却、冷藏备用。

（3）要酱制鸡、鸭、猪肉或牛肉及头、蹄、肚等原料时，须先将其放入开水中漂烫、煮透，捞出洗去血沫，煮或油炸至七八成熟后，再放入五香汁内烧开，撇去浮沫，文火焖至软烂，捞出晾凉即可，酱制鸡鸭还应抹上香油或色拉油，以免皮干裂。

（三）海鲜汁

海鲜汁是一种类似蚝油的调味品，是用海带、淡菜等海产品为原料，经科学方法加工、调配而成。味道以鲜为主，甜咸适中，体态浓稠，有浓郁的芳香。适合烹调各种佳肴，是一种较为理想的调味品。

1. 配方（参考）

调味酱油40%，淡菜煮汁20%，砂糖20%，淡菜水解液10%，食盐5%～6%，淀粉2%～4%，黄酒1%，增稠剂0.2%～0.4%，白醋0.5%，味精0.3%～0.5%，增香剂适量。

2. 工艺流程

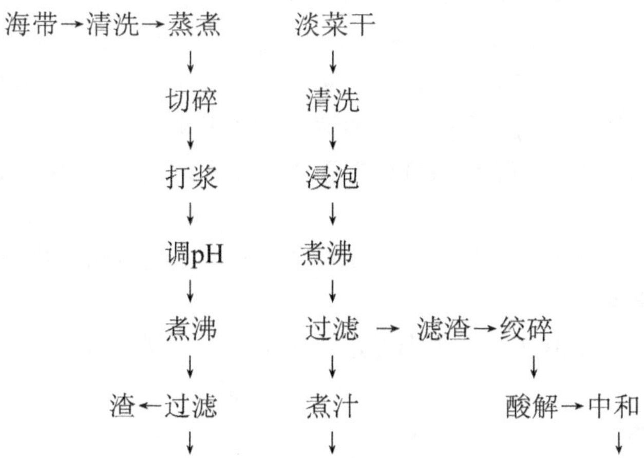

调配酱油 → 混合←水解液←过滤→渣
↓
调配←增稠剂、砂糖、酒、醋、味精等
↓
空瓶　均质
↓　　↓
清洗　杀菌
↓　　↓
消毒→无菌灌封
↓
检验，贴标→成品

3. 操作要点

（1）将海带去除泥沙，清洗干净，上屉蒸 30～40min，称重，切碎、打浆，料水比以 1∶(6～8) 为宜。打浆机筛网直径 0.6mm 左右。浆液用碳酸钠调 pH8～8.5，煮沸 2h。经 0.125mm 孔径筛过滤，用白醋中和至 pH7.0，加入适量黄酒，浓缩至原料重的 1～3 倍，加入食盐、酱油，搅拌混合均匀，即为调味酱油。

（2）淡菜干称重，漂洗 2 或 3 次，加水浸泡 1h，其间换水 3 次去掉不良气味，加入原料重 8 倍的水，煮沸 3h，用 0.125mm 孔径筛过滤，滤液浓缩至原料重的 2～3 倍后加入食盐，即为淡菜煮汁。

（3）将煮汁后的淡菜滤渣绞碎、称重，加入原料重 0.5 倍的水，0.6 倍的 20%的盐酸溶液，在酸水解罐中水解 10～12h，冷却至 40℃左右用碳酸钠中和 pH6.4 左右，加热至沸，过滤，滤液为淡菜水解液。

（4）将淡菜煮汁、淡菜水解液、调味酱油、食盐、增香剂、淀粉按配方称重，混合搅拌均匀。砂糖称重后加入少量水，熬糖色。混合汁加热至沸后与糖色混合均匀，最后加入味精、白醋、黄酒调匀即为海鲜汁。

（5）将配制好的海鲜汁经胶体磨或匀浆机进行均质处理，使其组织均匀、细腻。

（6）均质后的海鲜汁加热至 95～100℃，维持 20～30min 进行杀菌处理，提高产品储存稳定性。

（7）将海鲜汁无菌灌封于预先经过清洗消毒、干燥的容器内，检验合格者贴标，即为成品。

4. 质量标准（参考）

1）感官指标

具有明显的海鲜味，不得有苦味、涩味或其他不良气味。色泽为红褐色或棕褐色。体态黏稠，组织状态均一，口感细腻。

2）理化指标

氨基酸态氮 0.12～0.15g/100mL，还原糖 2.75～3.20g/100mL，总糖 15～20g/100mL，食盐 10～14g/100mL，总酸 0.12～0.32g/mL，无盐固形物 21～23g/100mL。

5. 注意事项

（1）煮海带汁时，应去除不断上浮的泡沫以减少腥味。

（2）增稠剂溶解较困难，参考前述章节内容可先与颗粒状原料如糖、盐等混合均匀，再加水，也可将增稠剂加入适量水及调味液混合后用胶体磨或匀浆机进行匀浆处理后使用。

（3）所选用的淀粉应具有较高的糊黏度及较好的抗老化性能，以含支链淀粉多的淀粉为佳如糯米粉，或采用变性淀粉。

（四）虾味汁

虾味汁是一种滋味鲜美的鲜味调味料，色泽浅粉色，体态黏稠，虾味浓郁，是以虾仁加工副产物虾头、虾皮为原料，经煮汁、酶解、调配而成，该产品的生产提高了海虾综合利用价值，减少污染，符合国家有关节约资源型、环境友好型产业政策。

1. 配方（参考）

虾头、虾皮煮汁 40%，虾头、虾皮水解液 30%，食盐 15%，砂糖 10%，变性淀粉 3%，黄酒 1%，味精 0.5%，白醋 0.5%。

2. 工艺流程

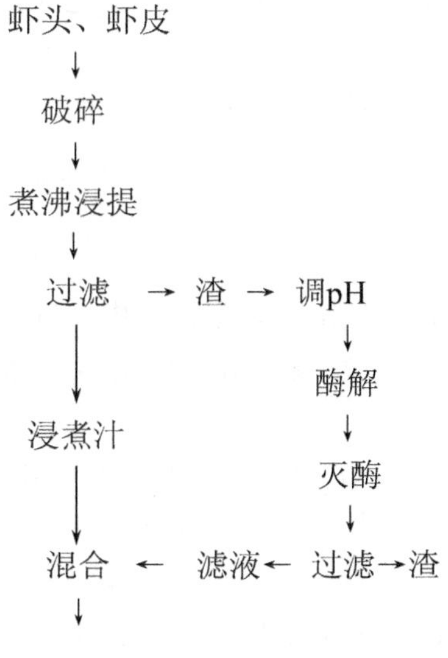

调配←糖、盐、变性淀粉、酒、醋等
↓
空瓶　均质
↓　↓
清洗　杀菌
↓　↓
消毒→无菌灌封
↓
检验
↓
成品

3. 操作要点

（1）虾头、虾皮称重加 2～3 倍水磨浆后，煮沸，维持 1～2h，用 0.125mm 孔径筛过滤，滤液即为虾头虾皮浸煮汁。

（2）虾头虾皮煮汁后的滤渣加入 2～3 倍水，调 pH6.5～7.0，按渣重的 0.2%加入风味蛋白酶，在 50～55℃水解 3～4h。然后加热至沸，灭酶，用 0.125mm 孔径筛过滤，滤液即为虾头、虾皮水解液。

（3）将虾头虾皮煮汁，虾头虾皮水解液、砂糖、食盐、变性淀粉，按配方重量称重，混合搅拌均匀，加热至沸，维持 10～15min，冷却至 80℃以下加入味精、白醋、黄酒搅拌均匀即为虾味汁。

（4）调配好的虾味汁经胶体磨或匀浆机进行均质处理，使其组织状态均匀一致、细腻。

（5）均质后的虾味汁加热到 85～90℃，维持 20～30min 进行杀菌处理，提高产品储存稳定性。

（6）将虾味汁无菌灌装于预先经过清洗、消毒、干燥的容器内，封口，检验合格者贴标，即为成品。

4. 质量标准（参考）

1）感官指标

具有浓郁的鲜虾味，不得有腥、臭等异杂味。色泽为浅粉红色，体态黏稠，稍有流动性。组织状态均匀细腻，无颗粒、无沉淀，无分层现象。

2）理化指标

氨基态氮 0.1～0.2g/100mL，总糖 8～12g/100mL，食盐 15g/100mL，总酸 0.1～0.4g/100mL，无盐固形物 10～20g/100mL。

5. 注意事项

酶解条件温和，时间长，应注意卫生，防止污染。

第四节　鲜味调味品的应用

一、蚝油在常见味型中的应用

蚝油在常见味型中的应用见表5-6，供参考。

表5-6　蚝油在常见味型中的应用

味型	辅助味	主味调味品	辅助调味品	菜例	烹调方法	地域	备注
咸鲜	微辛、甜	蚝油15g，盐2g，老抽5g，味精2g	白糖5g，料酒10g，葱、姜各10g，胡椒粉1g	蚝油牛肉	炒	粤	
	微甜	蚝油10g，盐2g，老抽10g，味精2g	白糖5g，料酒10g，葱、姜各5g	瑶柱扒鲜菇	扒	粤	
	微甜	蚝油10g，盐2g，酱油5g，味精2g	清汤300g，葱、姜各10g，料酒5g	海鲜一品煲	氽	鲁	选用6～8种海鲜及蔬菜
	酒香浓郁	蚝油15g，盐6g，味精2g	南酒5g，二锅头酒15g，葱、姜、蒜各10g，椒盐10g	酒香煎风翅	煎	鲁	蚝油、椒盐做味碟
咸辣	鲜、微甜	蒜泥15g，辣酱10g，蚝油5g，老抽10g	白糖5g，味精1g，鸡精2g，花椒油15g	炝鲜鱿	炝	鲁	
	鲜、微辣	蚝油15g，辣椒油15g，酱油5g	白糖2g，葱、姜各10g，花椒水15g	蚝油渍素什锦	腌	鲁	素什锦可选多种蔬菜
咸香	鲜	盐1g，绍酒15g，酱油5g，胡椒粉0.5g，麻油2g	汤150g，蚝油10g，味精1g	蚝油窝烧鸭	烧	鲁	
	鲜	酱油10g，麻油0.5g，胡椒粉0.1g，绍酒20g	汤500g，蚝油20g，味精1g	蚝油炆面筋	烩	粤	
	鲜	姜、葱各30g，蒜2g，陈皮1g，盐5g，酱油5g，蚝油10g	味精2g，汤400g，胡椒粉0.5g，香油2g，料酒10g	姜葱鲤鱼	烧	粤	
咸甜	鲜、香	蜂蜜75g，老抽5g，糖10g，盐4g，蚝油50g	醋2g，黄酒20g，味精2g，陈皮3g，葱、姜、蒜共10g	蚝油焗凤爪	卤	粤	
	鲜、香	盐7g，糖10g，蚝油10g	味精2g，胡椒粉1g，汤50g，生粉20g，麻油3g	蚝油滑鸡片	炒	粤	

注：贻贝与蚝油使用方法相同，其他海鲜贝类提取液均可作鲜味调味品。

二、鱼露在常见味型中的应用

鱼露在常见味型中的应用见表5-7，供参考。

表5-7 鱼露在常见味型中的应用

味型	辅助味	主味调味品	辅助调味品	菜例	烹调方法	地域	备注
咸鲜	香	蚝油5g，鱼露10g，老抽5g，盐2g，味精1g	绍酒15g，胡椒粉0.5g，麻油5g	潮州一品煲	烩	粤	主料以海鲜为主
	香、甜	蚝油2g，生抽2g，盐2g，味精1g，鱼露5g	糖1g，胡椒粉1g	蒸桂鱼	蒸	粤	
	香、微甜	汤50g，鱼露10g，味精1g，盐1g	糖1g，绍酒15g，葱、姜各2g	咸菜炒猪肚	炒	粤	
咸甜	香、鲜、酸	白糖10g，盐2g	鱼露10g，醋2g，味精1g，生粉20g	脆皮炸乳鸽	炸	粤	
豉味	鲜、香	豆豉20g	葱5g，花椒1g，蒜2g，生抽5g，糖10g，鸡粉1g，蚝油5g，鱼露5g，胡椒粉0.5g	豉汁蒸带子	蒸	粤	
酸辣	鲜、甜	辣椒粉20g，酸梅子10g，白醋15g	汤200g，鱼露10g，味精1g，糖2g	明炉乌鱼	蒸	粤	

三、虾子在常见味型中的应用

虾子在常见味型中的应用见表5-8，供参考。

表5-8 虾子在常见味型中的应用

味型	辅助味	主味调味品	辅助调味品	菜例	烹调方法	地域
咸鲜	香	虾子15g，味精1g，盐2g	葱白10g，料酒5g，胡椒粉0.5g	虾子扒豆腐	扒	粤
	香	虾子10g，酱油10g，盐5g，味精3g	料酒25g，葱10g	虾子烧海参	烧	鲁
	香	虾子25g，汤300g，盐4g，味精2g	绍酒25g，胡椒粉0.1g，麻油1g	虾子烧鲜笋	烧	粤

续表

味型	辅助味	主味调味品	辅助调味品	菜例	烹调方法	地域
咸甜	鲜、香	酱油 3g，盐 4g，糖 6g	虾子 10g，味精 2g，黄酒，汤 100g，麻油 5g	虾子鱼肚	烧	沪
	鲜、香	酱油 15g，糖 10g	虾子 10g，味精 2g，黄酒 25g，汤 500g，麻油 2g	虾子面筋	烧	粤

四、虾酱在常见味型中的应用

虾酱在常见味型中的应用见表 5-9，供参考。

表 5-9　虾酱在常见味型中的应用

味型	辅助味	主味调味品	辅助调味品	菜例	烹调方法	地域	备注
咸鲜	辣、香	盐 12g，虾酱 10g	辣椒面 10g，蒜 3g，葱 5g	包馅萝卜	腌	川	
	甜、香	虾酱 10g，盐 10g	糖 5g，葱、姜、蒜各 5g	包馅菜卷	腌	川	
	香	虾酱 50g，味精 2g，汤 300g，酱油 15g	料酒 25g，葱、姜各3g	白焯鲜鱿鱼	炒	粤	
	香	鲜虾酱 100g	葱 20g	窝头蘸酱	炒	鲁	
	微辛、辣	虾酱 30g	胡椒粉 2g，葱末 25g，料酒 5g	虾酱豆腐丁	炖	鲁	民间饮食
咸辣	鲜、香	虾酱 30g，辣椒 15g	鸡精 5g，料酒 5g，葱、蒜各 10g，香油5g	虾卤萝卜丁	炖	鲁	民间饮食
	鲜、香	虾酱 25g，辣椒油 10g	味精 2g，料酒 10g，葱、姜各 10g，清汤 25g	虾酱肉片	爆	鲁	
咸酸	甜、辛、鲜、香	虾酱 25g，米醋 15g	鸡精 2g，料酒 10g，葱、蒜各 10g，胡椒粉 2g，糖 5g	虾汁鸡柳	炒	鲁	

五、虾油在常见味型中的应用

虾油在常见味型中的应用见表 5-10，供参考。

表 5-10 虾油在常见味型中的应用

味型	辅助味	主味调味品	辅助调味品	菜例	烹调方法	地域	备注
咸鲜	辛、香	虾油 100g	姜 30g	虾油小菜	腌	辽	
	香	盐 2g，虾油 30g，味精 2g	葱、姜各 10g，香油 10g	虾油芹菜	腌	辽	
	微甜	虾油 50g，清汤 500g	糖 5g，料酒 20g，葱、姜各 20g	淡菜蹄筋	煨	粤	淡菜就是干贻贝肉
	香	虾油 40g，清汤 100g，盐 1g	糖 5g，料酒 10g，葱 20g，香油 10g	虾油豆腐	炒	粤	
	香	虾油 15g，清汤 20g，鸡精 2g	糖 5g，料酒 5g，葱汁 10g，香油 5g	虾油蛋糕	蒸	鲁	民间饮食
咸辣	鲜	虾油 15g，盐 5g，干辣椒 5g	料酒 5g，葱 15g	虾油白菜	炒	鲁	
	鲜、微麻	虾油 20g，盐 2g，胡椒粉 2g	葱、姜各 10g，花椒 1g	虾油萝卜	炖	鲁	
麻辣	咸、鲜、酸、香	辣椒油 10g，花椒面 5g，蒜泥 15g	虾油 15g，盐 2g，醋 5g，鸡精 2g，香油 5g	麻辣牛肉	拌	鲁	选用白煮牛肉
	咸、鲜	干红辣椒 5g，花椒 5g，八角 1g	虾油 20g，盐 2g，鸡精 2g	麻辣花生	煮	鲁	
五香	咸、鲜、香	虾油 25g，酱油 5g，五香粉 5g	葱、姜、蒜各 10g，花椒油 5g，料酒 10g	虾油鱼干	炸收	鲁	用虾油腌鱼片
	咸、鲜	虾油 20g，酱油 10g，五香粉 5g	糖色 15g，葱、姜各 10g，料酒 10g，清汤 100g	虾油肚块	烧	鲁	使用白煮猪肚
咖喱	咸、鲜	咖喱粉 10g，虾油 20g，盐 2g	葱、姜、蒜各 10g，鸡精 2g，清汤 100g	咖喱腰片	烩	鲁	
	咸、鲜	咖喱粉 10g，虾油 10g，盐 4g	葱、姜各 15g，料酒 10g，味精 2g，清汤 50g，花椒油 5g	咖喱鸡块	熘	鲁	

六、荤汤在常见味型中的应用

荤汤在常见味型中的应用见表 5-11，供参考。

表 5-11　荤汤在常见味型中的应用

味型	辅助味	主味调味品	辅助调味品	菜例	烹调方法	地域	备注
咸鲜	香	清汤 1500g，精盐 5g，味精 5g	绍酒 40g	清汤柳叶燕菜	氽	鲁	
	香	盐 6g，味精 2g，奶汤 500g	葱油 30g，料酒 15g，姜汁 15g	奶汤银肺	煮	鲁	
	香	味精 1g，川盐 5g，清汤 500g	胡椒粉 1g，绍酒 10g	开水白菜	蒸	川	
	香	虾子 15g，盐 5g，鸡清汤 500g	白酱油 15g，熟猪肉 150g	大煮干丝	煮	苏	
酸辣	鲜、香	胡椒粉 2g，泡辣椒 20g，醋 2g	荤汤 600g，盐 4g，姜 3g，蒜 2g，料酒 10g，味精 2g	酸菜鱼	煮	川	
	鲜、香	胡椒粉 5g，醋 30g，盐 1g	清汤 500g，酱油 20g，料酒 10g，味精 1g，花椒油 10g	酸辣汤	煮	鲁	
咸甜	鲜、香	番茄酱 100g，白糖 50g，盐 2.5g	绍酒 25g，味精 1.5g，白醋 10g，鸡清汤 500g	天下第一菜	煮	苏	
糖醋	鲜、香	白糖 200g，黄醋 150g，酱油 10g	葱、姜各 5g，蒜 15g，肉汤 200g	糖醋黄河鲤	熘	苏	
鱼香	鲜、咸、辛、甜、香	泡红辣椒 80g，盐 20g，葱 50g，姜 30g，蒜 30g	汤 60g，糖 30g，醋 25g，味精 2g	鱼香肉丝	炒	川	
麻辣	鲜、香	豆瓣 20g，泡红辣 30g，花椒面 20g	汤 100g，葱 10g，酱油 15g，味精 2g	麻婆豆腐	烧	川	
糊辣	鲜	辣椒油 10g，葱 5g，盐 6g，料酒 5g	糖 45g，汤 20g，味精 2g	豆爆鸡丁	爆	鲁	其中 25g 糖用于炒糖色
咖喱	鲜、香	咖喱粉 15g，盐 5g	汤 20g，葱、姜各 5g，料酒 15g，味精 1g	咖喱猪排	烧	浙	
家常	鲜	辣椒 15g，糖 5g，葱 5g，料酒 15g，酱油 7g	汤 150g，味精 2g	家常豆腐	烧	泸	

续表

味型	辅助味	主味调味品	辅助调味品	菜例	烹调方法	地域	备注
酸甜	鲜、香	盐 5g，茄汁 25g，胡椒粉 2g，白糖 5g	汤 50g，味精 1g，麻油 1g	茄汁明虾球	炒	粤	
豆豉味	鲜、香	豆豉 100g，糖 5g，酱油 3g，盐 2g	汤 150g，味精 2g，葱 50g，绍酒 15g	豆豉香葱鸡	蒸	粤	

第六章　酒类调味品

第一节　概　　述

人类历史与酒有着密切的关系，大约在五六千年前，人类就懂得了酿酒。关于酒的起源，经历了一个从自然发酵酒到人工酿造酒的过程，最早应当是水果酒，其次是奶酒，最后为粮食（谷物）酿造的蒸馏酒。成熟水果含有较多糖类，果皮上常附有野生酵母菌，在温度适宜的条件下，果汁就会发酵成酒。奶酒是人类最早的人工饮料酒，是游牧时代用兽乳酿造的乳酒，这种酒古称醴酪（《周礼·礼运篇》），其特点是不添加任何糖化发酵剂，全靠自然形成。今日的内蒙、西藏、青海等地的少数民族仍保留着酿制与饮用这种兽乳制酒的习惯，奶酒也是我国第一代人工饮料酒。我国第二代人工饮料酒是添加了糖化发酵剂来酿造的，简称发酵酒。所用的糖化发酵剂，就是众所周知的曲蘖酿酒，这是我国酿酒的一大特点。随着生产力的发展，曲蘖又分为曲、蘖（谷芽）、黄衣曲。于是人们把用蘖酿的“酒”称为醴，把用曲制成的酒称为酒。曲的发明，是我国古代劳动人民的伟大贡献，19 世纪传入西方，不仅改变了西方自古沿用以麦芽糖化谷物为原料然后再加酵母菌发酵成酒的方法，还奠定了酒精工业的基础，更重要的是曲给现代酿造工业带来了深远的影响。谷物酿酒要复杂很多，粮食中的糖类主要是淀粉，淀粉需要经淀粉酶分解为糖，才能被酵母的酒化酶发酵变成酒。我国粮食酒中最早出现是黄酒，称为酿造酒，又称发酵酒，是不经过蒸馏的，随后才出现蒸馏酒，即中国白酒。蒸馏酒多称为白酒，它的出现是酿酒史上一个划时代的进步，是我国的第三代酒。我国是世界上第一个发明蒸馏技术和蒸馏酒的国家，目前公认为蒸馏酒出现于唐代。

战国时期《世本·作》：“仪狄做酒醪变五味”，是有关造酒技术的最早文字记载，传至周朝，更有汉朝许慎《说文解字》“古者仪狄作酒醪，禹口尝之而美，逐疏仪狄。杜康作秫酒”。至今杜康造酒之说广为传颂，及至日本人将酿酒工称为“杜氏”。中国酒文化渗透领域之广也令人称奇。曹操《短歌行》“对酒当歌，人生几何?”、“何以解忧，唯有杜康”雄伟中透着苍凉与悲壮；陶渊明《饮酒》“采菊东篱下，悠然见南山”、《杂诗》“斗酒聚比邻”表现了对大自然的热爱与怡然自得的心境；王维《送元二使安西》“劝君更尽一杯酒，西出阳关无故人”表现了惜别的惆怅与绵绵柔情；李白《月下独酌》“举杯邀明月，对影成三人”表达了无限的浪漫与孤独之情；王翰《凉州词》“葡萄美酒夜光杯，欲饮琵琶马上催。醉卧沙场君莫笑，古来征战几人回”，把将士们的豪放、开朗与视死如归表达得淋漓尽致；杜甫《自京赴奉先县咏怀五百字》“朱门酒肉臭，路有冻死骨”对时弊进行了强烈的抨击；杜牧《清明》“借问酒家何处有，牧童遥指杏花村”不但用酒驱寒消愁，还道出了酒的出处，诗情画意跃然纸上；苏东坡《水调歌头》“明月几时有？把酒问青天”，表现了超脱世俗的豪放、旷达与乐观；秋瑾《对酒》“不惜千金买宝刀，貂裘换酒也堪豪”表达了仁人志士不惜为国捐躯的豪情壮志……综观历史长河时事变迁，酒和政治、经济、军事、文化竟都有着密切的关系与渊源。随着历史的发展和人类的进步，酒的生产和消费与日俱增，酒在人类的交往活动和日常生活中发挥着多方面的重要作用。“以酒治国”、“以酒外交”、“以酒创业”等更是不胜枚举。同时酒又是人们日常烹调佳菜美肴的重要调味料，特别是烧煮鸡、鸭、鱼、肉、虾、蟹之类带有腥、膻、膻等异味原料时，加入料酒，既能起到除腥去膻的作用，又能增加菜肴的鲜味。随着食品科学及烹饪科学的发展与进步，人们生活质量的提高，酒在食品加工与烹饪旅游业将发挥着更大的作用。

一、酒的概念与分类

凡是含有酒精（乙醇）的饮料统称为酒精饮料，简称为酒。凡是在烹调中所用的酒统称为调味酒或料酒。

酒的种类繁多，分类方法也不统一。

（一）按照商品的特性分类

白酒、黄酒、果酒、啤酒、药酒、配制酒。

（二）按照生产工艺的主要特征分类

1. 蒸馏酒

在生产工艺中必须经过蒸馏过程才能取得最终产品的酒。例如，我国的白酒，外国的白兰地、威士忌、沃德克、兰姆酒、阿拉克酒。

2. 发酵酒

又称非蒸馏酒、酿造酒，它是在生产工艺过程中经过酿造、澄清处理、调配，而不经蒸馏过程制成的最终产品。例如，黄酒、啤酒、葡萄酒和其他果酒。

3. 配制酒

以蒸馏酒或发酵原酒为基酒，加入甜味料、香料、色素，或浸泡药材、果皮、果实等而制成的酒。按照工艺特点药酒、滋补酒也应属配制酒。

（三）按使用的原料不同分类

1. 粮食酒

以粮食为原料生产的酒，如高粱酒、糯米酒、苞谷酒、啤酒、黄酒。

2. 果酒

用果类原料生产的酒，如葡萄酒、苹果酒、橘子酒、梨酒。

3. 代粮酒

用粮食、果类以外含淀粉的原料或含糖原料生产的酒，如用木薯、糖蜜生产的酒。

二、酒味与其他味的关系

酒味中的主要成分是乙醇。乙醇对其他味会产生一定影响。一般说来，蔗糖溶液中加入乙醇会使甜味变淡；酸味溶液中加入乙醇会使酸味变弱。在许多菜肴烹饪过程中均加入酒类调味品，有使菜品增香、去异、防腐等作用。一般酒类同盐并用，会产生相承效果。

第二节　白　　酒

一、白酒的起源、历史与发展

白酒是指以曲类、酒母为糖化发酵剂，利用淀粉质（糖质）原料，经蒸煮、糖化、发酵、蒸馏、陈酿和勾兑而酿制成的各类澄清透明的酒精饮料。

白酒在唐朝又称为烧酒。李白的“白酒新熟山中归”；白居易的“黄鸡与白酒”，说明唐朝的白酒就是烧酒，亦名烧春。研究白酒的起源，必先以蒸馏器为佐证。1975 年在河北承德市青龙县出土的金代铜质蒸馏器，其制作年代最迟不超过 1161 年的金世宗时期（南宋孝宗时）。从商代甲骨文中已有“醴”字，淮南子说：“清醴之美，始于耒耜。”《尚书说命》记载：“若作酒醴，尔惟麴糵。”最早的文献记录中有关“鞠糵”的说法，将发霉的粮食称鞠，发芽的粮食称糵，从字形看都有米字。米者，粟实也。由此得知，最早的鞠和糵，都是粟类发霉发芽而成的。《说文解字》说：“糵，芽米也。”“米，粟实也。”以后用麦芽替代了粟芽，糵与麴的生产方式分开后，用糵生产甜酒（醴）。从商、周至汉朝，糵酒还很盛行。北魏时用穀芽酿酒，贾思勰著《齐民要术》中无糵麴的叙述，但其中关于制曲、酿酒的论述，是当时制曲、酿酒技术和经验的总结，书中记载了 12 种不同的酒曲和 20 多种酒的制法。1636 年宋应星著《天工开物》中说：“古来麴造酒，糵造醴，后世厌醴味薄，逐至失传。”据周朝文献记载，麴糵可作酒母解释，也可解释为“酒”。例如，杜甫《归来》诗里有“恁谁给麴糵，细酌老江乾”，陈驹声有“深深麯蘖日方长”的诗句，这里“麯蘖”也是指“酒”。麯在《辞源》的解释为酒母，酿酒或制酱的发酵物，亦作“麹”。麯或鞠的简化字为曲。酒曲的发展，经过不断地技术改良，由散曲发展到饼曲，最终形成了大曲和小曲。大曲中主要微生物是曲霉，适宜于北方天气寒冷的各省。制造大曲的原料为大麦、豌豆或小麦，前者如汾酒、西凤酒大曲，后者如茅台、泸州酒曲等。因制曲原料为麦类，常称为麦曲，其形状似砖，又称砖曲，其曲块大和用曲量多，通称大曲，用于酿造我国的传统工艺名优白酒。小曲酒主要微生物是根霉和毛霉，在南方亚热带的温暖气候，有利于生产小曲及其小曲酒。制造小曲的原料为大米或稻糠，有的加入中草药，如邛崃米曲、董酒米曲；有的不用中草药，如厦门白曲、稗木镇糠曲等。白酒所应用的酒曲，大概可分为小曲、大曲和麸曲三类。小曲到南北朝时，已相当普遍生产，到了宋代时又有重要的改进，其根霉小曲成了世界最好的酿酒菌种之一。这种根霉小曲传播很广，如朝鲜、越南、老挝、柬埔寨、泰国、尼泊尔、不丹、马来西亚、新加坡、印度尼西亚、菲律宾和日本都有根霉小曲酿酒。

白酒的主要成分是乙醇和水（占总量的98%～99%），而溶于其中的酸、酯、醇、醛等种类众多的微量有机化合物（占总量的1%～2%）作为白酒的呈香呈味物质，决定着白酒的风格（又称典型性，指酒的香气与口味协调平衡，具有独特的香味）和质量。醇类除乙醇外，最主要的是异戊醇、异丁醇和正丙醇，在浓香型和酱香型白酒中还含有一定量的正丁醇，属于醇甜和助香剂的主要物质来源，对形成酒的风味和促使酒体丰满、浓厚起着重要的作用；醇类也是酯类的前体物质。酯类是具有芳香气味的化合物，在各种香型白酒中起着重要作用，是形成酒体香气浓郁的主要因素，已酸乙酯、乳酸乙酯和乙酸乙酯是白酒的重要香味成分。酸类主要是乳酸、乙酸、丁酸和已酸等有机酸类，影响白酒的口感和后味，是影响口味的主要因素。醛酮类化合物包括乙醛、2，3-丁二酮和3-羟基丁酮等。缩醛类中乙缩醛含量最多。4-乙基愈创木酚、苯甲醛、香草醛和酪醇等芳香族化合物是酱香型白酒的重要香味成分，β-苯乙醇在豉香型白酒中含量最高，而在米香型酒中次之。含氮化合物主要是四甲基吡嗪、三甲基吡嗪和2，6-二甲基吡嗪。呋喃化合物中以呋喃甲醛较为突出，是酱香型白酒的特征成分之一。

随着科学技术的不断发展和现代生物技术的出现，白酒正朝着低度方向发展。饮适量白酒，促使循环系统兴奋，能安神助眠，有失眠症者睡前饮少量白酒，有利于睡眠，并能刺激胃液分泌与唾液分泌，起到健胃作用。白酒有通风、散寒、舒筋、活血作用，例如红花酒治疗血淤性痛经症，龟肉酒治疗多年咳嗽，蛇血酒补养气血，橘子酒、桃仁酒治疗肾虚腰痛等。

但是过量饮酒易造成酒精中毒，损害肝脏和脑细胞；孕妇大量饮酒还会危害胎儿的健康。

二、白酒的分类

（一）按生产工艺分类

白酒生产工艺有固态法和液态法两大类。

（1）固态法是经过固态糖化发酵、固态蒸馏等工艺过程生产白酒的方法。

（2）液态法是经过蒸煮、糖化、发酵、蒸馏等工艺在液体基质中进行白酒生产的方法。

（二）按用曲种类分类

曲是以淀粉为主要原料做培养基培养多种霉菌，积累大量淀粉酶制成的酶制剂。大曲多是以大麦为培养基制成的曲；小曲多是以大米为培养基制成的曲；麸曲则以麦麸为培养基制成的曲。所以按用曲种类不同一般可以分为大曲酒、小曲酒、大小曲混用酒、麸曲酒。

（三）按香型分类

1. 酱香型

以贵州茅台酒为代表，又称茅型。其主要特征是酱香突出、幽雅细腻、酒体丰满醇厚、回味悠长。另外一个显著特征是隔夜尚留酒香、饮后空杯香气犹存。以“低而不淡”、“香而不艳”著称。

2. 清香型

以山西汾酒为代表。乙酸乙酯和乳酸乙酯两者结合为清香型白酒的主体香料。主要特征是清香醇正、诸味协调、醇甜柔和、后味爽净，是中国北方的传统产品。

3. 浓香型（大曲香型）

以四川泸州老窖大曲酒为代表，又称泸型。浓香型白酒以乙酸乙酯为主体香。主要特征是窖香浓郁、绵甜甘洌、香味协调、尾净余长。

4. 米香型

以广西桂林三花酒为代表。以清、甜、爽、净见长，口感风味具有蜜香、清雅、绵柔、落口爽洌、回味怡畅等特点。

5. 其他香型

具有各自独特的生产工艺和口感风味，如凤香型、兼香型、芝麻香型、特型、豉香型、董型（药香型）等。

三、白酒在食品加工中的应用

（一）白酒的一般作用

1. 去腥、除膻、消臭作用

当烹饪具有腥、膻气味的动物性原料，如鱼类、牛羊肉等，常加入白酒，经加热发生化学反应，消除食物的腥膻气味，并赋予食物特殊的香味。这是因为酒中含有的乙醇具有在低温下挥发的特性，同时乙醇既能溶解于水又能溶解于油脂等有机物中，能很好地溶解动物原料中的醛、酮、硫醇、硫醚、胺等腥臭异味物质，特别是腥臭味较浓的氨基戊酸。这些异味物质随着加热的进行，与酒精一起挥发脱离体系，从而达到去腥解臭的目的，使菜肴味美醇厚。此外，酒中含有的乳酸乙酯及其中的乙醇和醋中的醋酸生成的乙酸乙酯具有增香作用，掩盖或去除膻气。

2. 增香、添味、解腻作用

酒对菜肴增香主要来自以下几个方面：

（1）酒本身所具有的香气。白酒中的香味成分有 200 余种，主要是有机酸、醇、酯、羰基化合物、芳香族化合物及各种氨基酸。这些物质进入菜肴中可产生一定的香味。酒中的酯类是酒香最主要的成分，主要有有机酸酯、异丁酯、脂肪酸异酯、酯酸异戊酯等，酯类含量大，香味浓。对于白酒而言，陈化时间越长，酒香越浓。

（2）在烹调加工中，动物性原料的脂肪受热后，脂肪酸和甘油的键断裂，游离出脂肪酸，脂肪酸与酒中的醇类，特别是乙醇化合生成具有芳香味的酯类。酒与食醋同时加热，可生成具有芳香味的物质——乙酸乙酯，给菜肴增添浓烈的香味。

有些料酒中的游离氨基酸与糖结合形成芳香醛，产生诱人的香气。氨基酸在烹调中能与食盐结合，生成氨基酸钠盐，也会给菜肴增添浓烈的香味。

（3）含油脂多的原料，在烹调时加入一定量的酒，经长时间加热，有相当一部分油脂被料酒中的酒精所溶解，使菜肴吃起来肥而不腻。

（二）白酒的独特烹饪作用

白酒的主要成分是乙醇和水（占总量的 98%左右），其余的是非酒精成分，主要包括有机酸、醇、酯、羰基化合物、芳香族化合物等，它们的含量虽然极微，仅占 2%，但是却决定着酒的香气与口味。由于各种香味成分的含量和比例不同，构成了白酒的不同香型风格。浓香型酒的主体香味成分是乙酸乙酯和丁酸乙酯；清香型酒的主体香味成分是乙酸乙酯和乳酸乙酯；米香型酒的主体香味成分是β-苯乙醇和乳酸乙酯。酯类中的大多数具有水果芳香，是构成白酒香味的主体成分。白酒中除乙醇外，还含有异戊醇等杂醇类物质且异戊醇稍有涩味。烹制菜肴时，添加不同香型的白酒作为调味品，带给菜肴的香味物质不同，增香效果及菜肴的芳香特征也不同，可根据菜肴的风格决定以哪种白酒作为调味品。同样是烹制红烧羊腿，加汾酒和榆树大曲，菜点风味相差很大。

白酒中常带有臭味物质，一般是由于原料中的蛋白质和脂肪被分解生成的产物，在新酒中尤其明显。白酒中常见的臭味物质有硫化氢呈臭鸡蛋味，乙硫醇在极稀薄时呈现水煮萝卜的气味，壬二酸乙醛乙酯有油臭，糠醛带焦烟臭，丙烯醛带刺激性的醛臭，乳酸乙酯过浓时呈青草味，乙酸乙酯过浓时带溶剂臭。因此白酒调味时要注意所用酒的品质及用量对食品风味的影响，最好采用陈酿时间长的白酒，且用量要适当。

白酒主要用于烤、炸、熏、焗、腌、腊等，如叉烧肉、炸里脊、熏肉、块焗鸡、醉虾、醉蟹以及各种腊货。此外白酒中含有的乙醇能使微生物中的蛋白质变性，使酶失活，菌体死亡，因此白酒还有杀菌防腐作用。

对某些鲜活的原料使用白酒进行浸渍，利用酒的渗透作用，与原料中的风味物质如氨基酸等发生反应，形成独特的“醉菜”风味。

在用白酒烹制“醉菜”时，应掌握好“醉”的时间，如“醉虾”、“醉鸡”所需要时间较短，“醉蟹”所需时间较长。但时间过长会导致风味物质及钙、铁等营养成分的损失，影响菜点的质量，因此不论时间长短以保证菜点风味及营养、卫生为宜。

（三）白酒的使用量

白酒的使用量以多少为最佳，包括最高用量尚无科学、完整的统计。根据一般经验来说，最高用量限度（除“醉菜”）不宜超过每500g原料6mL酒精，过多会使肉类菜肴带有酒臭味，给人以不新鲜感。

（四）白酒在不同味型中的应用

白酒除在“醉菜”类食品中作为主要味型外，在其他大多数食品与菜肴中，白酒只起辅助味的作用，而且白酒在各种味型中的限制不明显，所以在各味型中的用量仅举几例作为参考（表6-1）。

表6-1 白酒的应用

菜名	酒名	用量/g	地域	口味特点
白花酒焖肉	白花酒	150	苏	酒香浓郁，肉酥烂入味
白酒烤羊排	白酒	5	苏	肉嫩鲜美，酒味芬芳

续表

菜名	酒名	用量/g	地域	口味特点
酒醉银菜	白酒	15	苏	质地脆嫩，酒香扑鼻
醉蟹	白酒	250	苏	肉质鲜嫩，味道鲜美
湖南腊肉	白酒（60°）	15	湘	肉色红亮，咸淡适中

注：原料净重按500g计。

第三节 黄　　酒

一、黄酒的起源与发展

黄酒，以稻米、黍米、黑米、小麦、玉米等为原料，加曲、酵母等糖化发酵剂发酵酿制而成的发酵酒。烹饪界称黄酒为料酒、绍酒。

黄酒为世界三大古酒之一，起源于中国，是我国独有的饮料酒。黄酒产地较广，品种很多，著名的有绍兴加饭酒、福建老酒、江西九江封缸酒、江苏丹阳封缸酒、无锡惠泉酒、广东珍珠红酒、山东即墨老酒、兰陵美酒、秦洋黑米酒、上海老酒、大连黄酒等。但是被中国酿酒界公认的，在国际国内市场最受欢迎的，能够代表中国黄酒总的特色的，首推绍兴酒。绍兴酒历史悠久，从春秋时的《吕氏春秋》记载起，历史文献中绍兴酒的芳名屡有出现。清代饮食名著《调鼎集》对绍兴酒的历史演变、品种和优良品质进行了较全面的阐述，在当时绍兴酒已风靡全国，在酒类中独树一帜。清代袁枚《随园食单》中赞美："绍兴酒如清官廉吏，不参一毫假，而其味方真又如名士耆英，长留人间，阅尽世故而其质愈厚。"《调鼎集》中把绍兴酒与其他地方酒相比认为："像天下酒，有灰者甚多，饮之令人发渴，而绍酒独无；天下酒甜者居多，饮之令人体中满闷，而绍酒之性芳香醇烈，走而不守，故嗜之者为上品，非私评也。"并对绍兴酒的品质作了"味甘、色清、气香、力醇之上品唯陈绍兴酒为第一"的概括。这说明绍兴酒的色香味格四个方面已在酒类中独领风骚。穆帝永和九年（353年）三月初三日，王羲之与名士谢安、孙绰等在会稽山阴兰亭举行"曲水流觞"的盛会，乘着酒兴写下了千古珍品《兰亭集序》，可以说是绍兴酒史中熠熠生辉的一页。绍兴酒在国家历届评酒会上都有金奖获得，先后被列为国家"八大"、"十八大"名酒之一，著名品牌"古越龙山"为中国驰名商标。绍兴酒现畅销江、浙、沪、闽等省市，远销日本、东南亚、欧美等30多个国家和地区，绍兴酒企业中影响和规模最大的是中国绍兴黄酒集团。

二、黄酒的分类

（一）按酒的含糖量分类

根据含糖量不同，有干酒、半干酒、半甜酒、甜酒、浓甜酒等，见表 6-2。

表 6-2　黄酒的分类

类型	含糖量（以葡萄糖计）/(g/100mL)	代表性酒种（以绍兴四种主要酒为例）
干型黄酒	0.5 以下	状元红酒
半干型黄酒	0.5～3.0	加饭酒
半甜型黄酒	3.0～10	善酿酒
甜型黄酒	10 以上	香雪酒

（二）按原料、酿造方法的不同分类

按原料分有稻米和非稻米两大类。南方多用稻米作原料，以浙江绍兴为代表，分布于江苏、福建一带。北方生产多用黍米做原料。

按酿造方法的不同有绍兴酒、黍米黄酒（以山东即墨老酒为代表）和红曲黄酒（以浙南、福建、中国台湾为代表）。

（三）按酒的颜色分类

按酒的颜色可分为深色（褐色）黄酒、黄色黄酒和浅色黄酒。如琥珀色的状元红酒、暗黑色的江阴黑酒、红黄色的红酒等。

（四）按是否加其他呈香、呈味物质分类

有纯酿造黄酒和加香黄酒两大类。

三、黄酒的质量指标

（一）感官指标

1. 色泽

具有本品应有的色泽，一般为浅黄，澄清透明，无沉淀物。

2. 香气

有浓烈的香气，不能带有外来异味。

3. 滋味

应醇厚稍甜，不能带有酸涩味。要求入口清爽、鲜甜甘美、酒味柔和、无刺激性。北方老酒要求味厚、微苦、爽口，但不得有辣味。

（二）理化指标

1. 酒精度

黄酒酒度同白酒一样，是以含酒精量的百分比计算的。黄酒的酒度一般为12％～17％。

2. 酸度

总酸度（以醋酸计）0.3％～0.5％ 。总酸度如超过0.5％，酒味酸涩，影响质量；黄酒的挥发酸含量应在0.06％～0.1％（以醋酸计算）。挥发酸含量超过0.1％的黄酒，可能是变质造成的，不能再饮用。

3. 糖度

糖度是以含糖量的百分比计算的。甜型黄酒在10％～20％；半甜型黄酒在1％～8％；干型黄酒一般为1％。

四、黄酒的作用

（一）黄酒的成分特征

1. 黄酒含丰富的蛋白质

每1L绍兴加饭酒含蛋白质16g，是啤酒的4倍。黄酒中的蛋白质经微生物酶的降解，绝大部分以肽和氨基酸的形式存在，极易为人体吸收利用。

2. 黄酒含较多的功能性低聚糖

黄酒中含有较多的功能性低聚糖，每1L绍兴加饭酒异麦芽低聚糖高达6g。异麦芽低聚糖具有显著的双歧杆菌增殖功能，能改善肠道的微生态环境，促进维生素B_1、维生素B_2、维生素B_5（烟酸）、维生素B_6、维生素B_{11}（叶酸）、维生素B_{12}等B族维生素的合成和Ca、Mg、Fe等矿物质的吸收，提高机体新陈代谢水平，提高免疫力和抗病力，能分解肠内毒素及致癌物质，预防各种慢性病及癌症，降低血清中胆固醇及血脂水平。

3. 黄酒含丰富的无机盐及微量元素

黄酒中已检测出的无机盐有18种之多，包括钙、镁、钾、磷等常量元素和铁、铜、锌、硒等微量元素。

绍兴酒含锌8.5mg/L，啤酒为0.2～0.4mg/L，干红葡萄酒0.1～0.5mg/L。健康成人每日约需12.5mg锌，喝黄酒能补充人体锌的需要量。

绍兴酒含硒10～12μg/ L，约为水果蔬菜的2倍，比红葡萄酒高约12倍，比白葡萄酒高约 20 倍，且安全有效，极易被人体吸收。

4. 黄酒中的多种生理活性成分

黄酒中含多酚物质、类黑素、谷胱甘肽等生理活性成分，它们具有清除自由基、防止心血管病、抗癌、抗衰老等多种生理功能。

5. 黄酒富含维生素

除维生素 C 等少数几种维生素外，黄酒中其他种类的维生素含量比啤酒和葡萄酒高。

（二）黄酒的保健作用与药用价值

黄酒中的主要成分除乙醇和水外，还有麦芽糖、葡萄糖、糊精、甘油、含氮物、醋酸、琥珀酸、无机盐及少量醛、酯与蛋白质分解的氨基酸等。因此，黄酒既具有较高的营养价值，又有烹饪价值和药用价值。黄酒可作药引子，又是丸散膏丹的重要辅助材料，《本草纲目》上说："诸酒醇不同，唯米酒入药用。"米酒即是黄酒，它具有通曲脉、厚肠胃、润皮肤、养脾气、扶肝、除风下气等治疗作用，适量常饮，能延年益寿。但在饮用黄酒时也要注意不要酗酒、暴饮，不要空腹饮酒，不要与碳酸类饮料同喝（如可乐、雪碧），否则会加速乙醇的吸收，对健康不利。

（三）黄酒在食品加工中的作用

黄酒具有酒精浓度低、含脂量高、香味浓的特点，主要用于烹饪动物性原料。黄酒的香气主要有酯类、酸类、羰基化合物和酚类等成分组成。黄酒特有的味道主要有甜、酸、苦、辣、鲜、涩六味协调组成黄酒特有的味，甜味的主要成分是糖分，以葡萄糖为主；酸味主要是有机酸，以乳酸、琥珀酸为主；苦味主要是某些氨基酸、肽、酪醇等物质；辣味有酒精、高级醇及乙醛构成；鲜味以氨基酸为主；涩味主要由乳酸和酪氨酸等成分构成。黄酒特有的香气不是某一种香气成分特别突出的结果，而是通常所说的复合香。黄酒这种复杂的、独特的色、香、味，使其在食品加工中起着其他酒味调味品不可替代的作用。

1. 除异解腥

黄酒中含有一定量的酒精，市场上黄酒的酒精度以 14%左右为多。能够溶解除去动物性原料中的腥膻异味，如鱼肉中的三甲胺，羊肉中的 4-甲基辛酸、4-甲基壬酸等，这些物质能在加热过程随酒精一起挥发掉。

2. 增香

黄酒本身含有许多呈香成分，而动物性原料富含脂肪，在烹调时与黄酒中的乙醇发生酯化反应，生成具有芳香气味的各种酯类等物质，使菜肴香气四溢。

3. 提鲜和味

黄酒中含有丰富的氨基酸和有机酸等呈鲜成分，在烹制过程中动物性原料中的氨基酸及酒中的氨基酸遇盐类物质能强化鲜味，调和菜肴的滋味。

4. 增色

黄酒本身具有一定的色泽，含有较多的糖色，在烹制过程中能与动物性原料中的氨基酸等含氮化合物的氨基发生反应，使菜肴呈现出悦目的色泽。

（四）使用方法

黄酒在烹饪中的使用方法有以下几种：

（1）在烹制前将动物性原料与黄酒拌和，放置一定的时间，使黄酒逐步进入原料的表层组织，然后再烹制。

（2）在加热烹制的过程中单独加入。加热有助于去腥增香作用的发挥，这种做法在烹调中最为常用。

（3）将黄酒预先放入调味汁或芡汁中，用大火爆炒动物性原料后，在菜肴临出锅前，随调味汁或芡汁一同加入。

总之，要根据原料和菜肴制作方法及菜肴风格特征的不同，灵活掌握，关键是要能使菜肴中的黄酒得以发挥作用。黄酒在菜肴中的用量不可过大，以免菜肴酒味过大，各味失调。加热烹制时添加黄酒的最佳时间应当是锅中温度最高的时候，黄酒所起的去腥除腻、增香调味作用最明显。如炒虾仁，当虾仁下锅滑炒后，锅内的温度最高，先放黄酒再添加食盐。又如炒肉丝，也是应该在肉丝煸炒后即添加黄酒。红烧鱼也应该在用油煎好后随即添加黄酒。对于动物性原料为主烹制的汤菜类如鸡汤、鱼汤、鸭汤、蹄膀汤等，可在锅中的汤即将沸腾时或刚沸腾时添加黄酒，随着锅中汤的不断沸腾，原料中所含的腥臭味成分将随着酒气的挥发而逐渐去除。

（五）黄酒在烹调中的使用量

料酒的用量要视原料的品种和菜肴的要求而定，过多或过少都会影响菜肴的质量。有的菜肴以酒当汁或汤酒各半（如东坡肉、酒煨羊肉等），也有的菜肴只用几克或几滴（如清汤类菜肴等），没有统一标准。一般而言异味重的原料用酒量应多些，异味轻的原料用酒量则相应少些；动物性原料用酒量多些，植物性原料用酒量应少些或不用；炖、焖、煨、烧、卤、酱等烹调方法的菜肴用酒量应多些，蒸、煮、氽、爆、炒、扒、烩、煎、贴、烤等烹调方法的菜肴用酒量应少些；清汤类菜肴的用酒量应少些；加热时间长的菜肴用酒量可适当多些，加热时间短的菜肴用酒量可少些。如腥臊异味大的原料，用酒不足就难以除去不良气味；而有些腥臊味小的原料、清汤类菜肴以及加热时间短的菜肴，若用量过多，过剩的酒精存在于汤或菜中，将掩盖菜肴的鲜美滋味，使菜肴鲜味不突出，香味不足。

（六）黄酒在不同味型中的应用

黄酒在不同味型中的应用见表6-3，供参考。

表6-3　黄酒在不同味型中的应用

味型	调味品	菜例	地域	酒的作用
咸鲜	盐3.5g，料酒20g，味精1.5g，白糖20g，酱油15g	葱烧海参	鲁	除腥，提鲜，增香，除异
	盐3.5g，味精4g，料酒20g，糖4g，老抽10g，蚝油20g	翡翠鲜鲍片	粤	除腥，辅助增香，除异
甜酸	料酒25g，精盐3g，糖250g，醋5g，高汤150g	糖醋鱼花	鲁	除腥，解腻，提鲜，增香
	醋10g，番茄酱20g，糖35g，料酒6g，盐3g	菠萝古老肉	粤	
胡椒	干辣椒50g，花椒、葱、姜适量，盐15g，糖10g，料酒50g	糊辣兔块	川	除异，增香，渗透调味
咖喱	料酒12g，咖喱酱25g，盐8g，味精1g，麻油30g	咖喱牛肉	川	提鲜，除异，辅助咖喱增香
酸辣咸甜	酱油10g，料酒25g，味精2g，盐6g，醋15g，胡椒5g	山东海参	鲁	除异，增香，提鲜，辅助胡椒清香
	盐7g，糖40g，料酒15g，味精2g，姜丝2g	油焖大虾	鲁	

第四节　啤　酒

一、啤酒的起源、历史与发展

啤酒的历史可以追溯到公元前4000～公元前8000年。啤酒起源于美索不达米亚（Mesopotamia），啤酒（beer）一词来源于拉丁语bibere，是“喝”的意思。距今大约5000年前的美索不达米亚的苏美尔人开始酿造啤酒。苏美尔人用刻在黏土上的楔形文字描绘了当时的啤酒制作过程。当时的啤酒制法是将麦子晾干以后，磨成粉、做成面包之后再粉碎加水，通过自然发酵而成。当时已经有了十几种的啤酒，其中有大麦啤酒、大麦小麦混合啤酒、以甘蔗为原料添加椰子果酿造啤酒等，是极富多样性的健康饮品。在埃及人之后学会酿造啤酒的是希腊和罗马人，在公元前3000年的埃及，啤酒也已经广泛饮用，且在葡萄酒没有形成气候之前，啤酒一直是地中海地区最受欢迎的酒精饮料。肥沃的尼罗河畔生长的大麦为酿造啤酒提供了优良的原料。公元前1700年左右制定的第一部成文法典《汉谟拉比法典》里就有关于啤酒的法律。这个时代各地兴建了许多酿酒作坊，出现了许多类似今天的啤酒屋一样的场所。到了罗马帝国时期，葡萄酒成为酒神巴克斯的饮料，而啤酒只能在葡萄不能种植的偏远地区才能酿造，古罗马人把啤酒看作是野蛮人的酒。

北欧以前的传统是由女性酿造啤酒的，那些女性就是传说中的“女武神”（北欧神话中决定谁该阵亡并将阵亡将士引至英烈祠的女神），她们酿造出的酒被视为“不死之水”。这种习俗也流传到了德国北部，年轻女人出嫁时会带着不同的酿造器具到夫家。这种传统直到公元8世纪葡萄酒文化的涌入才有所改变。由于德国地处北欧，气候严寒，啤酒不仅可以御寒，还跟洋葱一样被当成药物，用来医治坏血病，加上严寒不能种植葡萄，啤酒便成了德国的饮料之王。公元1516年，巴伐利亚公爵威廉四世为了保持啤酒的精纯，编纂了一部严苛的法典“精纯戒律”，明确规定只能用大麦（以及后来的大麦芽汁）、水及啤酒花生产啤酒，这是人类历史上最古老的食品法律文献。德国是对啤酒酿造有突出贡献的国家，德国人以自己的啤酒文化的精纯而自豪。德国人酿造啤酒的最早记录出现在公元前800年的“铁器时代”（Hallstatt Period），在今天的Kulmbach地区发现的盛放啤酒用的双耳罐就出自这个时期。古罗马的历史学家Tacitus曾经写道：“日耳曼人喝一种用大麦酿造的酒，与葡萄酒相比非常不一样。”啤酒在这个时期是无法储存的，酒质混浊，也没有什么泡沫。早期文明认为啤酒具有一种超自然的力量，那种陶醉的感觉被认为是有神灵的，而喝下啤酒的人也就拥有了这种魔力。古代德国人不仅仅把啤酒看作是上帝的赏赐，他们也像古埃及人一样出于享乐而酿造啤酒。啤酒曾经在人类历史上扮演了非常重要的角色，它使得人类从游牧生活过渡到农耕，在那个时期啤酒还被认为是非常有价值的食物。欧洲和美国的啤酒虽然在口味和原料使用上有很大的不同，但是酿造方法还是很接近的。19世纪工业革命开始后，蒸汽机的出现大大提高了啤酒的产量，冷却器的发明使啤酒可以整年储存，铁路、海运、航空运输的开拓和发展，使啤酒在更短时间内运往世界各地，复杂的电子设备完成配制、酿造过程，使啤酒的品质更加稳定、品种更加多样。

“啤酒”一词最初是德文的“bier”，而不是现在世界多使用的英文“beer”。据《汉语大字典》记载，啤酒为“德文bier的音译兼意译”。1897年，德国人占领青岛后，“bier”一词开始在青岛广泛使用。到了1903年，英国和德国商人在青岛创办了中国首家啤酒厂“日尔曼啤酒公司青岛股份公司”。当时的市民以及商家便把德文的“bier”译为“皮酒”，确定了“啤酒”的汉语读音。因为“啤酒”有益脾之功效，故青岛人把“皮酒”又称作“脾酒”，表示常喝“脾酒”可以达到养肝益脾之功效。至于“啤酒”一词中的“啤”字，最早流行于青岛民间。按照《胶澳志》里面的说法：“‘麦酒’俗称‘啤酒’。”而在1922年2月15日出版的《青岛概要》中，也开始出现有“啤酒”字样，并逐渐在国内流行。

二、啤酒的分类

（一）根据啤酒色泽分类

1. 淡色啤酒

淡色啤酒又分为淡黄色啤酒、金黄色啤酒和棕黄色啤酒。

2. 浓色啤酒

酒色呈深红褐色或黑褐色的啤酒。德国的慕尼黑啤酒、丹麦的卡尔斯伯啤酒、香港的生力啤酒属此类。其特点是杀口力强、回味醇厚、有突出的麦芽香。

（二）根据原麦汁浓度分类

1. 营养啤酒

原麦汁浓度2.5°～5°，酒精含量0.5%～1.85%，适合妇女、儿童饮用，又称儿童啤酒。

2. 佐餐啤酒

原麦汁浓度4°～9°，酒精含量1.2%～2.5%，有较爽快的酒花香味和苦味。

3. 储藏啤酒

原麦汁浓度10°～14°，酒精含量3.2%～4.2%，色泽浅、泡沫丰富、细腻、有酒花清香、柔和爽口。

4. 高浓度啤酒

原麦汁浓度在13°～22°，酒精含量3.5%～5.5%，酒精含量高、苦味轻、甜味稍重、浓醇爽口。

（三）根据生产方式分类

啤酒生产中首先将大麦经发芽处理，烘干除去麦根后将麦芽粉碎，加入糊化的米浆中进行糖化处理，将糖化后的麦汁过滤加入酒花进行发酵，然后过滤装瓶。经杀菌制成的为熟啤酒；如不杀菌装桶即为生鲜啤酒。

1. 鲜啤酒

鲜啤酒保留了酒的酵母菌，不经巴氏杀菌便分装供应市场，味道鲜美，风味最佳，但不耐储存。

2. 熟啤酒

经巴氏杀菌，保存期长。瓶装、听装属此类。熟啤酒稳定性较生啤酒好，易储存。但开盖的熟啤酒在常温下不易储放过夜。

3. 纯鲜啤酒

是利用硅藻土过滤机及微孔过滤器，把啤酒中的酵母或其他微生物全部除去的啤酒制品。纯鲜啤酒不但能保持啤酒的固有风味，并能在较高的温度下长期储存。

三、啤酒在食品加工中的应用

（一）啤酒的特征性成分

啤酒是以大麦为原料，在大麦发芽后加入精制的啤酒花，经过糖化发酵酿制而成的含有二氧化碳气体及丰富泡沫的酒精性饮料。啤酒中含有易为人体吸收的17种氨基酸和12种维生素。啤酒具有的独特苦味来自于啤酒花中的苦味成分以及在酿造中某些成分经过化学变化而生成的苦味物质。经分析，啤酒中大约有30多种不同种类的苦味物质，其中最主要的苦味物质有以下三种。

1. 甲种苦味酸

甲种苦味酸在新鲜的啤酒花中含量为2%～8%。这种苦味酸具有强烈的苦味和很强的防腐能力，在啤酒中的苦物质中占85%。

2. 异甲种苦味酸

异甲种苦味酸是啤酒花与麦芽汁在煮沸过程中，啤酒花中的甲种苦味酸有一半发生异构，从而形成异甲种苦味酸。这种异构化了的甲种苦味酸比未发生异构的甲种苦味酸更易溶解于麦芽汁中，它是啤酒中最重要的苦味物质。

3. 甲种苦味酸的氨化衍生物

这种苦味物质是由于酒花在储存期间，由甲种苦味酸自动氧化而形成的，它是陈酒花的正常成分之一，苦味较强。

啤酒独有的特征性成分及丰富的营养使其不但是一种清凉解暑的佳酿，还是食品加工与烹饪中常用的酒味调味品，赋予食品特殊的风味。

（二）啤酒在食品加工与烹饪中的作用

烹调中用生啤酒为多。烹调鱼类、肉类等菜肴时，如用啤酒调味，不但可以除膻增香，而且风味别具一格。如果将生啤酒与淀粉拌匀后，拌和在肉丝、肉片之中，用于上浆，这时生啤酒中的蛋白酶将发挥其作用，起着一种肉类嫩化剂的作用，烹制成的肉类或鱼类的肉质会非常鲜嫩。

在制作面包、发面饼或其他发酵面点时，在面粉调和时加入些生啤酒，可以利用生啤酒中的酵母菌帮助面团发酵，制成的发酵面点不但酥松，而且风味别致。做葱油饼时在面粉中加入一些啤酒，做出的饼既脆又香，还会溢散出肉的鲜香味。

啤酒焖牛肉是英国名菜，用啤酒代水烧煮牛肉，肉嫩质鲜，异香扑鼻。

制作清蒸鸡时，先将洗净的白条鸡放入加有20%啤酒的水中浸泡20min，然后再按常法蒸煮，则鸡肉嫩爽，味道纯正。

因为在啤酒中除了含有一定量的乙醇外（一般乙醇含量为3%～4%），还含有啤酒所特有的香味、苦味等特征性成分，所以烹调肉类、禽类、蛋类、鱼类等菜肴时，用啤酒代替传统的黄酒进行调味，不但可以达到去除腥膻、增香和味的作用，而且风味别具一格。

随着食品工业及烹饪业的不断研究发展，啤酒在烹调中的应用将会越来越广。

啤酒的使用量与黄酒近似。其使用量多少原则可参见黄酒的使用量。

（三）啤酒在不同味型中的应用

啤酒在各种味型中的应用广泛，并无多大限制，尤其在西餐中应用得较多。啤酒在烹饪中的参考用量见表6-4。

表6-4　啤酒在烹饪中的参考用量

菜　名	地　域	啤酒用量/g	口味特点
啤酒扒牛肉	意大利	150	里脊嫩肉，色泽棕红，酒香诱人
啤酒烩牛肉	比利时	350	牛肉味道鲜美，香气扑鼻
啤酒焖鸡	意大利	250	鸡肉软烂，酒香浓郁
啤酒蒸鸭	意大利	250	肉嫩汁鲜，味美可口
啤酒焖鱼	意大利	250	鱼肉鲜美，风味别具一格
啤 酒 汤	法国	1000	浓稠不腻，芳香可口
牛奶啤酒汤	爱沙尼亚	100	甜凉适口，有浓郁的啤酒芳香
啤酒汽锅鸡	中国	250	清汤见底，酒香，味醇
啤酒鲶鱼	中国	100	汤美肉嫩，啤酒味浓
啤酒炖牛腩	中国	50	汤浓味美，营养丰富
啤酒羊肉汤	法国	60	肉烂、味鲜

注：原料净重以500g计

第五节　葡　萄　酒

一、葡萄酒的起源、历史与发展

葡萄酒是自然发酵的产物，葡萄果粒成熟后落到地上，果皮破裂，渗出的果汁与空气中的酵母菌接触发酵便产生了葡萄酒。人类的远祖尝到这种自然的产物后便进行模仿制得葡萄酒。据史料记载新石器时代（约公元前 8000 年）濒临黑海的外高加索地区、土耳其、黎巴嫩、叙利亚、格鲁吉亚和亚美尼亚，都发现积存的大量的葡萄种子，说明当时葡萄不仅仅用于吃，更主要的是用来榨汁酿酒。多数史学家认为，葡萄酒的酿造起源于公元前 6000 年古代的波斯，即现今的伊朗。对于葡萄的最早栽培，大约是在 7000 年前始于外高加索、中亚细亚、叙利亚、伊拉克等，后来传至埃及、希腊、罗马等国家和地区。在尼罗河河谷地带，从发掘的至今已有五千多年的墓葬群中，考古学家发现一种底部小圆、肚粗圆、上部颈口大的土陶罐，是古埃及人用来装葡萄酒的容器；浮雕中还清楚地描绘了古埃及人栽培、采收葡萄、酿制葡萄酒过程和饮用葡萄酒的情景。此外，埃及古王国时代所出品的酒壶上，也刻有伊尔普（埃及语，即葡萄酒的意思）一词。西方学者认为，这才是人类葡萄与葡萄酒业的开始。希腊是欧洲最早开始种植葡萄与酿制葡萄酒的国家，葡萄酒不仅是日常生活中不可缺少的一部分，还是他们璀璨文化的基石。在希腊荷马史诗（Iliad 和 Odyssey）中就有很多关于葡萄酒的描述。古希腊爱琴海盆地有十分发达的农业，人们以种植小麦、大麦、油橄榄和葡萄为主，而大部分葡萄果实用于酿酒。在迈锡尼人（Mycenaen）时期（公元前 1600～公元前 1100 年），希腊的葡萄种植已经很兴盛，葡萄酒的贸易范围到达埃及、叙利亚、黑海地区、西西里和意大利南部地区。

葡萄酒不仅是贸易的货物，也是希腊宗教仪式的一部分，狄俄尼索斯（Dionysos）神是希腊的葡萄酒神，意味着快乐的生活、游戏与盛大的节日。公元前 6 世纪，希腊人把葡萄通过马赛港传入高卢（现在的法国），并将葡萄栽培和葡萄酒酿造技术传给了高卢人。在公元 1 世纪时葡萄树遍布整个罗纳河谷（Rhne Valley）；2 世纪时葡萄树遍布整个勃艮第（Burgundy）和波尔多（Bordeaux）；3 世纪时已传至卢瓦尔河谷（Loire Valley）；在 4 世纪时出现在香槟区（Champagne）和摩泽尔河谷（Moselle Valley），高卢人很快地爱上葡萄酒并且成为杰出的葡萄果农。巴克斯（Bacchus）是罗马的葡萄酒神。罗马人从希腊人那里学会了葡萄栽培和葡萄酒酿造技术后，在意大利全面推广葡萄酒。葡萄酒是罗马文化中不可分割的一部分，曾为罗马帝国的经济做出了巨大的贡献。随着罗马帝国势力的慢慢扩张，葡萄和葡萄酒又迅速传遍法国东部、西班牙、英国南部、德国莱茵河流域和多瑙河东边等地区。公元 4 世纪初（公元 313 年）罗马皇帝君士坦丁（Constantine）正式公开承认基督教，在弥撒典礼中需要用到葡萄酒助长了葡萄树的栽种。当罗马帝国于公元 5 世纪灭亡以后，分裂出的西罗马帝国（法国、意大利北部和部分德国地区）的基督教修道院详细记载了关于葡萄的收成和酿酒的过程。葡萄酒在中世纪的发展得益于基督教会。圣经中几百次提及葡萄酒。葡萄酒扮演着重要的宗教角色，基督教把葡萄酒视为圣血，教会人员把葡萄种植和葡萄酒酿造作为工作，葡萄酒随传教士的足迹传遍世界。

公元768～814年统治西罗马帝国（法兰克王国）的加洛林王朝的“神圣罗马帝国”皇帝查理曼（Charlemagne）的权势也影响了此后的葡萄酒发展。著名的勃艮第产区的“可登-查理曼”顶级葡萄园（Grandcru Corton-Charlemagne）曾经一度是他的产业。法国勃艮第地区的葡萄酒，可以说是法国传统葡萄酒的典范。勃艮第地区出产的红酒，则被认为是最上等的佳酿。此期间葡萄栽培和葡萄酒酿造技术传入南非、澳大利亚、新西兰、日本、朝鲜和美洲等地。哥伦布发现新大陆后，西班牙和葡萄牙的殖民者、传教士在16世纪将欧洲的葡萄品种带到南美洲，在墨西哥、加利福尼亚半岛等地栽种。17、18世纪前后，法国便开始雄霸了整个葡萄酒王国，波尔多和勃艮第两大产区的葡萄酒始终是两大梁柱，代表了两个主要不同类型的高级葡萄酒：波尔多的醇厚和勃艮第的优雅，成为酿制葡萄酒的基本准绳。19世纪中期，有人利用嫁接的技术将欧洲葡萄品种植在美洲葡萄植株上，利用美洲葡萄的免疫力来抵抗根瘤蚜的病虫害。至此美洲和美国的葡萄酒业才又逐渐发展起来，现在南北美洲都有葡萄酒生产，著名的葡萄酒产区有阿根廷、加利福尼亚与墨西哥等地。1866年，巴斯德了发现了酒精发酵的实质，发明了巴氏消毒法，并开始对葡萄向葡萄酒的转化过程进行控制，从而诞生了科学的葡萄酒工艺学。也正是由于巴斯德的工作，才诞生了现代微生物学。所以葡萄酒虽然是自然赐予人类的礼物，但现代葡萄酒则凝聚了人类辛勤工作的结晶。在20世纪的六七十年代开始，一些酒厂和酿酒师开始在全世界找寻适合的土壤、相似的气候来种植优质的葡萄品种，改进酿造技术，使葡萄酒事业兴旺起来。尤其美国、澳洲采用现代科技开创葡萄酒世界新潮流，葡萄酒生产倾向于工业化生产。相比之下，欧洲种植葡萄的传统更加悠久，绝大多数葡萄栽培和酿酒技术都诞生在欧洲，如法国、德国、意大利、西班牙和葡萄牙等国家，葡萄酒生产倾向于手工酿制。目前为止，葡萄酒产量仍由欧洲最多，其中又以意大利为世界第一。每年都有大量葡萄酒出口到法国、德国和美国，出口量居世界首位。

二、葡萄酒的分类

根据国际葡萄与葡萄酒组织的规定（OIV，1996），葡萄酒只能是破碎或未破碎的新鲜葡萄果实或葡萄汁经完全或部分酒精发酵后获得的饮料。传统葡萄酒酿制工艺的主要过程为原料采摘、破碎、压榨、取汁、调汁、发酵、换桶、储酒等阶段。由葡萄转变成酒到装瓶饮用，根据酒种不同，一般是半年到数十年。作为珍品的葡萄酒，可长达数百年。自成酒到饮用，这段时间称为“陈酿”。陈酿过程包括澄清处理、桶存、过滤、装瓶和瓶储等许多过程，是酒向醇和、协调、丰美转化的重要过程。一般说，干白佐餐葡萄酒，为获得新鲜的果香以及醇和、爽口的美感，陈酿半年时间即可使用，但最佳是瓶储半年以上，总陈酿期为1年以上。干红佐餐葡萄酒为获得协调的酒香、果香及醇厚而傲涩的味感，则需要较长的陈酿期，一般最少在1年半以上。高档干酒为获得优美浓郁的酒香、协调丰硕的风味和舒适的口味，陈酿要在5年以上，浓甜葡萄酒更应如此。所以葡萄酒的种类不同，其陈酿后熟的时间有较大差异，其品质和档次也存在较大区别。

（一）按葡萄来源分类

按葡萄来源可分为家葡萄酒和山葡萄酒两大类。家葡萄酒是用人工培植的葡萄酿成，山葡萄酒是以野生葡萄为原料酿制而成。

（二）按葡萄汁含量分类

按葡萄汁含量分类可分为全汁葡萄酒和半汁葡萄酒。全汁葡萄酒中除酒精、糖分等成分外，其余是葡萄汁；半汁葡萄酒中除酒精、糖分及50%的葡萄汁外，其余为辅料。一般高档葡萄酒均为优质葡萄全汁酒，半汁酒是低档葡萄酒。

（三）按酿造方法分类

按酿造方法分类可分为天然葡萄酒、加强葡萄酒、葡萄蒸馏酒和起泡葡萄酒。天然葡萄酒完全由葡萄汁发酵制成；加强葡萄酒添加了白兰地或酒精；葡萄蒸馏酒是用葡萄原酒或发酵后经压榨的葡萄渣蒸馏而得；起泡葡萄酒是经发酵或人工充入二氧化碳而成。

（四）按葡萄酒色泽分类

按葡萄酒色分泽分类可分为红葡萄酒和白葡萄酒。红葡萄酒酒色深红、鲜红或呈红宝石色；白葡萄酒酒色呈淡黄色或金黄色。

（五）按含糖量多少分类

按含糖量多少分类可分为干葡萄酒、甜葡萄酒、半干葡萄酒和半甜葡萄酒。干葡萄酒糖含量小于4mg/L；甜葡萄酒含糖量大于50mg/L；半干葡萄酒含糖量为4～12mg/L；半甜葡萄酒含糖量为12～50mg/L。

（六）按葡萄酒的食用方法分类

按葡萄酒品质及饮用方法分类可分为佐餐葡萄酒、餐后葡萄酒和调和葡萄酒。

三、葡萄酒的营养保健作用

葡萄酒是一种滋味美好的饮料，含有糖类、果胶质、醇类、有机酸、矿物质、微量元素、氨基酸和多种维生素，具有很高的营养价值和保健作用。我国古代医学就认为葡萄酒具有滋补、强身、美容、助消化作用，《本草纲目》记载葡萄酒“暖腰肾，驻颜色，耐寒”。

红葡萄酒中的单宁，具有调整肠道平滑肌纤维的收缩性、调整结肠的功能，对结肠炎有一定疗效。甜白葡萄酒中含有山梨醇，有助于胆汁和胰腺的分泌，因此可以助消化，防止便秘。

葡萄酒中含有多不饱和脂肪酸，能防止胆固醇沉积，预防动脉硬化。葡萄酒中含有原花色素成分，对人体心血管病的防治起重要作用。葡萄酒中含有丰富的白黎芦醇，促进脂类及花生四烯酸代谢，具有抗血小板凝聚、抗炎、抗过敏、抗血栓、抗动脉粥样硬化等作用，对冠心病、缺血性心脏病、高血脂症具有一定的防治作用；白黎芦醇还具有抗氧化、清除自由基作用，抑制肿瘤的发生。

适量饮用葡萄酒可增进食欲，防止人体内某些病菌的繁殖。所以葡萄酒是食用海味、生吃蔬菜时不可缺少的饮料。

总之，葡萄酒具有调节人体新陈代谢、促进血液循环、激发肝功能和防止衰老等多方面保健功能，是一种可以长期适量饮用的健康饮品。

四、葡萄酒在食品加工中的应用

（一）葡萄酒在食品加工与烹饪中的作用

西餐中常使用葡萄酒对菜肴进行去腥调香，特别是烹制以动物性原料为主的菜肴时，使用少量的葡萄酒可使原料中的血腥味、乳臭味、腥味大为减少。例如，用鱼肉、羊肉、兔肉、猪肉等制作各种菜肴时，加适量红葡萄酒，或将原料在葡萄酒中浸泡一段时间，做出的菜肴不但无腥、膻等异味，而且奇香扑鼻。尤其是加工动物内脏时，用葡萄酒调味，会收到极佳的矫味效果。又如在烤鸡肉串和炒鸡杂时添加葡萄酒，可去除原料中的不良气味，使之更加可口。葡萄酒对于除去不新鲜原料的异味也有明显效果。此外，使用白葡萄酒可除去鱼的土腥味。在西餐的多种菜肴中都添加葡萄酒使菜肴味道更鲜美。添加葡萄酒的时间最好在加热过程中，随着加热的进行，葡萄酒中的乙醇挥发，留下大部分葡萄酒所特有的香气成分，而不会给菜肴带来酒臭味。但注意菜肴加热时间不宜过长，否则会导致香气成分逸散，使菜点芳香风味明显减弱。此外，在西餐用的辣酱油中，加入一定量的葡萄酒，不但调和诸味，还起到增加光泽和美化的作用。

（二）葡萄酒的使用量

葡萄酒中的酒精含量是影响其使用量主要因素。一般葡萄酒的酒精含量15%左右，所以葡萄酒的用量一般每500g烹饪原料不宜超过100mL。

（三）葡萄酒在不同味型中的应用

在菜肴中或其他食品中加入葡萄酒调味源于西式烹饪，中式菜肴应用的不多。具体应用范例见表 6-5。

表 6-5　葡萄酒在西餐中的应用情况

菜　名	葡萄酒	用量/g	口味特点
煎仔牛肉	白	50	肉鲜嫩，少司奶香味浓
炸鸡腿	白	25	外焦脆，肉质细嫩
炒意大利南瓜	白	100	鲜咸、微酸、利口
炸鱼条	白	5	外焦里嫩，酸咸香鲜适口
煎鱼柠檬黄油少司	白	50	鲜香，酒香，酸咸
俄式牛肉丝	红	15	浓香，酸咸
红酒汁焖猪排卷	红	100	浓香，酒香，微咸
莳萝烩海鲜	白	30	鲜香，间有莳萝的香味
酒烧鸡翅	白	150	酒香味浓，鸡翅软烂
法式洋葱汤	白	250	葱香，褐色
酥皮烤牛里脊	红	30	外酥里嫩，浓香

注：原料净重以 500g 计

第六节　香　　糟

香糟是在新鲜米酒糟（指滤除黄酒或米酒后剩余的残渣）中加入炒熟的麸皮和茴香、花椒、陈皮、肉桂、丁香等香料（也可选用其中 1 或 2 种香料）后入坛层层压实，密封 3～12 个月而制成的具有特殊香气的酒类调味品。

香糟的香味很浓郁，带有一种诱人的酒香，醇厚柔和。香糟的香气主要来自于酯类，如乙酸乙酯、丙酸乙酯、异丁酸乙酯等。

一、香糟分类

香糟按颜色可分为白糟和红糟两类。白糟即普通的香糟，呈白色至浅黄色；红糟是其中含有一定的红曲色素成分的香糟，颜色分为红玉色与枣红色。此外，还有用新鲜的黍米黄酒的酒糟加 15%～20%炒熟的麦麸及 2%～3%的五香粉制成的特殊香糟，风味别具一格。

二、香糟在食品加工与烹饪中的应用

（一）在食品加工与烹饪中的作用

香糟中因含有少量的酒精成分，在烹饪中主要用来增香和调香，还可起到一定的去腥除膻作用。香糟可用于熘、爆、炝、炒、烧、蒸等多种烹饪技法，以烹制动物性原料为主，用于植物性原料不多。如香糟扣肉、香糟鲫鱼、糟蛋、糟熘白菜、糟鸭等。红糟还可起到美化菜肴色泽或增色的作用。生熟原料均可使用香糟。熟糟是先将煮熟后的原料放入坛内，加入香糟或香糟卤以及食盐，密封坛口，经数日便可开坛取出食用，如糟鸡、糟鱼等；所谓生糟就是将用食盐腌制过的未加热成熟的原料，浸入香糟中（有时也可直接将生的原料浸入香糟中）腌制数日后，取出原料，调味蒸熟食用，如糟青鱼块、糟鸡等。

（二）香糟在不同味型中的应用

香糟用于调味可赋予食品与菜肴特殊的糟香，与其他调味品配合使用，可组成多种味型。香糟在常见味型中的应用范例见表 6-6。

表 6-6　香糟在常见味型中的应用

味型	辅助味	主味调味品	辅助调味品	菜例	烹调方法	地域
咸鲜	香、香辛	香糟 15g，盐 7g，清汤 500g	绍酒 25g，葱丝 15g，姜丝 5g，五香粉 1.5g，香油 50g	糟油口条	腌	鲁
	葱香	香糟 20g，盐 4g，清汤 150g，奶汤 100g，味精 2g	姜汁 5g，葱油 300g（实耗 50g）	糟煎茭白	煎靠	鲁
咸酸	葱香	香糟 15g，醋 15g，盐 5g，味精 2g	清汤 175g，绍酒 15g，葱油 7g，葱、姜、蒜末各 5g，湿淀粉 6g，猪油 50g	糟煎大肠	煎	鲁
咸甜	麻、香	红糟 15g，花椒盐 5g，白糖 10g	味精 1g，料酒 15g，香油 15g，五香粉 1g，葱、姜末各 5g	拉糟鱼块	炸	闽
	鲜、香	红糟 50g，白糖 15g，盐 3g	虾油 30g，料酒 20g，五香粉 1.5g，姜末 2g，蒜头 15g，味精 2g，上汤 250g，香油 10g，花生油 500g（约耗 50g）	爆糟肉	爆	闽
酸辣	鲜、甜、咸、香	白醋 20g，盐 6g，辣椒 15g	红糟 40g，白糖 10g，高粱酒 10g，味精 2g，五香粉 1g	红糟鸡	拌	闽

第七章　香辛调味料

第一节　概　　述

一、香辛调味料的历史

所谓香料，指的是豆蔻、胡椒、丁香等调味品。香料贸易是古代十大暴利贸易之一。在世界历史中，香料直接与战争、贸易线路、美洲的发现、教皇的法令、医疗、化妆品制作和宗教仪式有关，与食品加工及烹饪的关系就更为密切。至少在5000年前，我国的神农氏就记述生姜、中国肉桂（cassia）、大茴香（aniseed）和姜黄（turmeric）的药用功能。神农氏还建立了香料市场，他的长寿被归功于他在食物中使用了大量的香料。公元前550年的孔子不但主张“食不厌精，脍不厌细”，还告诫他的门徒“不得其酱，不食”即不食用使用香料不当的食物。

大约与孔子同时，阿拉伯世界与印度之间就存在香料贸易了。位于印度马拉巴尔海岸（Malabar Coast）的香料港口，香料贸易非常火爆，交易的香料品种有：小豆蔻（cardamom）、生姜、姜黄、胡椒、芝麻（sesame）和孜然芹果（cumin）。阿拉伯除了自己生产乳香（frankincense）外，也从其他地方购买香料，比如，从斯里兰卡购买肉桂（cinnamon），从东印度群岛（East Indies）购买肉豆蔻（nutmeg）和丁香（clove），从东非购买没药（myrrh）。香料的贸易线路长而险峻，从加尔各答（Calcutta，印度东北部的港口城市）出发，用骆驼商队驮运；或者由海路从波斯湾（Persian Gulf）出发。阿拉伯人对这个能带来巨大利益的行业珍视有加，对香料产地守口如瓶，甚至编造出一些奇异荒谬的故事来隐藏它们的行踪。当时阿拉伯商人进行香料贸易的地方有埃及、波斯、阿富汗以及整个地中海（Mediterranean）地区，从那里可以进入欧洲。

希腊人喜欢清淡简朴的食物。哲学家伊壁鸠鲁（Epicurus）认为尽管欢乐是生命的目的，但食物应俭朴、欢乐应有度。“美食家（epicurean）”一词就源于他的名字。在古希腊和罗马，香料被认为是极有价值、极其重要的，几乎所有的东西都添加香料，并有将香料用于美容和医药的记载。在罗马帝国向整个欧洲拓展的过程中，罗马人也将他们的香料带到了欧洲各地，虽然罗马帝国没落了，但他们却留下了丰富的香料遗产。公元前408年，在西哥特人（Visigoth）封锁罗马时，一个俘虏的赎金就是 3000 磅[①]胡椒。在欧洲，香料文化曾一度失落，直到 12 世纪，十字军从巴勒斯坦回来时，才开始了香料的新贸易。

威尼斯和热那亚因为投资香料贸易而变得富有，也正因为香料的高额利润，意大利文艺复兴才得以产生和发展。中世纪的烹饪技法关键所在就是所有食物都必须加香料，而且色泽浓郁。而当时香料价格昂贵，一匹马和 1 磅藏红花粉（saffron）等值，而 1 磅生姜可换一只羊，一头牛只能换两磅肉豆蔻（mace）。胡椒价格甚至以单个干胡椒粒（peppercorn）计量。胡椒可以充当货币来交税交租。

13 世纪初，阿拉伯世界仍然控制着香料的贸易，香料价格昂贵。欧美都在寻找通往远东的新路线，以便绕过阿拉伯商人。马可波罗（Marco Polo）从威尼斯出发，25 年后返回时，他不但从中国元朝皇帝忽必烈那里带回大量的钱财、珠宝，还带回了梦寐以求的香料。由于威尼斯和阿拉伯世界的贸易协定，不但使香料价格居高不下，威尼斯人也因此聚敛了大量的财富。欧洲人无法打破他们的垄断局面，便开辟新的航线，寻找香料的生产地。被称为“航海家亨利”的葡萄牙王子资助装备了一个远征探险队，环绕着非洲航行并找到了通往印度洋的航线。这是比较原始的航行，航线总在可看到陆地的视线范围之内。到 1480 年，葡萄牙人学会了逆风行驶，绕非洲航行并进入印度洋。他们于 1497 年到达了印度。但西班牙已赶在葡萄牙人前面到达了印度。受雇于西班牙的意大利人克里斯托弗·哥伦布（Christopher Columbus）不绕道非洲，而是向西直接进入一片未知海域（大西洋）。哥伦布于 1492 年出发，三个月后到达了西印度群岛，到达了美洲。他从西印度群岛带回了众香子（allspice），从墨西哥带回了红辣椒，又从中美洲带回了香草。上述两条航线几乎同时被发现，香料贸易战也便相继而来。西班牙和葡萄牙都采用多种手段来干涉相互间的香料贸易。罗马教皇不得不将世界划分为两个香料贸易区：西班牙可以利用大西洋中可想像到的任何航线向西，而葡萄牙则向东。

为了寻找到达摩鹿加群岛（Moluccas）和班达斯岛（the Island of Bandaas）的另一条航线，受雇于西班牙的葡萄牙人麦哲伦（Magellan）带领 5 艘船和 200 多名水手向西进发，去寻找丁香（clove）和肉豆蔻（mace）。

随后，英国和荷兰开始大规模的进军香料市场。荷兰人创立了荷兰东印度公司（Dutch East India Company）直接和印度做香料生意，而英国则资助弗朗西斯·德瑞克（Francis Drake）航行，找到了另一条通往中国的航线。为了争夺贸易路线，英国和西班牙爆发了战争。西班牙舰队战败，英国则成立了东印度公司（East India Company）。1658 年，为争夺锡兰（Ceylon，现斯里兰卡）的肉桂贸

① 1 磅=453.59g，后同。

易，荷兰人与葡萄牙人开战，并打败了葡萄牙人，在马拉巴尔（Ma labar）海岸和爪哇（Java）增加了运输胡椒的港口。一直到1690年，荷兰人都垄断着丁香的市场。甚至将阿巴亚岛（Aboyna）以外的其他岛上的丁香树全部烧掉。直到法国人想方设法从阿巴亚岛上偷出成熟的种子并在法国殖民地上将其种植成功，才得以打破这种垄断。18世纪末，英国人把荷兰人从印度驱逐出去，伦敦一度成为世界香料贸易的中心。美国独立战争胜利之后，美国人很快进入了印度，英国的垄断在还没有真正形成之前就被击溃了。

经历了几百年血雨腥风厮杀的香料贸易，如今已恢复了它应有的温馨与芳香。香料的种植和分布几乎遍布全球，肉豆蔻不再是摩鹿加群岛的主要栽培植物，在北美洲格林纳达（Grenada）的西印度群岛已有大规模种植，墨西哥的辣椒已在印度茁壮成长，加拿大成为世界上最大的芥末产地。人们不必再为香料而寻找新航线，也不再为它们而进行战争，在超市里几乎能买到你所需要的任何香料。

二、香辛调味料的概念

（一）广义概念

是指被称为香料、香原料的并具有挥发性能用于配制香精的一类芳香物质。按其来源可分为天然香料和人造香料。

（二）狭义概念

是指能够赋予食品香、辛、麻、辣、苦、甜典型气味的可食用的香料植物（flavor）。

香辛调味料由于具有强烈的赋味特性，又简称为香辛料（spice），原产温带地区的，又多称为烹调香草（culinary herb），或简称为香草（herb）。在实际应用中，香辛料与香草已无严格区别。我国大多数传统中草药，具有药食兼用特性，用之调味时民间习惯称之为香药料、卤料、佐料、小材料等。美国香辛料协会（American Spice Association）认为“凡是主要用来做食品调味用的植物，均可称为食用香料植物”。

三、香辛调味料发展趋势

国际标准化组织（ISO）发现食用香料植物和调味香辛料之间并无明显的差别，故将这两个名称的含义都定义为用于食品赋香调味的天然植物产品或混合物，或者使用整个植物，或者使用植物的粉末产品。目前国外对加工的香辛料及其制品的开发与应用已达到较高水平，其产品主要有灭菌粉末香辛料（sterilized ground spice)、复合香辛调味料（spice blends seasoning)、香辛料精油（spice oil)、油树脂（oleoresin)、香精（essence)、香辛料乳液（spice emulsion)、香辛料煎液（spice decoction)、分散的香辛料（dispersed spice)、胶囊化香辛料(encapsulated spice）及速溶香辛料（soluble or instant spice)。而目前国内市场除有粉碎香辛料（如胡椒粉)、复合香辛料（如五香粉）及少量香辛料精油（如芥末油）外，其他产品极少甚至处于空白。由于食品加工技术的进步，现代分离重组技术如超细粉碎技术、挤出技术、微波萃取技术、超临界流体萃取技术等应用的越来越广泛，香辛料微细粉、香精、精油等产品具有良好的应用前景和发展趋势，这些产品具有卫生、呈香味物质浓度高、稳定性好、不易氧化变质等优点，而且使用方便，易于储运。

四、香辛调味料分类

国际标准化组织（ISO）成员国于 1970 年国际食用香料植物会议上认可并允许在食物中添加的香辛调料有 70 余种。据不完全统计，我国已发现的野生香料植物和栽培品种共有 60 多科，400 余种，其中，香辛调料占有相当数量和重要地位。客观、准确地对香辛调料进行分类，是开展系统研究、进一步开发利用的重要基础。

1. 按植物的科属分类

香辛调料分别属于唇形科、伞形科、姜科、樟科、十字花科、桃金娘科、百合科、茄科、胡椒科、兰科、豆科、漆树科、石榴科、白花菜科、毛莨科、柏科、肉豆蔻科、罂粟科、鸢尾科、木兰科、天南星科、菊科、番茄科等 20 余科。如辣根属十字花科，大蒜属百合科，茴香属伞型科。

2. 按取用部位分类

丁香是取用花蕾，当归、白芷是取用根，花椒、胡椒、大料是取用果实等。香辛调味料按取用的植物部位分类情况见表 7-1。

表 7-1　香辛调味料按取用部位分类

取用部位	常用或常见香辛调味料
花蕾	丁香
柱头	番红花
果实	胡椒、小茴香、八角、莳萝
果荚	香荚兰
种子	芹菜、豆蔻、白芥子、胡芦巴
假种皮	肉豆蔻

续表

取用部位	常用或常见香辛调味料
根	当归、白芷
地下茎	姜、姜黄、高良姜、山柰
叶及茎	薄荷、留兰香、月桂叶、鼠尾草
鳞茎	洋葱、大蒜、百合
树皮	川桂皮、中国肉桂

3. 按呈香的成分分类

丁香含丁香酚、薄荷含薄荷醇、月桂叶含桉叶醇等。香辛调料按呈香成分不同分类情况见表 7-2。

表 7-2　香辛调味料按呈香成分不同分类表

主要呈香成分	香辛调料举例
含桉叶油素和桉叶醇	月桂、迷迭香
含丁香酚	众香子、丁香
含百里香酚和香荆芥酚	百里香、甘牛至
含甲基黑椒酚	甜罗勒、茵陈蒿
含侧柏酮	鼠尾草
含薄荷醇和香芹酮	薄荷、留兰香

4. 按固有气味分类

香辛调味料均含有特异性典型气味的呈味物质，刺激味蕾和嗅觉细胞，使人产生不同的味觉和嗅觉感受。但目前还没有一套完整、科学的量化标准来准确地描述味觉、嗅觉的感受，只能按传统习惯将其在气味上分类。根据香辛调味料固有的特征气味分类，见表 7-3。

表 7-3　香辛调味料按其固有的特征气味分类表

气味	香辛料示例	气味特征
酸香	柠檬	果皮芳香、果汁极酸
甘甜	肉桂	具刺激性甘味
	甘草	具浓厚甘甜味
苦香味	砂仁	气芳香浓烈、辛凉、微苦
	胡芦巴	香气浓郁、略苦
	洋苏叶	气芳香味较苦

续表

气味	香辛料示例	气味特征
辛辣味	辣椒	具芳香和强烈辛辣味
	姜	特殊芳香辛辣
	胡椒	特异香气和浓厚辛辣
麻味	花椒	微甜、辛温香麻
五味俱全	五味子	其味酸咸苦辛甘皆全，其皮肉甘、酸，核中辛、苦，都有咸味
芳香	多香果	具肉豆蔻、丁香、肉桂、胡椒等混合香气
	丁香	香气浓郁，微带辣味感
	莳萝	强烈似茴香气味

五、香辛调味料的特点

（1）香辛调味料都具有典型滋味或香气（特征性气味）。例如，葱、姜、蒜、洋葱、芥末、辣椒等均具有辛辣味，但人们能够通过味觉来区分它们，也就是说，它们的辛辣气味是各具特点的，具有区别于其他调味料的特征性气味，使人们易于感知并将其区分开来。

（2）绝大多数香辛调味料含有的挥发性物质，是呈味的主要组成成分。如莳萝子中含有香芹酮，小茴香中含有的茴香醇等。

（3）香辛调味料都是采用植物富含呈味物质的部分。如肉桂取用树皮，白芷取用根，胡椒取用果实等。

（4）绝大多数香辛调味料具有一定的药理作用，其中，许多品种为我国传统中药，如八角、花椒、豆蔻、砂仁、白芷、丁香等。

（5）香辛调味料在正常使用量内，对人体健康无损害，还可促进机体某些功能的改善。因此在使用香辛调味料对食品进行调味时，只要不产生异、恶、邪等不良气味，可按生产需要添加。

六、香辛调味料的功能

（一）调配食物口味，给食品增色添香

以一种或多种香辛调味料混合使用可制成不同风味的调味料，使食品具有独特的口味。

（二）抗氧化功能

美国在1938年首先发现丁香具有抗氧化效果，以后又发现黑胡椒、鼠尾草

等多种香辛调料具有抗氧化功能。我国与德国联合对60种药食兼用植物的抗氧化性能进行研究，结果表明，丁香、香薷、小茴香、百合、姜、藿香、香橡、芝麻等具有较强的抗氧化活力，它们可以阻断脂肪自动氧化的链增长与链传递反应，抑制脂肪自动氧化反应的发生，有利于提高肉类、禽类、水产类等富含脂肪的食品原料及食品储存稳定性。

（三）抗菌防腐作用

香辛调味料中含有具有抗菌防腐性能成分，如酸、醛、醇、丙酯、酮、醚、酯等。食品被微生物污染后，会腐败变质，生成黏液，发生变色、变味等现象，使食物失去食用价值甚至产生有毒有害物质，食用时可造成食物中毒。为避免该类现象的发生，实际生产中一方面采用先进的科学的加工工艺，加强卫生管理，同时可加入食品级防腐剂，提高食品的保质期。选择安全性高的天然防腐剂香辛调味料，不仅能防腐保质，而且可以增香赋味。

（四）药疗作用

香辛调料不仅可以调和滋味，而且具有较强的食疗保健作用，在我国中医中药治疗疾病及药膳保健过程中广为利用，收到较好效果。

（1）杀菌作用。如大蒜。

（2）镇咳作用。如海索草、迷迭香。

（3）镇静作用。如大蒜、八角、罗勒、香柠檬、鼠尾草等。

（4）驱风作用。如大蒜、八角、葛缕子、柠檬、芫荽、小茴香、姜、丁香、牛膝草、薄荷、肉豆蔻、牛至、迷迭香、百里香等。

（5）促进胆汁分泌作用。如迭香。

（6）愈创作用。如大蒜、丁香、海索草、洋葱、迷迭香、鼠尾草、百里香等。

（7）清净作用。如柠檬、鼠尾草。

（8）利尿作用。如大蒜、八角、葛缕子、柠檬、小茴香、洋葱、迷迭香、鼠尾草、百里香。

（9）通经作用。如罗勒、肉桂、葛缕子、海索草、薄荷、牛至、迷迭香、鼠尾草、百里香等。

（10）祛痰作用。如小茴香、牛膝草、洋葱、牛至、百里香等。

（11）解热作用。如大蒜、柠檬、姜等。

（12）促进血行作用。如柠檬。

（13）止血作用。如肉桂、柠檬等。

（14）驱虫作用。如大蒜、肉桂、葛缕子、柠檬、丁香、牛至、迷迭香、百里香等。

（15）催乳作用。如八角、葛缕子、小茴香等。

（16）催眠作用。如罗勒、牛膝草等。

（17）清凉作用。如柠檬、橄榄等。

（18）健胃作用。如大蒜、八角、罗勒、肉桂、葛缕子、芫荽、姜、丁香、牛膝草、薄荷、肉豆蔻、洋葱、牛至、迷迭香、鼠尾草、百里香等。

（五）芳香治疗作用

许多香辛料如橘皮、八角、丁香、薄荷、肉桂等的精油能挥发出令人愉快、清鲜、醒脑的香气，具有解除疲劳、恢复体力的作用，有些还具有一定的提神或镇静效果。

第二节　香辛调味料的加工

一、香辛调味料加工方法

1. 香辛调味料直接使用

香辛调味料的原始使用方法是不进行任何加工，直接添加在食品中，这样虽然方便，但存在许多缺点。香辛料中的风味物质必须充分地释放出来，才具有赋香作用，而未经任何加工的香辛料块形较大，在固相体系中呈味成分不易分散或分散不均匀；在液相体系中呈味成分浸提率低。因此有效成分不能充分释放出来，调味效果差，在食品加工时不能得到既明显又协调的调味效果。另外，使用量大、香味不稳定、香气成分易蒸发损失。

2. 香辛调味料传统粉末制品

采用适当的加工机械将香辛调味料研磨成一定粒度的粉末，在食品加工及烹饪过程中直接使用。产品可以是单一调味料粉末，如花椒面、大料粉、白胡椒粉、大蒜粉、姜粉、辣椒粉等；也可以是多种调味料按一定比例调配的复合味调味料，如五香粉、十三香、咖喱粉等。目前这种形式的香辛调味料在家庭、酒店餐饮行业仍占有较大份额。为满足人们对食品味觉与风味的不同要求及追新求异的需要，粉末制品的加工方法及配方一直在不断的改进，各国均有其传统的香辛料制品，如我国的五香粉、印度的咖喱粉等，而即使同一种调味料在不同国家、不同地区因其食物风味风俗不同，配方千变万化，各不相同，综合风味及主体香也存在差异。如河南产十三香和吉林产十三香在用料、配方及芳香风味各方面都有区别。广东用咖喱粉和印度用咖喱粉在配方及风味方面存在差异，自然用其烹制的咖喱鸡块风味就不相同。法国的花束香料是法国菜肴中不可缺少的，常用于煮肉汤和肉羹汁，有去除鱼、肉腥臭味的作用，但它却没有固定的配方（以百里香、月桂叶为主，加上荷兰芹、芹菜等配料调配而成），等等，相似例子不胜枚举。

3. 现代分离重组技术在香辛调味料加工中的应用

随着人们生活水平的提高和节奏的加快，人们不但要求香辛料制品使用方便、卫生，而且还要求其调味效果好、专用性强、有营养或有一定的保健作用。因此目前在工业化食品生产中使用的香辛料中，多用香辛料精加工制品，特别是方便快餐食品及特色食品的快速发展，对香辛调味料精深加工制品提出了更高更新的要求。另外不经任何加工的香辛料或只简单进行粗加工的香辛料，储藏性能差，易被虫蛀和霉变，还存在季节性供应的缺点。因此对不同的香辛料，应选择不同的加工方法进行精深加工，提高其赋味能力、抗菌能力及专用性能。

现代分离重组技术的应用大幅度提高了香辛调味料精深加工程度，为人们提供了许多方便、营养、专业的新、奇、特产品。如采用超细粉碎技术生产的复合五香粉、咖喱粉，分散效果好，呈味力强；采用微波振荡技术处理，不但提高芳香物质的溶出与扩散效果，同时起到杀菌作用，提高产品的保质期；采用超临界流体萃取技术提取的香辛料精油，风味纯正，纯度高，无任何溶剂污染，不但可用于食品加工和烹调，还可用于医药行业。另外真空浓缩、冷冻干燥、分子蒸馏、微胶囊造粒等技术在高品质香辛料浸膏、粉末精油等多种产品的制取方面都可发挥重要的作用。

二、香辛调味料的干制

食用鲜香辛料带有很强的季节性，有的品种从开花到结果或成熟时间很短，甚至在一周内即结束。刚采收的新鲜原料含有较高的水分，不易储藏，需进行干燥处理，而且干燥的原料才有利于粉碎、提取精油、制备浸膏等精深加工。如鲜姜在干燥过程中辛辣成分生姜醇变成辛辣味较弱的生姜酚，但如用鲜原料进行姜油的提取，会使姜油中含有较多的水分，而导致操作上的许多不便。所以姜油的提取也以干姜片为原料。其他如丁香花蕾、肉桂、月桂、辣椒等采摘下来之后，为增加香气，提高储存稳定性也都要进行干燥处理。

1. 干燥前处理

原料在干燥前的储存中，由于酶的作用或发酵作用，对于某些食用香辛植物的加工利用具有重要作用。如香荚兰豆、鸢尾草、芥菜籽、胡椒、苦杏仁等，通过发酵或组织内酶的作用会使其香味成分增加，也可以改进香气。

对各种荚果原料，要在采摘后快速用热水漂烫或在蒸汽中进行短时间的热处理，破坏组织中氧化酶、增加组织的渗透性，同时起到清洗、杀菌、护色作用。如八角在热水中浸泡 3～5min，晒干后可保持八角特有的黄红色。

2. 干燥方法

常用的干燥方法有自然干燥（晒干或阴干），热风干燥，真空干燥，微波干燥、冷冻干燥等。

选择何种干燥方法，要视产地气候条件和生产条件而定，一般在 25～30℃下自然阴干是防止精油损失的好方法，采用红外线照射法干燥香料植物要掌握红外线干燥时水分散失规律，避免高温造成挥发油的损失和外焦里湿现象的发生，严格控制操作条件。热风干燥时要掌握干燥机理，水分蒸发速度要适当。烘干初期，湿香辛料表面的水分蒸发很快，为表面汽化阶段；当水分降到 10%～15%时，水分由香辛料内部向物料表面移动减慢，干燥速度变慢；当香辛料的水分降到 6%以下时，自由水分散失殆尽，水分的蒸发基本停止。在烘干过程中，水分内外扩散过程的配合相当重要。烘干初期，如果水分的外扩散超过内扩散，则湿物料表面硬化生成硬壳，不但阻碍内部水分的继续蒸发，而且降低干燥速度。因此干燥时要定时翻动，防止局部温度过高，加速水分的散失。另外要控制好干燥温度，既不能过高，也不能过低。过高的温度易使原料中风味成分挥发和造成其他有机物的损失，使产品颜色黑褐，产生焦味，影响品质。温度过低，则干燥时间延长，生产效率低，易引起有害微生物的污染，还影响杀菌效果。

月桂在干燥过程中绝不能曝晒于太阳光下，否则会使其叶片变成褐色，且导致大量精油散失，一般经两周的阴干后，即能达到干燥的要求。据报道，在太阳下晒干的薄荷，精油损耗最高可达 24%，而在干燥棚下阴干的薄荷，精油损失为 2%～10%，温度 25～30℃是防止精油过度损失的最佳条件，而且所得精油质量较好。

辣椒的干燥虽可晒制，但在晒制的过程中，绝不能让露水淋湿，否则引起辣椒红色素分解、辣椒退色，红辣椒的色泽将变得十分难看，而且还易发生霉变。

小茴香、芹菜籽、八角、茴香、草果、肉豆蔻、众香子砂仁等采摘后都需干燥处理，具体方法可因地制宜，总之应最大限度地保留其芳香成分或促进芳香成分生成，如就香荚兰豆的脱水干燥来说，干燥程度越高，高沸点香气成分越多，香气越好。另外干燥过程中要尽量减少损失、避免污染。

三、粉状香辛调味料的加工方法

香辛调味料粉末是香辛料的一种传统制品。在我国用量最大的是辣椒粉，以四川、湖南、湖北的生产和使用量最大。传统的粉状香辛调味料一般用干香辛料经焙炒（杀菌、提香）或不焙炒，粉碎或研磨制成粉末状单一香辛调味料或复合型香辛料，粉状香辛调味料具有香气易散发和散发均匀的特点。

（一）工艺流程

1. 传统粉状香辛调味料生产工艺流程

原料→筛选清洗→干燥→粉碎→筛分→香辛料粉末

2. 现代粉状香辛调味料生产工艺流程

原料→筛选→清洗→干燥→粉碎→杀菌→冷却（分离）→调和→包装→检验→制品

（二）操作要点

1. 原料筛选

粉状香辛调味料的原料一般都是香辛植物的茎、叶、花、果、种子、树皮和根等，由于多为自然干燥，易混入杂草、树叶、泥沙和金属等杂质，所以加工前必须进行筛选，去除原料中的砂、土、金属碎屑及其他杂质，可用人工或分选机分选，常用的分选机可根据物料的大小不同、相对密度不同和色彩不同进行分选。

2. 清洗

筛选后的原料用流动水（符合饮用水标准）迅速漂洗 2 或 3 次，以去除其表面黏附的泥土等污染物，不要长时间浸泡，防止有效成分大量流失。清洗后的原料应立即沥干水分，进行干燥处理。

3. 干燥

采用低温烘干法可防止挥发性芳香成分的损失。一般在 25～30℃下自然阴干可防止精油损失。也可采用热风烘干、红外线照射烘干、微波真空干燥等方法。干燥至物料的含水量小于 10%备用。

4. 粉碎

粉碎机有多种多样，选择适合原料物性的粉碎机。物料的硬度、韧性、脆性、含脂率、水分含量及粉碎比是影响粉碎机械选择的关键因素。韧性强的原料宜采用切割式粉碎机械进行粉碎，如万能粉碎机、齿式粉碎机；脆性强的原料宜采用冲击式粉碎机械进行粉碎，如锤式粉碎机、冲击式粉碎机；硬度大的物料适于用轧延式粉碎机械进行粉碎，如辊式粉碎机；含脂率高的物料则不能用轧延式粉碎机械粉碎；超声波粉碎机适于进行细胞破壁粉碎；冷冻粉碎适于保护热敏性芳香成分。另外还有球磨机、棒磨机等粉碎机械。这些粉碎机可进行原料的粗粉碎、细粉碎和微粉碎操作。

5. 杀菌

杀菌方式较多，可根据生产条件选择。可将具有杀菌作用的气体通入粉碎后的香辛调味料中进行杀菌，也可采用微波杀菌或紫外线杀菌。通常使用的杀菌气

体是环氧己烷和 CO_2 的混合物。环氧己烷杀菌效果好，但该气体对操作人员有毒害作用，而且原料会因受热潮湿引起质量下降。微波杀菌效果好，可对物料内部和表面都进行杀菌，而且杀菌彻底，但设备投资较高。紫外线照射杀菌效果好，但紫外线穿透力差，只能进行表面消毒，所以采用紫外线杀菌时料层要薄而均匀，并定期翻动，注意翻动时要停止照射，以免对人产生伤害。

6. 调和

调和多用在复合香辛调味料加工中，是将几种香辛料粉末采用一定的配比进行混合的过程，如"五香粉"、"咖喱粉"等。复合香辛料能产生多重风味，因品种繁多，香型完全，并具有较强的保健功能，是一种很有开发前景的制品。国家有关规定要求复合香辛料调味中食用淀粉不得超过 10%，食盐不得超过 5%，各种香辛料总和不少于 85%；作为调味粉，其中，不得配有食用色素，并要求口味清鲜、具有独特的调味作用。国际标准化组织（ISO）还规定，复合调味料含水量不超过 10%，酸性溶解灰分不超过 1%，粗纤维低于 15%，乙醚萃取不挥发性残渣低于 7.5%，精油不低于 0.4%。

7. 包装

包装可采用塑料袋、复合塑料袋、聚酯瓶、玻璃瓶等包装容器，要求包装材料符合国家相应食品卫生规范。包装操作可采用半自动化、自动化包装机械，对含脂率高的产品最好采用真空包装，防止储存过程中脂肪在空气中自动氧化，使产品品质变劣。

第三节　麻味和辣味香辛调味料

一、麻味与辣味的概念及特点

麻味和辣味香辛调味料是我国烹饪使用较为广泛的调味品，川菜则更是以其擅用麻辣味而著称。并以"麻而不烈、辣而不燥、适中协调"为原则。

麻味是以花椒为代表的香辛调味料对味觉器官产生刺激，使人产生辛麻之感的味觉。产于法国、德国、西班牙等地的麝香草的干燥种子也具有麻舌之感。

辣味是具有辛辣物质的香辛调味料对味觉、嗅觉器官产生刺激，使人产生烧灼感、痛觉，紧张感的感觉。辣味又可分为热辣味和辛辣味两种。

热辣也称火辣味，是指主要作用于口腔中，能引起口腔烧灼感、痛觉，而对鼻腔无明显刺激的感觉。代表种类为辣椒、胡椒等。辛辣味也称呃鼻味，是指不但作用于口腔中，同时又对鼻腔产生刺激的感觉，亦即具有刺激味觉器官和嗅觉器官的双重作用。代表种类有葱、蒜、韭菜、洋葱、辣根、芥末等。

麻味、辣味香辛调味料有使菜点增香除异、开胃解腻、增加紧张感、刺激食欲等作用。在食品加工及烹调中，适度使用这类香辛调味料，会赋予食物特殊味感与美感。但过度使用则会掩盖鲜香甜味，产生不良效果，甚至过于刺激或麻木而不能食用。

二、常用麻、辣味调味料

（一）花椒

花椒也称秦椒、风椒、岩椒、大红袍、金黄椒、川椒、红椒、蜀椒等，是芸香科花椒属植物。食品加工与烹调中取其未成熟的果实及叶片做调味品。其气芳香，味微甜，辛温麻辣。主要呈味成分为花椒油素、柠檬烯、枯茗醇、花椒烯、水芹烯、香叶醇、植物甾醇、不饱和有机酸等，中医入药，具有温中止痛、杀虫止痒的作用，可用于脘腹冷痛、呕吐泄泻、虫积腹痛等症，外治湿疹瘙痒。

1. 形态鉴别

叶片卵形、椭圆形至广卵圆形，长 1.5～7cm，宽 0.8～3cm，边缘有细圆锯齿，齿缝上有粗大透明腺点。叶轴具狭翅，下面生有向上升的小皮刺。果实为蓇葖果，直径 4～5mm，果皮由腹面开裂或延伸至背面亦稍开裂。外表面红紫色或红棕色，极皱缩，散有多数疣状突起的油点（直径 0.5～1mm）。内果皮淡黄色，常由基部与外果皮分离并向内反卷。香气浓而持久，辛麻异常。

2. 产地、产期及品种

分布全国各地。花椒一般栽培后 3 年开始收获，9～10 月为成熟期，立秋前后采收。主要栽培品种有大红袍（狮子头），其果较小花较大，果花比例（1∶4）～（1∶3），有香气，晒后果皮均为红色。小红袍（米椒），荚果小，出皮率高，香味浓。豆椒（百椒），成熟时淡红色，晒后暗红色。大花椒（油椒）香味浓，品质好，干后酱红色。小椒（金黄椒、小红椒）主产山西，品质好，产量高。白沙椒（白里椒）干果内果皮白色，耐储藏，干后 3～5 年香味不减。

3. 花椒在食品加工及烹调中应用

用花椒调味可除腥去异，增香和味，可独立调香，亦可与其他调味品复合应用。多用于炝、腌、拌、炒、烩、炸、蒸、氽等烹调技法中，还可用于制作面点、小吃等。

（1）花椒油。将植物油加热至四五成熟，放入适量花椒，慢火熬炼数分钟，滤去残渣制得的成品。油与花椒比例无统一标准，可由生产厂家自定标准。使用量亦随菜品、口味和食用者爱好有较大差异。多用于炝制冷菜、炒、烧、烩、炖等菜肴，尤以烹制腥味较浓的水产品较为常用。

（2）花椒盐。亦称椒盐，是将花椒与盐按适当比例混合炒香、碾细制成。或先炒花椒，碾细后与适量精盐混合制成。也有用生花椒粉加盐配制的。盐与花椒无统一标准，有 1∶1 或 1∶2 或 1∶3 者，还有其他比例。多用于味碟，在使用炸制类菜肴时蘸食用，如香酥鸡、炸虾仁、炸鱼排、软炸里脊等。

（3）花椒粉。亦称花椒面，一般是将生干花椒果实粉碎制成。多用于调配馅料、腌坯、煨制等。

（4）花椒水。是将花椒放入开水中浸泡或煮开后浸泡制成。水与花椒比例无统一标准。多用于调配动物性馅料、汤菜及部分以咸味为主的菜肴。

（5）花椒叶。鲜花椒叶可作蔬菜，兼为调味，可炸食、炒食或制馅。干品可作调味料，但味不及果实。

（6）花椒与辣味香辛调味料的综合应用。花椒在烹调中应用，除单独使用外，还可与其他香辛调料复合使用，但必须有咸味参加，只有咸味才能彰显香辛调味料的调味效果。

（二）樗（臭椿树）叶花椒

樗叶花椒也称食茱萸、艾油、辣米油、越椒、党子、艾子、木满天星等，是芸香科花椒属植物。烹饪中取其果实榨油为辛麻调料。据李时珍《本草纲目》记载："食茱萸，黄花绿子，丛簇枝上，味辛而苦。土人八月来，捣滤取之，入石灰搅成，名曰艾油，京曰辣米油，始辛辣蜇口，入食物中用。"其主要呈味物质为异茴芹素、树脂及酚性物。中医入药，其味辛苦，性温，可温中、除湿、止痛、杀虫。

1. 形态鉴别

果为蓇葖果，果瓣的顶端具极短的尖嘴，果皮红色。种子广椭圆形而近似半月形，大约 3.5mm，径约 3mm，棕黑色，带光泽。

2. 产地、产期及品种

分布于我国东南地区的密林或湿润地方，10～11 月采收果实，阴干或烘干即可。

另有本科同属的野花椒、竹叶椒、朵椒等的果实亦可同用。

3. 在食品加工及烹调中应用

多用以榨油或制酱，用法与花椒类同，各地多误认为花椒。

（三）葱

葱也称大葱、小葱等，是百合科葱属植物。烹调中取其肉质鳞茎叶做蔬菜或调味品。其味辛辣，微有回甜，有类似洋葱的刺激性辣臭及催泪作用。主要呈味成分为葱蒜辣素等。中医入药，其味辛，性温，可发汗解表、通阳、利尿。

1. 形态鉴别

鳞茎卵状长圆柱形，肉质鳞叶白色。叶圆柱形，中空，长达 50cm，直径达 10mm，基部稍细，具白绿色霜粉，含黏液。

2. 产地、产期及品种

全国各地广为栽培。一年四季均有出产，因品种不一而产期有别。主要品种有长白型大葱，如章丘大葱、陕西华县谷葱、辽宁盖平大葱和北京高脚白大葱等。中白型大葱，如河北龙尧大葱、山东莱芜鸡腿葱等。短白型大葱，如寿光八叶齐等。分葱，也称四季葱、菜葱、冬葱，主产于长江以南。另有细香葱，又名香葱、火葱等。

3. 葱在食品加工及烹调中应用

葱是古时烹饪常用之品，据史料记载，几乎各种菜肴都以葱来调味，民间称其为“和事草”。尤其烹制肉类、鱼类时，具有良好的去腥除膻增香功能。当今我国烹饪中用葱极广，无论凉菜、热菜、面点、小吃均可以葱为调味品。

1）作辅料兼调料

在鲁菜中的葱爆、葱烧菜肴制作中，选大葱与牛、羊肉等原料烹制。

2）作小料使用

许多菜肴爆锅时多用葱为调料，也有在出勺前后使用者。许多肉食品加工的腌制料中也以葱为调味料。

3）蘸酱生食

大葱蘸面酱，就煎饼、面饼等食，为山东人之嗜好。大连人则有用大葱蘸食虾酱的习惯。另有烤鸭、锅烧肘子、清炸大肠等菜肴，必配以大葱同食。

4）用于多种烹调技法的调味

葱段多用于烧、炖、焖、煨、靠等菜肴中；葱花则多用于爆、炒、熘及凉拌菜中；葱丝多用于清蒸、炒、扒等菜肴中；葱汁多用于调配鱼、虾茸泥及馅料中。在许多原料腌坯时，多用葱。

5）葱复制调味品

（1）葱油。将500g油加热至五成熟时，放入150g葱段炸成淡黄色时捞出而制成的油。主要用于奶汤菜的底油及扒菜肴的淋油。

（2）葱椒泥。将去籽花椒20g、葱白100g，酌加少量料酒，剁成的细泥。多用于某些靠菜。

（3）葱椒绍酒。将70g葱椒泥用纱布包好，浸泡于500g料酒中1h制成的调味酒。多用于奶汤菜及其他多种菜肴。

（4）葱油泥。将猪油与葱末按1∶2比例配制而成，主要用于济南名吃油旋中。

（四）洋葱

洋葱也称洋葱头、葱头、圆葱、肉葱等，是百合科葱属植物。烹调中取其球茎（鳞茎）做蔬菜及调味品。做调味品时多用于西餐。其味辛辣强烈，有大葱似的刺激性臭味。与大葱、大蒜相同，加热后失去辣味而有甜味。主要呈味成分为S-丙烯基-L-半胱氨酸硫氧化物，可生成会刺激流泪的环蒜氨酸等。洋葱入药，味辛，性温，具有促消化、降低血浆胆固醇、杀菌等作用。

1. 形态鉴别

叶鞘肥厚呈鳞片状，密集于短缩茎的周围，形成鳞茎（葱头），其直径3～10cm，外皮颜色有白、红、紫、黄各色。

2. 产地、产期及品种

全国各地均有栽培，早熟品种5月上、中旬成熟，晚熟品种6月至7月上旬成熟。依其鳞茎形状可分为横椭圆形、扁球形、球形、纺锤形、卵形和梨形。按色泽可分为白色种，如银皮、早口白；赤色种，如红纬、红球；黄色种，如黄扁丹浮、黄球丹浮等。

3. 在食品加工及烹调中应用

洋葱不仅可以做蔬菜食用，在西餐中作为调味料使用。它不仅可鲜用，而且可制成脱水洋葱，用于汤类菜肴中。在各类果酱、辛辣什锦酱、浓缩肉汁、蛋类等罐头或其他食品中，均可以用洋葱调味。洋葱含精油0.02%，国外有在酒精性饮料、冰淇淋、糖果中添加$0.5\times10^{-4}\%$的洋葱精油，相当于添加0.25%的鲜洋葱；在焙烤食品中添加$1.9\times10^{-4}\%$洋葱精油，相当于添加0.95%的鲜洋葱；在调味品中添加$2.2\times10^{-4}\%$洋葱精油，相当于1.1%的鲜洋葱；在肉类加工品中添加$10\times10^{-4}\%$洋葱精油，相当于5%的鲜洋葱；在腌渍物中添加$16\times10^{-4}\%$洋葱精油，相当于添加了8%的鲜洋葱。

（五）大蒜

大蒜也称蒜、葫、荤菜等，是百合科葱属植物。烹调中取其鳞茎作调味品。其味辛辣浓厚，具穿透性，气味特异，熟后失去辣味。主要呈味物质为大蒜素。中医入药，味辛，性温，入脾、胃、肺经，有行滞气、暖脾胃、消积症、解毒、杀虫功效，是被称为“天然广谱抗生素”的食用香料药用植物。

1. 形态鉴别

地下鳞茎（蒜头）多为扁圆形或扁球形，外被白色或淡紫色的膜质鳞片，其内一般为6～10个小鳞茎（蒜瓣）。每个蒜瓣由2或3层薄膜包被。

2. 产地、产期及品种

全国各地多有栽培。一般5月下旬至6月上旬采收。依其蒜头外皮色泽，可分为白皮种和紫皮种两种。依其蒜瓣大小分大瓣种和小瓣种。常见品种有东北紫皮蒜、东北白皮蒜、苍山大蒜、柳子蒜、芽金子、歙县大蒜、杭州无薹蒜、拉萨蒜、嘉定大蒜、崇明大蒜等。

另有小根蒜亦可同用，广生于全国各地。

3. 在食品加工及烹调中应用

大蒜是我国的传统调味品，在烹调中使用大蒜可赋辛辣（凉菜）、去腥异、增香添味、刺激食欲、帮助消化。国外则将大蒜油用于饮料、冰淇淋、糖果、口香糖、调味料中，一般添加量相当于0.05%～0.2%的鲜大蒜。中国烹饪中使用大蒜可单用、配用等，在拌、炒、烧、熘、扒、爆等菜肴中广为使用，尤以烹制水产品时更加常用。蒜与醋、酱油、香油、味精等共用，效果更佳。蒜泥则更广泛用于凉菜制作，荤菜皆宜。蒜泥、甜酱、香油按0.5∶1∶0.1比例调配的调味酱在凉菜及部分热菜中使用，风味独佳。西式灌肠制品中更是少不得蒜的加入，如蒜茸烤肠、风味蒜泥肠等。近年出现的大蒜粉用法多样，可作凉菜，亦可制汤，还可调配复合调料。

（六）姜

姜也称生姜、白姜，是姜科姜属植物。烹调中取其地下根茎作调味品。其味辛辣、芳香。主要呈味成分为姜烯、姜醇、姜油酚等。中医入药，生姜味辛，性微温，有发汗解表、止呕、解毒之功效。干姜味辛，性热，有温中散寒、回阳通脉、燥湿消炎的功效。姜皮味辛、性凉，有利水消肿的作用。

1. 形态鉴别

根茎肥大，呈不规则块状，灰白或黄色，具芳香及辛辣味。菊科的菊芋（洋姜）块基为纺锤形或呈不规则瘤形，皮红、黄或白色，易与姜混同，两者明显的差异在于菊芋无辛辣味。

2. 产地、产期及品种

全国各地广为栽培，但东北地区少有出产。主要品种有山东莱芜片姜、广东密轮细肉姜、浙江红爪姜、安徽铜陵白姜、湖北来凤凤头姜、云南玉溪黄姜、贵州遵义大白姜、广西玉林圆姜、福建红芽姜及四川竹根姜等。

3. 在食品加工及烹调中应用

姜入菜肴可去腥解腻，赋辛增香，调和滋味，并能促进食欲。姜块或姜片多用于炖、烧、焖、煮、煨等菜肴。姜丝可作配料，也可用于炒、拌等。姜末可作小料，与葱、蒜等配合爆锅，也可与醋配合蘸食海鲜。姜汁多用于码味、调馅。国外在肉类产品中添加0.15%的干姜调味。另外，姜芽不仅可用于调味，还可作为蔬菜食用。

（七）辣椒

辣椒也称辣子、辣角、番椒、海椒、红辣椒等，是茄科辣椒属植物。烹调中取其果实入菜及作调味品。其味辛辣，具强烈刺激性。主要呈味物质为辣椒素、辣椒碱等。中医入药，其性辛、热，可温中散寒，健胃消食。

1. 形态鉴别

果实为浆果而汁少，果皮光亮，果形因品种不同，有牛角形、矩锥形、方形、长形、灯笼形、柿子形、圆锥形、菱形、樱桃形等。嫩果青绿色或青黄色，果熟后橙黄或深红色。大果型品种一般辣味淡，略甜，果皮厚，多做蔬菜。中果型品种辛辣味浓，皮薄汁少，可作蔬菜亦可调味，多干制，做调味品。

2. 产地、产期及品种

全国各地均有栽培，一般于每年5～10月采收。主要供调味用的品种有长角椒，果牛角形，中等偏大，其辣味强或适中。簇生椒（朝天椒），果实簇生，辣味极烈。圆锥椒，果小圆锥状，味极辛辣。线椒，果细而长，辛辣味浓。矮生椒，果小而多，较辛辣。

3. 在食品加工及烹调中应用

辣椒入肴调味，可增辣添色、除腥解膻、调和滋味。辣椒用于调味，因菜品、季节、原料、个人喜好等不同而用量有别。一般的原则是“辛而不烈，辣而不燥，辣中有香，辣而有味”。在肉制品加工中辣椒应用较多，如雨润集团、双汇集团、金锣集团均有添加辣椒的辣味灌肠制品。辣椒除了鲜用、干用外，还可制成多种调味料。如辣椒粉、辣椒油、辣椒片、辣椒酱和泡辣椒等。

（1）辣椒砖。以辣椒粉做主料，配以适量黄豆、芝麻及其他调味品制成的砖状调料，具有味美油多、辣香飘逸等特点，并可直接食用。以河南永城者为名产。

（2）辣豆瓣酱。以70%的辣椒和30%的蚕豆加盐等酿造而成。成品呈紫红色，鲜艳而有光泽，鲜香麻辣，酱香醇厚，为川菜中调制家常味和麻辣味菜肴常用之品。郫县豆瓣酱为其中名品。

（3）泡辣椒。也称鱼辣子，是将净鲜鲫鱼连同鲜红辣椒、食盐、红糖、白糖、花椒及适量凉开水一同入坛，浸泡数日而制成。还有按5kg鲜红辣椒加500g食盐、100g红糖、100g白糖、25g花椒、少量老姜、适量凉开水入坛腌渍数天而制成。成品色泽红亮、咸甜微酸、香辣味浓。该产品广泛应用于鱼香味型的菜肴制作，还用于烧、炖、蒸、拌等菜肴，是川菜中独具特色的调味品。

（4）渣辣椒。将2.5kg净鲜红辣椒焯水，剁成细末，与100g糯米粉、500g大米粉、250g精盐、10g花椒面、10g白糖一同入坛15d左右，取出拌匀而成。成品色红而糯，咸鲜辛辣，回味稍麻甜。多用于烹制蒸鱼、肉、鸡等风味菜肴。

（八）胡椒

胡椒又名浮椒、玉椒，为胡椒科胡椒属常绿藤本植物胡椒的干燥果实，也称白胡椒、黑胡椒等。烹调中取其成熟的浆果作调味品。胡椒具有特异香气和强烈的辛辣味，黑胡椒味浓于白胡椒，主要呈味成分为萜、倍半萜、胡椒碱、油状胡椒脂碱等。中医入药，其性辛、热，入胃、大肠经，可温中驱寒、理气止痛、开胃消食。《本草纲目》言其“大辛热，纯阳之物，肠胃寒湿者宜之”。《新修本草》言其“下气，温中去痰，除脏腑中风冷”。《本草求真》言其“比之蜀椒，其热更甚。凡因火衰寒入、痰食内滞、肠滑冷痢及阴毒腹痛、胃寒吐水、牙齿浮热作痛者，治皆有效”。药理研究表明，胡椒含胡椒碱、胡椒新碱等，小剂量内服有健胃驱风作用，可驱除胃肠道积气，促进消化，大量服用对胃黏膜有刺激作用，引起充血性炎症，对子宫有收缩作用。

1. 形态鉴别

浆果球形，无柄，直径3～4mm。果未成熟干燥后果皮皱缩而色黑，为黑胡椒，果熟时红色，去皮后色白，为白胡椒。

2. 产地、产期及品种

主产于热带、亚热带地区，我国海南、广东、广西、福建、云南、台湾等广泛栽培。一年采收2次，3～5个月1次，7～9个月1次。主要栽培品种有古晋种、卡露瓦里种、巴兰哥塔种、班尼约尔种、楠榜种、邦加种等。

3. 在食品加工及烹调中应用

胡椒入肴调味，可去腥、提鲜、增香、赋辛、开胃。其粉状制品——胡椒粉则多用于咸鲜、酸辣、清香等类的菜肴、汤羹、面点、小吃中。一些荤腥类动物性原料，如牛、羊、海鱼、贝类、软体类、淡水鱼等多用之，而炖、烩、汆类菜肴也可使用。使用时多在出锅前添加。另外在有些腌渍制品中也广为使用，还可配制复合调料品。

国外胡椒用量较大，不但食用，还用来防腐。历史上“航海家亨利”的航海计划、哥伦布、麦哲伦的探险都与寻找胡椒有关，是促进葡萄牙、西班牙海事发达的主要原因之一。美国以食黑胡椒为主，欧洲人以食白胡椒为主。一般肉类、汤类、鱼类及腌渍品的调味用胡椒粉；防腐多用整粒胡椒；在调味汁中和蔬菜中多用胡椒粉。一般在焙烤食品中添加0.045%～0.12%的胡椒，在调味料中添加0.069%～0.27%的胡椒，肉类产品中添加0.06%～0.17%的胡椒，汤类添加0.003%～0.05%的胡椒可收到良好的调味作用。

（九）芥子

芥子也称芥菜子、青菜子、白芥子、黄芥子等。白芥子主要成分为白芥子甙、芥子酶等，是十字花科白芥属植物白芥［*Sinapis alba*（L.）］的种子。黄芥子主要成分为芥子甙、芥子酶、芥子酸、芥子碱等，为十字花科芸薹属芥菜［*Brassica juncea*（L.）Gzern. Et Coss.］的种子。亦有将白芥并入芸薹属的分类方法。食用时取其种子制成芥末或提取芥末精油以调和滋味。芥末具有尖刺的热感、辛辣味及冲鼻和催泪的作用。白芥子与黄芥子性味功效相同。中医入药，辛，温；有利气豁痰，温中散寒，通络、消肿止痛的作用。

1. 形态鉴别

白芥子呈小球型，直径1～2.5mm，表面淡黄色，略平滑，种皮薄脆，易压碎。破皮后种仁乳白色，含油质。黄芥子略小于白芥子，表面深黄色或棕黄色，其他与白芥子相同。

2. 产地、产期及品种

全国各地均有栽培，7～8月采收。我国用作调味的多为白芥子，栽培品种较多。

3. 在食品加工及烹调中应用

芥子入肴调味多将其磨成粉，再加入温开水拌成稠糊，在室温下焖制（或称酶解）1～2h，待发出强烈辛辣味后即可使用。也可配以适量醋、香油、糖以增加光泽，可去除苦味、赋予酸香。芥末糊多用于凉拌菜肴中，如芥末鸭掌、芥末鸡心等，还可以用于拌制凉面、凉粉等，也可做味碟，用以蘸食菜肴、水饺等。近年市场上大量出售的芥末油，是将提取的芥末精油配以色拉油制成，较芥末糊使用更为方便。

（十）辣根

辣根也称黑根、马萝卜、西洋山嵛菜、山葵等，是十字花科多年生宿根草本植物。使用时取其肉质块根作调味品。其味似芥子，辛辣浓厚，冲鼻催泪。主要呈味成分为烯丙基芥子油、异芥苷等。入药可利尿、兴奋神经、抑菌等。

1. 形态鉴别

辣根的块根长约30～50cm，外皮较厚，暗黄色，根肉白色，水分少，有强烈辛辣味。

2. 产地

原产欧洲南部，日本有栽培，近年我国也有少量引种。

3. 在食品加工及烹调中应用

辣根多用于制作辣根沙司，佐食冷肉类、生牛肉片、生鱼片等，还可佐食冷肉菜肴。意大利式、法式辣根沙司是将牛奶250g倒入沙司锅烧热，加入切碎的辣根100g、芥末粉2.5g，白醋、白糖、胡椒粉各少许搅匀制成，其色乳白，入口清香，辛辣冲鼻。另外，辣根经熬制后味道浓厚，可配以醋、酒或柠檬汁制成复合调料，还可与奶酪、蛋黄等制成调味汁或辣根酱。

（十一）山柰

山柰也称三柰、三奈、三赖、沙浆、山奈、山辣等，三姜科山柰属植物。烹调中取其根状茎作调味品。其味辛辣，但有别于姜味，气芳香似樟脑。主要呈味物质为龙脑、桉油精、山柰酚、山柰素等。中医入药，性辛、温，有温中化湿、行气止痛的作用。

1. 形态鉴别

山柰干燥根茎为圆形或近圆形的厚片，直径 1.5～2cm，厚 2～6mm。外表皮红棕色、皱缩，有时可见根痕，鳞叶残痕及环纹。断面灰白色，富粉质，光滑细腻，略凸起。质脆易折断。以色白、粉性足、饱满、浓厚而辣味强者为佳。

2. 产地及产期

主产于广西、云南、广东、台湾等地，每年 11 月苗枯时采挖根状茎，用硫磺熏后，晒干备用。

3. 在食品加工及烹调中应用

山柰调味，增香添辛，除腥解异，增进食欲。多用其调配五香粉、咖喱粉等复合香辛料。在猪肉中添加 0.08%～0.3%、牛肉中添加 0.06%～0.12%，羊肉中添加 0.04%～0.2%，香肠中添加 0.02%～0.33%，常用于酱、卤、烧、熏等长时间加热的菜点。

第四节　芳香、苦香、甘香、酸香类香辛调味料

一、特点

此类香辛调味料是指芳香浓郁、味道纯正或甘甜，或具有苦、酸等味的一类香辛调味料，有闻之令人愉悦、气爽的作用。广泛用于烧、卤、酱、炖、炸等菜肴之中，具有压异去恶、增香添味的作用。常见种类有八角、肉桂、丁香、莳萝、小茴香、肉豆蔻、月桂叶、豆蔻、芫荽、芹子、罗勒等。

二、常见芳香、苦香、甘香、酸香类香辛调味料

（一）八角茴香

八角茴香也称大茴香、八角、唛角、大料等，是木兰科八角属植物。取其果实（八角）、叶片、枝叶做调味品，尤以果实最为常用。八角茴香具强烈似山楂花香气，味甜、性辛温，主要呈味成分为茴香脑、茴香醚、茴香酮、黄樟油素等。中医入药，性温，味辛，有温阳散寒、理气止痛的作用，可用于治疗胃寒呕吐、腰痛。

1. 形态鉴定

果实由 8 个蓇葖果着生在中轴组成八角形。鲜果绿色，成熟果深紫色，暗而无光。干燥果呈棕红色并具光泽。果实直径 3.5～4cm，每个蓇葖果长 1～2cm，宽 3～5mm，高 0.6～1cm，外表皮有不规则皱纹，顶端呈鸟喙状，上侧多开裂，内含种子 1 粒。

八角属中有4个种，其中，莽草和厚皮八角的果实极似八角，但有剧毒，不可食用。主要区别在于莽草和厚皮八角的果实有10～13枚蓇葖果，蓇葖果先端带有细长而弯曲的尖头；而八角仅8枚蓇葖果，其先端钝尖。

2. 产地及产期

广西、广东、云南、贵州、福建、中国台湾等地有栽培。春果于4月前后采收，秋果于10月末成熟前采收，当果实由青转黄时即可采收。若采果过晚，果实成熟过度，则由黄变紫，加工后变黑、无光泽、品质差、价格低。

3. 在食品加工及烹调中应用

八角调味可除腥臭、增香味、促食欲。广泛用于多种烹饪原料及酱、煮、焖、炖、烧等菜肴中。同时又是配制五香粉、十三香、咖喱粉等复合香辛料的主要原料之一。

一般调味用量：猪肉制品0.06%～0.2%，牛肉制品0.2%～0.6%，羊肉制品0.2%～0.8%，兔肉制品0.2%～0.4%，鸡肉制品0.2%～0.4%，鸭肉制品0.04%～0.4%，水产品0.1%～0.6%。另外，八角还可以制成粉、精油等供调味用。

（二）小茴香

小茴香也称茴香、小茴、香子、谷茴香、小香等，是伞形花科茴香属植物，多取果实为调味料。其茎、叶、根亦可食用。其香气芳香温和，带有樟脑般气味，微有回甜和苦味及炙舌感。主要呈味成分为茴香醇、反式茴香脑、小茴香酮、大茴香醛等。中医入药，味辛，性温。具驱奉行气、去寒温、止痛、健脾之功效。

1. 形态鉴定

果实为双悬果，形似稻谷而细小稍弯曲，卵状长圆形，长3.5～6mm，直径1.5～2.5mm。表面绿色或黄绿色，有明显的纵棱线及沟。果实有时纵分为2瓣，腹面较平，中间绿色，背面有5条纵棱，两端略尖，顶端有黄褐色的花柱残基，基部有小果柄。

2. 产地及产期

国内广泛栽培，一般7～9月采收果实。

3. 在食品加工及烹调中应用

小茴香多用于畜禽类的酱、卤、烧、炖、焖、煨等，可增香添味、除异压邪。小茴香也是五香粉、烤肉粉等复合香辛料的主要原料之一。

用于肉类制品一般用量0.2%～1%。

（三）中国肉桂

中国肉桂也称肉桂、桂树、桂皮树、紫桂、玉桂、官桂等，是樟科樟属植物，取其树皮（桂皮）、桂叶、果实、桂枝作调味品。我国多以使用桂皮、桂叶为主。肉桂具有强烈的肉桂醛香气和先甜后辛辣味。主要呈味物质为肉桂醛、丁香酚、香兰素等。中医入药，桂皮性甘、辛、大热、有温中补阳、散寒止痛的作用。桂子（未成熟干燥果实）性甘、辛、温，有温中散寒的作用。

樟科樟属植物越南肉桂、斯里兰卡肉桂、天竺桂、阴香、川桂皮、细叶香桂、浙樟、柴桂、银叶樟等的树皮、果实也均可作香辛料使用，而市售的桂皮，系指上述植物树皮的通称。国外较常使用的斯里兰卡肉桂（锡桂），具有丁香和中国肉桂样香气，味甘而辛辣，略有苦味，性温和，食之令人愉悦、气爽，品质优良。其余的植物虽可药用或调味，但远不及中国肉桂、斯里兰卡肉桂的风味和效果。

1. 形态鉴定

中国肉桂叶革质，大圆形至近披针形，长 7～20cm，宽 4～6cm，叶面均无毛，但背面有疏毛。桂皮粉橙红褐色或红棕色，风味不同于锡桂。果实（也称桂子）为浆果，紫黑色，椭圆形或倒卵形，大如豌豆，长约 1cm，直径约 9mm。

斯里兰卡肉桂（锡桂）叶长 10～18cm、宽 4～5cm，卵圆或长椭圆形，叶两面均无毛。桂皮粉黄褐色或黄棕色，风味不同于中国肉桂。

成品中国肉桂呈长凹槽形，左右两侧向内卷边，卷边呈圆筒形或半圆筒形，凹槽中心略凸，从外皮看则略下陷。长 30～45cm，宽 10～13cm，厚 0.3～0.5cm。外表皮灰褐色或灰棕色，两边各有 5mm 卷曲皮、呈棕色部分。表面有不规则的横长皮孔和多数微突起的小瘤点，偶有突起的横皱纹及灰绿色花斑。内表面黄棕色或棕色，光洁。优质肉桂皮质细，有彩皮，油性足，味甜辣，嚼之渣少。

2. 产地、产期及品种

我国广东、广西、云南、福建等地有栽培。生长 5～10 年后可剥皮，春剥的皮质差，秋季 7～8 月剥的皮质好。优质者多采自于生长 30～40 年的老树树皮。由于加工形式不同，又分为企边桂、板桂、广条桂。桂叶可分两季采摘，3～6 月采者称剥叶，含油量低但质量最好；8～12 月采者称秋叶，含油量高。桂枝多于 3～7 月剪取。桂子（果实）多于 10～11 月采收未成熟的幼果。中国肉桂主要品种有白芽肉桂（黑肉桂）和红芽肉桂（黄肉桂），前者品质较优。

3. 在食品加工及烹调中应用

肉桂（包括桂皮）调味具有悠久历史，是我国广为使用的调味品。其气芳香，可增香、矫味，去腥解毒，增进食欲。多用于畜禽类的酱、卤、烧、炖、煮等。同时又是五香粉、十三香、咖喱粉、卤料等复合香辛料的主要原料之一。烹制不同动物性原料肉桂用量分别为：猪肉 0.1%～1%，牛肉 0.1%～1%，羊肉 0.3%～1.5%，禽类 0.05%～3%，水产品 0.02%～3%，动物内脏 0.2%～

3%，复合调味料添加0.02%～0.2%。桂叶、桂枝、桂子用法与桂皮相同。

（四）月桂

月桂也称月桂树、月桂叶、桂叶、香叶等，是樟科月桂属植物，取其叶片作调味品，偶用枝、果实。其气味芳香、清凉，带有辛香和芳香。主要呈味成分为丁香酚、芳樟醇、桉叶油素、月桂烯等。中医入药，性辛、温，具有补血、温血、止痛、止咳、镇静的作用。

1. 形态鉴定

叶革质，披针形或长圆披针形，长4～9cm，宽2～4cm，基部楔形，先端渐尖锐，边缘波浪状，羽状叶脉，叶柄带紫色。

2. 产地及产期

我国浙江、江苏、福建、台湾等地有少量栽培。一年四季均可采收叶片，干制供用。

3. 在食品加工及烹调中应用

月桂叶调味可增香矫味、杀菌防腐、促进食欲，多用于肉类制品、汤类、腌渍制品、调味料、糕点和罐头之中。清蒸肉类罐藏制品必须添加1片月桂叶，起到增香防腐之功效。我国除西餐制作、罐头生产使用外，在畜禽食品加工和烹调中也常用到月桂叶，如香叶鹌鹑、香叶酥肉等菜点均大量使用月桂叶。月桂叶使用量根据具体食品要求而定，无统一规定，少则1或2片，多则几十片。

（五）白豆蔻

白豆蔻也称豆蔻、圆豆蔻、波蔻等，是姜科豆蔻属植物，取其果实（含种子）作调味品，有时也取其叶调味。白豆蔻具有浓郁芳香气，味略辛稍有辣感，高浓度下微具苦味。主要呈味成分为桉叶油素、芳樟醇、柠檬烯等。中医入药，性温味辛气香，具有理气宽中、开胃消食、化湿止呕和解酒毒的作用。姜科豆蔻属植物紫蔻、豆蔻等种类及红豆蔻（大高粱姜）亦可作调味品。

1. 形态鉴定

白豆蔻果实为乳白色至淡黄色的蒴果，扁球形略呈三角菱形，直径1.5～1.8cm，果实表面具浅纵横纹3条和不显著的钝棱线3条。纵槽间有5条有维管束构成的隆起线，顶端有突起的柱基，基中间呈空洞状，基部有稍突起的圆形果柄痕，柱基和果柄痕的周围有棕色绒毛。果皮木质较脆，易开裂。内表面色淡有光泽，可见凹入的维管束纹理。有种子21～30枚，种子呈不规则多面形，背面稍隆起，直径3～4mm，暗棕色。

紫蔻（紫扣）的特点基本同白豆蔻，差别在于果实色灰白，直径1.5cm。

豆蔻的特点基本同白豆蔻，差别在于果实近球形，直径0.8～1.2cm，表面黄白色至淡黄棕色，有种子 30 枚左右，有似樟脑气味。

红豆蔻（红扣）果实长圆形，长 0.7～1.2cm，直径 0.4～0.8cm，表面黄棕色或红棕色，顶端有淡黄色宿萼，基部有呈凹点状的果柄痕。有种子 6 枚，呈多面形，种皮暗棕色，微有光泽。气香，味辛辣，性温。

2. 产地及产期

我国主要在海南、云南南部有少量栽培白豆蔻。一般于 7～9 月采收果实。

3. 在食品加工及烹调中应用

白豆蔻调味可去除腥鲜腻，赋味增香。有报道国外多用于调味料、点心、面包、肉类制品等食品中，添加量为 0.002%～0.02%，我国多用于畜禽类制品的调味，鸡类用量 0.02%～0.1%、灌肠类用量 0.05%～0.1%、其他肉制品用量 0.1%～1%。另外，白豆蔻还可用于配制五香粉、咖喱粉、卤料等复合香辛料。

（六）草豆蔻

草豆蔻也称草蔻、草蔻仁等，是姜科山姜属植物，取其种子作调味品。草豆蔻具有特殊芳香气，味略辛辣苦。主要呈味成分为山姜素、豆蔻素等。中医入药，性辛、温，有祛寒燥湿、温胃止呕的作用。同属植物大草蔻（艳山姜）味同草豆蔻，可同用。

1. 形态鉴别

种子呈不规则球形，直径 1.5～2.7cm，表面褐色，中间有白色隔膜将种子团分成 3 瓣，每瓣有种子 22～100 粒，粘连紧密。表面略光滑，不易散落。种子呈卵圆状多面体，长 0.3～0.5mm，直径 0.3mm。

2. 产地及产期

我国主要在广东、广西、海南等地栽培，8～9 月采收果实，晒干取种子。

3. 在食品加工及烹调中应用

草豆蔻调味可增香添味、去腥解异，多用于调制畜禽类的卤、酱，也可制作卤料、复合香辛料，一般不单独使用，常与花椒、八角、肉桂、豆蔻等配合使用。一般在牛羊肉制品中添加 0.1%～0.2%，猪肉中添加 0.04%～0.3%，鸡肉中添加 0.03%～0.2%，香肠中添加 0.1%～0.2%。

（七）肉豆蔻

肉豆蔻也称肉果、玉果、顶头肉，是肉类豆蔻科肉豆蔻属植物，取其果仁（种仁）和肉豆蔻衣（假种皮或称玉果花）作调味品。肉豆蔻具有特殊香气，温和而辛、略具甜味，肉蔻衣微有辣味。主要呈味成分为肉豆蔻醚、香叶醇、芳香醇、龙脑等。中医入药，性辛、温，有暖脾胃、涩肠作用。同属植物长形肉豆蔻香气较弱，可同用。

1. 形态鉴别

果实梨形或近圆球形，长3.5～5cm，淡红色或淡黄色，成熟后纵裂成2瓣，显出绯红不规则分裂的假种皮（玉果花）。成品玉果花呈扁平分枝状，常折合，扁压，长约2.5cm，厚约0.1cm，暗红色，半透明而脆，有芳香气味。种子卵圆形或长圆形，长2～3cm，直径约2cm，种仁红褐色至深棕色，质地坚硬，有浅色纵行沟纹及不规则网状沟纹，断面显大理石样花纹，富油性，气香烈，味香凉而微苦辛，久嚼则溶化。

2. 产地及产期

我国广东、广西、云南、福建、海南等地有栽培。一般7～8月为第一采收期，10～12月为第二采收期。

3. 在食品加工及烹调中应用

肉豆蔻调味可矫臭抑腥、赋味加香、增进食欲。国外多用于饮料、冰淇淋、焙烤食品、调味料及鱼、肉、禽类产品的加工和腌渍品中，添加量0.001%～0.2%。我国多用于动物性原料的卤、烧、熏、扒、烤等，并用于调配复合香辛调味料，畜肉中添加量0.04%～0.3%，禽肉中添加0.1%～0.5%，香肠类中添加0.05%～1%。

（八）姜黄

姜黄也称沉郁、黄姜、毛姜黄等，是姜科姜黄属植物，取其地下根茎作调味品。姜黄是近似甜橙与姜、良姜的混合香气，回味微辣、苦。主要呈味物质为姜黄酮、芳香黄酮、姜烯、姜黄素等。中医入药、味辛、苦，性温，有行气破瘀、通经止痛的作用。

市售郁金也称玉金、白丝郁金，为姜科姜黄属植物郁金、姜黄、莪术的块根或根状茎，可同用。

1. 形态鉴别

姜黄根状茎粗短，圆柱状、卵圆形或圆形，直径2～3cm，分枝块状，丛聚呈指状或蛹状，芳香。外表皮鲜黄色，多皱纹，质坚实，横断面橙色、棕黄色或黄褐色，角质样，有一淡黄色环圈。维管束极细，不显著。片姜黄，为姜黄不规则的纵切片，长3～8cm，宽1.5～3.5cm，厚0.2～0.3cm，边缘皮层粗糙皱缩略向内卷，土黄色或灰黄色。质坚而脆，易折断。断面黄白色，无光泽。郁金煮后，干制成成品，色泽棕黑色。

2. 产地及产期

我国主产于浙江、四川、福建、广东、广西、云南、贵州、台湾等地。一般种植后8～10个月可采收根茎。

3. 在食品加工及烹调中应用

姜黄用于调味，既可增香甜味，又是良好的食品赋色物，常用于咖喱粉的调配。国外用于布丁、调味汤、汤类、肉类、腌渍品等食物中，添加量为 0.005%～0.1%。我国主要用于动物性原料的烤、炖、烧、卤、酱制，添加量 0.2%～3%。

（九）高良姜

高良姜也称膏凉姜、良姜、蛮姜、佛手根、小良姜、海良姜等，是姜科山姜属植物，取其根状茎作调味品。高良姜具有特殊芳香气，且稍有辛辣感。主要呈味成分为蒎烯、桂皮酸甲酯、高良姜酚、高良姜素等。中医入药，性辛、温，有温中、散寒、止痛的作用。高良姜同属植物大良姜根状茎气味不如高良姜，可同用。

1. 形态鉴定

高良姜地下根状茎横走，圆柱形，粗 1～1.5cm，棕红色或紫红色，表面有细纵皱纹和波状环节及须根残痕，质坚韧，不易折断。断面淡棕色，粗糙，具纤维及粉性，气味芳香。以红褐色、粗壮、坚实、油润、味香辛者为佳。

2. 产地及产期

主产于广东、广西、云南、台湾等地。夏末秋初，采挖 4～6 年生的根状茎，晒干后备用。

3. 在食品加工及烹调中应用

高良姜调味具有增香赋味、去膻解异的作用。常与八角、胡椒、肉桂等配合，用于动物性菜品的酱、煮、炖、烧、卤等，并可调配五香粉、十三香、卤料等复合香辛料。我国在肉类制品中添加 0.03%～1%。

（十）砂仁

砂仁也称阳春砂仁、缩砂仁、缩沙蜜、春砂仁等，是姜科豆蔻属植物，取其果实作调味品。其干果具浓烈芳香气，味辛凉、微苦。主要呈味物质为 α-蒎烯、β-蒎烯、侧柏烯、芳樟醇等。中医入药，性温，味辛，有行气宽中、健胃消食、温脾止泻的功效。同属植物海南砂仁、进口砂仁、红壳砂及砂仁变种果实、叶片与砂仁同用。

1. 形态鉴别

砂仁果实椭圆形或卵圆形，有不显著的三棱，长 1.5～2cm，直径 1～1.5cm。表面棕褐色，密性刺状突起，顶端有花被残基，基部常有果梗。果皮薄而软，种子团为 3 瓣，每瓣有种子 6～15 粒。种子成不规则多面体，直径 2～3mm。表面棕红色或暗褐色，外被膜质假种子。海南砂仁（海南壳砂仁、壳砂）果实呈长椭圆形或卵圆形，有明显的三棱，长 1.5～2.1cm，直径 0.8～1.2cm。

表面棕褐色，被片状、分枝的短柔刺，基部是果梗痕。果皮厚而硬。种子团较小，每瓣有种子5～17粒。种子多面形，直径1.5～2mm，味淡于砂仁。

2. 产地及产期

我国广东、广西、云南、福建、海南等地栽培或野生。一般每年7～8月采收果实，去壳制成砂仁。

3. 在食品加工及烹调中应用

砂仁调味可去腥解异、赋味增香、开胃消食、促进食欲。烹饪中可用其单独调味，如制砂仁糕，还可以与其他香辛料配合使用。常用于畜禽类的烧、炖、焖、酱、煮、卤等。国内在药膳砂仁糕、砂仁藕粉、砂仁粥等用量0.05%～0.3%，禽类加工用量0.1%～1%，水产品加工用量0.1%～0.8%。

（十一）甘草

甘草也称甜根草、甜草、蜜草等，是豆科甘草属植物，取其干燥的根和根状茎作调味品。具微弱香气，味甘甜而特殊。主要呈味物质为甘草甜素、甘草苷等。中医入药，性平，味甘，有补脾益气、清热解毒、祛痰止咳、调和诸药的作用。同属植物光果甘草、胀果甘草、黄甘草的根及根状茎亦可同用。

1. 形态鉴别

甘草根呈长圆柱形，成品常加工成长20～50cm、直径0.7～4cm的条，或切成小丁。外皮紧细而有沟，或有不规则的纵皱纹及横长皮孔。表面红棕色至暗棕色。质坚实，不易折断。断面成纤维状，外层为红棕色的栓皮层，内部呈黄色或淡黄色，粉性足。以条粗、色红、皮细、体重而坚实、切口面光滑、粉性大、甜味浓者为佳。

2. 产地及产期

主产于内蒙古、河北、山西、甘肃、青海、新疆、山东等地。秋季采挖，晒干供应。

3. 在食品加工及烹调中应用

甘草调味可赋甜增香，去异压腥，是我国民间常用之品。可磨粉泡汁代替蔗糖作甜味剂，但更多用于调配复合香辛料，用于畜禽肉类酱、卤等调味，在猪肉制品中添加0.03%～3%，牛肉制品中添加0.01%～0.6%，禽类制品中添加0.25%～02%，蜜饯中添加2%～6%。

（十二）草果

草果也称草果仁、草果子等，是姜科豆蔻属植物，取其果实用于调味，也可用根、茎、叶调味。草果具有特殊芳香气，味辛辣，微回苦。主要呈味物质为烯醛、柠檬醛、香叶醇、草果酮等。中医取其果实（含种子）入药，性辛、温，有燥湿健脾、祛痰截疟的作用。

1. 形态鉴别

果实为长圆形或钝角三棱形，长 3～4cm，直径 1.5～2.5cm。外皮棕褐色，由多数突起的总棱和相对形成的纵沟纹。顶端有一圆突起小凹脐，为宿萼残基。底部常带有短果柄。果皮革质韧性，易纵向剥开。内有种子团，由隔膜分成 3 瓣，每瓣有种子 10～20 枚。种子为不规则多面多角形，棕色，外被灰色薄膜，质坚硬，破开后见白色种仁。气特异而臭，味辛辣。果实以个大饱满、表面红棕色者为佳。

2. 产地及产期

主产于云南、广西、贵州等地。立秋后果实变为灰褐色时采收。放入开水中烫约 2min 取出晒干，微火焙过备用。

3. 在食品加工及烹调中应用

草果调味具较强的去膻除腥作用，可增香添味、促进食欲。我国使用广泛，多用于烧、炖、焖、酱、卤等长时间加热畜禽及肉类制品。猪肉制品添加 0.1%～1%，羊肉制品添加 0.2%～1%，牛肉制品添加 0.05%～0.7%，禽类制品添加 0.05%～0.3%，灌肠制品添加 0.03%～0.1%。另外还用于禽蛋调味、配制复合香辛料。

（十三）孜然

孜然是维吾尔语的音译名，也称孜然芹、安息茴香、野茴香等，是伞形花科植物，取其果实作调味品，嫩茎可作蔬菜。孜然具有特殊浓厚的香气，微有薄荷气而又似橘皮，回味微苦而又稍具蜇舌感。因烤羊肉串常用之，故一般将其描述为“烤羊肉串味”。主要呈味物质为孜然醛、孜然醇、松油萜、β-水芹烯和酮类等。入药可驱风散寒、暖胃健脾、利尿逐水、散结消肿。

1. 形态鉴别

果实呈黄绿色，干后呈淡黄色或褐色，狭长椭圆形，外侧有 3 条明显的次棱，有短毛，形似小茴香果实但较小，为小茴香果实的 1/5～1/4。以果实饱满、均匀、味香浓者为佳。

2. 产地及产期

主产于新疆。一般秋季采收果实，晒干后供用。

3. 在食品加工及烹调中应用

孜然调味可去除膻异，增添风味，促进食欲。过去多用于烹制烤羊肉串、烤全羊、馕坑烤包子、抓饭等，现在还用于猪、牛、禽类肉制品加工及作涮羊肉佐料。另有孜然系列食品，如孜然锅巴等。孜然还可作复合香辛料如咖喱粉、涮羊肉等的配料。孜然因其具有特殊赋香能力，给食品带来令人愉悦芳香，受到大多数消费者的喜爱。其用量多寡随个人爱好，但一般不超过 3%。

该科植物蛇床也称野茴香、野胡萝卜，其果实称蛇床子，细小，呈椭圆形，长 2～4mm，直径约 2mm。表面灰黄色或灰褐色，顶端有两枚向外弯曲的柱基。果瓣背面有薄而突起的纵棱五条，接合面平坦，有两条棕色略突起的纵棱线。果皮松脆。种子细小，灰褐色，显油性。气芳香，味辛凉，有麻舌感。民间有用作调料，易与孜然果实混同，使用时应注意鉴别。

另有本科植物川芎，也称芎䓖、小叶川芎，其根茎结节拳形团块，直径 1.5～7mm。表面深黄棕色，由多数平行隆起的轮节，上端有凹陷的茎痕，下侧及轮节上有多数细小瘤状根痕。质坚实，断面近似黄色，散有淡黄色油点，形成层呈波状花纹。香气浓郁，味苦、辛，微具回甜，有麻舌感。国内民间有将其用作调味品者，用法基本类似山柰。

（十四）丁香

丁香也称公丁香、雄丁香、丁子香、支解香等，是桃金娘科丁香属植物，取其干燥花蕾作调味品。其香气浓郁，稍具辛辣感。主要呈味成分为丁香油、丁香酚、乙酰丁香酚、丁香烯等。中医入药，性辛、温，有温脾胃、降逆气、镇痛的作用。

1. 形态鉴别

未开放花蕾形如钉形，长 1.5～2cm，上端近圆球形棕黄或棕色，下部花柄方圆柱形，为全长的 3/4，有细皱纹，籽棕色。质脆易折断，断面呈油性。以芳香浓厚、个大均匀、色泽棕红者为佳。母丁香为果实，可同用，但味较差。

2. 产地及产期

我国海南、云南有分布，但产量低，多为进口。一般 6～7 月采收未开放花蕾，晒干供用。

3. 在食品加工及烹调中应用

丁香调味可除臭解异、赋香增味，烹调中应用广泛，常用于畜禽蛋及鱼类酱、卤、烧、蒸、煮、炖等。同时，也是许多复合香辛料的组成成分。因丁香香味浓烈，故在使用时，投量不宜过大，否则会严重影响成品口味。

在非酒精性饮料中添加 0.002%～0.01%，猪肉制品中添加 0.02%～0.3%，牛肉和羊肉中添加 0.01%～0.1%，兔肉制品添加 0.05%～0.1%，禽类制品添加 0.05%～0.5%，醉蟹中添加 0.4%，焙烤食品中添加 0.12%，腌渍品中添加 0.06%～0.4%，汤类中添加 0.02%～0.1%，火腿中添加 0.1%～0.8%。

（十五）白芷

白芷为伞形花科当归属植物兴安白芷（*Angelica dahurica*）、库叶白芷

(*A. anomala*)、杭白芷(*A. taiwaniana*)的根。另外,本科牛尾独活属植物河北独活(*Heracleum moellandorffii*)、滇白芷(*H. scabridum*)、川鄂独活(*H. hemsleyanum*)的根也被当作白芷使用。使用时取其根作调味品。白芷具芳香气,味微辛、苦。主要呈味物质为白芷素、白芷醚等。中医入药,性辛、温,有祛风散湿、化瘀、生肌止痛的作用。

1. 形态鉴别

兴安白芷(祁白芷)的根为圆锥形,似萝卜,长10~20cm,直径2~4cm,外皮土黄色。断面白色、粉性,气芳香,味微辛苦。以根条肥壮均匀、皮细、坚硬、光滑、粉性足、香气浓、无抽皱者为佳。

库叶白芷(川白芷)的根为圆锥形,头部略显方楞,略似胡萝卜,长10~20cm,直径2~5cm,外皮灰褐色或棕褐色,质坚实。断面白色或微黄色,皮层有棕色油点,气味及品质优者条件同上。

杭白芷(香白芷)的根为圆锥形,有方楞,头大尾细,长10~15cm,中部直径2~5cm,顶端方圆形,有茎痕。皮孔横长,多排列成4行,质坚实,断面白色或灰白色、粉性。皮层有棕黄色油点,形成层显棕色环,略方形。气味及品质优者条件同上。

2. 产地及产期

全国广泛栽培,但栽培种类因地而异。一般秋季或寒露时采根,晒干或切片后晒干供用。

3. 在食品加工及烹调中应用

白芷调味可增香添味、脱臭除异、增进食欲。多与其他香辛料配合使用,用于畜禽蛋类的酱、卤、炖、烧、煮等,以及复合香辛料的制备。猪肉制品添加0.1%~0.5%,牛肉制品添加0.1%~0.2%,灌肠制品添加0.1%~0.2%,禽类制品添加0.02%~0.5%。许多名吃,如道口烧鸡、聊城熏鸡及药膳川芎白芷鱼头中均添加白芷,成为这类食品的特征性风味。

(十六)陈皮

陈皮也称橘皮,是芸香科柑橘属植物橘、大红柑、福橘、黄岩蜜橘及朱橘、天台蜜橘、樱橘、温州蜜橘等的干燥果皮。鲜、干果皮均可作为调味料使用。其干品微具香气,有苦味和辛涩感。主要呈味物质为柠檬烯、香叶醇、松油醇、芳樟酯等。中医入药,性苦、辛、温,有理气健胃、燥湿化痰的作用。

1. 形态鉴别

果皮常剥成数瓣,基部相连,有的呈不规则片状,厚1~4mm。外表面橙红色或红棕色,有皱纹及凹下的点状油式。内表面呈浅黄白色,粗糙,附黄白色或黄棕色筋络状纤维管束,质脆,气香,味辛、苦。

2. 产地及产期

我国南方诸省均产。10～12 月采果去皮，晒干供用。

3. 在食品加工及烹调中应用

陈皮调味可增香添味、去腥解腻。我国使用普遍，多用于调配卤料、复合香辛料等。猪肉制品添加 0.1%～0.5%，鸡肉制品添加 0.1%～0.5%，鸭类添加 0.3%～1.2%，鱼类添加 0.1%～0.5%，野味类添加 0.2%～2%。鲜品可用于调拌凉菜或与干品同用。亦有加工成休闲食品食用，有清凉解暑、解油腻之功效，如九制陈皮。

（十七）五味子

五味子也称山花椒、乌梅子、软枣子等，为木兰科植物五味子［*Schisandra chinensis*（Turcz.）Baill］，取其干燥果实作调味品。其皮肉甘、酸，核中辛、苦，果肉、果核都有咸味。主要呈味物质为五味子素、五味子醇、五味子酯等。《本草纲目》记载："五味子今有南北之分，南产者红北产者黑，入滋补药，必用北者为良。"五味子含有较多的营养成分，每 100g 鲜果中含蛋白质 1.6g、脂肪 1.9g、可溶性固形物 8～14g、有机酸 6～10g、维生素 C21.6mg、胡萝卜素 32μg。种仁中含有五味子素甲、乙、丙，五味子酸甲、乙，五味子脂甲等成分。《神农本草》将五味子列为上品。唐代医学家、药王孙思邈说："常服五味子以补五脏气。"中医入药，性温，味酸、甘。有收敛固涩、益气生津、补肾宁心的功效，主治肺虚咳嗽、自汗盗汗、遗精遗尿、久泻久痢等症。现代医学认为，五味子是一种较为理想的神经系统兴奋剂。经常服用还能调节胃分泌和促进消化，并对肝脏有一定的保护作用。

另有同属植物华中五味子（*Schisandra sphenanthera* Rehd. et wils）（南五味子、向苏、红铃子）亦可同用。

1. 形态鉴别

多年生落叶藤本。小枝灰褐色，皮孔明显。叶互生，广椭圆形或倒卵形，长 5～10cm，宽 2～5cm，先端急尖或渐尖，边缘有细齿；叶柄淡粉红色。花单性异株，生于叶腋，花梗细长柔软；花被片 6～9，乳白色或粉红色，芳香；雄花雄蕊 5；雌蕊群椭圆形，心皮 17～40，覆瓦状排列于花托上，果熟时呈穗状聚合果。浆果球形，肉质，熟时深红色。花期 5～6 月，果期 7～9 月。生于半阴湿的山沟、灌木丛中。五味子果实呈不规则球形，黏韧，直径 5～8mm。表面紫红色或暗红色，油润，由网状皱纹。种子 1 或 2 粒，肾形，长 4～5mm，宽 3～4mm，表面棕黄色，有光泽。华中五味子较小，直径 2～5mm，表面暗红色或棕褐色，果皮肉质较薄，无光泽。

2. 产地及产期

北五味子主产于辽宁、黑龙江、吉林。秋收采果晒干供用。华中五味子主产于河南、山西、甘肃，秋季采收果实。

3. 在食品加工及烹调中应用

作为辛香料常用于酱、卤、炖、烧肉类原料，用量一般为0.01%～0.2%。也有生食干果者，除入药外，食品工业常用其加工果汁、果酒等饮品。

第五节　复合香辛调味料及其应用

香辛调味料用于调味，除少数种类可单独使用外，绝大多数需根据不同原料、不同烹调方法及不同食品风格特征等进行配合使用，以获得特殊的调味效果。复合香辛调味料是采用多种香辛调味料按一定配比采用传统或现代加工技术调配而成的具有特殊香气、味感和色泽的复合调味品。香辛调味料按不同配比制成的复合香辛调味料，可赋予食品不同的色、香、味、营养及药效。目前常见品种有咖喱粉、五香粉、十三香、调馅王和炖肉料等。其配方无统一标准，各厂家均有各自配方。我国传统名吃名肴，如德州扒鸡、皇家烤肉等均以其特殊的、配方保密的复合香辛调味料来调和滋味。如前所述，复合香辛调味料没有统一的配方和加工方法，但应用香辛调味料生产复合调味料又有一些规律可循，只要搞清各种原料的味道特征、一般添加量、与其他味的关系等知识，就可以在一定范围内任意调配。但香辛料的应用应点到为止，一切要归于自然，不可超量使用，否则会使食品带有浓重的药味，使食品在味的方面失去美感与享受的特征。

一、国外复合香辛调味料的应用

（一）在不同口味中的应用

在不同口味中使用不同香辛料，如甜味食品中可加入肉桂、茵陈蒿、八角、小茴香、姜、迷迭香等；酸味食品中可加入茵陈蒿、胡椒、牛膝草、月桂、芥子、肉桂；咸味食品中可加入胡椒、大蒜、肉豆蔻、葛缕子、小豆蔻、莳萝等；高脂肪类食品中可加入洋葱、辣椒、大蒜、香菜、牛膝草、肉豆蔻等。

（二）在不同动物性食品中的应用

牛肉中常添加胡椒、众香子、肉豆蔻、肉桂、姜、蒜、芫荽、洋葱、小豆蔻、肉豆蔻衣等；猪肉中常添加胡椒、肉豆蔻及其衣、众香子、丁香、月桂、百里香、鼠尾草、芹菜子、洋葱、大蒜等；羊肉中常添加胡椒、肉豆蔻及其衣、肉桂、丁香、众香子、鼠尾草、月桂、生姜、芫荽、牛至等；鱼肉中常添加胡椒、姜、洋葱、蒜、肉豆蔻、芫荽、芹菜子、众香子、芥菜子等。

（三）不同作用的香辛料应用

1. 赋香作用

在猪、牛、羊肉中添加肉豆蔻、丁香、芥菜、莳萝、芫荽、欧芥、黄蒿、茴香等；在鸡肉中添加欧芥、芥菜、黄蒿、茴香等；在鱼贝类中添加芥菜、欧芥、莳萝等；在蔬菜中添加肉豆蔻、欧芥、芥菜、黄蒿、莳萝、茴香、芫荽等起赋芳香作用。

2. 去异脱臭作用

在猪、牛、羊肉中添加姜葱类、月柱、洋苏叶、陈皮、麝香草等；在鸡肉中添加月桂、葱类、陈皮、洋苏叶、麝香草等；鱼贝类中添加月桂、大蒜、葱类、陈皮、麝香草等；在蔬菜中添加月桂、葱类、洋苏叶、麝香草、芥末、胡椒等起去异脱臭作用。

3. 赋色作用

在许多原料中添加辣椒、胡椒、芥末、咖喱粉等起赋辛辣、增进食欲作用，而添加红辣椒、番红花、郁金、咖喱粉等还有赋色作用。

4. 脱腥作用

去除鱼腥味较好的香辛料有肉豆蔻、肉豆蔻衣、月桂；其次为丁香、众香子、肉桂、洋葱、大蒜、姜、鼠尾草、小豆蔻、芫荽等。去除羊肉膻味较好的香辛料有孜然、丁香、众香子、月桂、鼠尾草；其次为肉豆蔻、小豆蔻、葛缕子、肉桂、芫荽、大蒜、莳萝、香荚兰豆、姜、甘牛至、罗勒、薄荷、紫苏等。去除豆腥味较好的香辛料有肉豆蔻、肉豆蔻衣、丁香、众香子、肉桂、月桂、鼠尾草、小豆蔻、芫荽等。

（四）国外使用复合香辛调味料的原则

（1）首先考虑对异味的遮除效果，其次考虑与加香产品的适应性。

（2）香辛调味料粉末添加量一般小于0.8%，精油和油树脂为0.02%。

（3）具有苦涩味的香辛调味料用量不宜过大。

二、我国复合香辛调味料的应用

（一）麻味和辣味香辛调味料在不同味型中的应用

麻辣类香辛调味料广泛用于食品与菜点的调味。麻味和辣味香辛调味料在常见味型中的应用见表7-4，供参考。

表 7-4　麻味和辣味香辛调味料在常见味型中的应用

味型	主味	辅助味	主味调味品	辅助调味品	菜例	烹调方法	地域	备注
麻辣	麻、辣、醇厚	咸、鲜、微甜、香浓	花椒面 20g，干辣椒面 75g，红油辣椒 100g，姜末 10g	葱段 20g，酱油 10g，盐 5g，料酒 15g，白糖 15g，味精 5g，芝麻 30g，香油 5g	麻辣牛肉丝	炸收	川	
	麻、辣、微苦	咸、鲜、香、微酸、甜	花椒 5g，干辣椒 15g，陈皮 5g，姜 10g	葱 20g，蒜 10g，酱油 15g，盐 5g，料酒 10g，醋 5g，白糖 5g，香油 10g，味精 2g	陈皮鸡丁	炒	川	
	麻、辣剧烈	咸、鲜、香、烫	花椒 5g，郫县豆瓣 25g，干辣椒 10g，胡椒粉 1g	姜末 5g，葱花 10g，酱油 15g，盐 4g，料酒 5g，味精 2g，清汤 200g	水煮牛肉	煮	川	
	麻、辣豉香	咸、鲜、香、烫	郫县豆瓣 25g，辣椒面 1g，花椒 1g	豆豉 5g，料酒 5g，酱油 8g，盐 2g，葱花 15g，姜米 5g，蒜泥 10g	麻婆豆腐	烧	川	
	麻、辣，以辣为主	咸、鲜、微酸、甜	郫县豆瓣 25g，胡椒粉 0.5g，花椒面 1g	盐 2g，酱油 10g，料酒 6g，糖 6g，醋 4g，味精 1g，葱花 4g，姜米 3g，蒜泥 3g	炒野鸡红	炒	川	主料为牛通脊肉，芹黄
	麻、辣，麻味突出	咸、鲜、香、脆	红油辣椒 20g，花椒面 4g	酱油 15g，芝麻面 10g，味精 1g，盐 6g	夫妻肺片	卤	川	
	麻、辣柔和	咸、鲜、微甜	辣椒油 15g，花椒油 10g	酱油 25g，料酒 5g，白糖 20g，味精 1g，盐 2g	麻辣鸡块	火靠	鲁	糖用于炒糖色
	微麻、辣	咸、鲜、香酥	花椒面 0.5g	精盐 5g，味精 1g，料酒 25g，葱花 5g，香油 5g	焦盐兔片	炒	湘	
	生麻辣味	咸、鲜、微甜	生花椒面 3.5g	盐 3g，酱油 25g，料酒 10g，白糖 20g，葱段 25g，姜片 10g，香油 10g	麻辣鸡	炸收	鲁	
	麻辣香	咸、鲜、香、微甜	花椒面 15g，辣椒面 15g，五香面 4g	盐 3g，酱油 15g，南酒 15g，香油 5g，味精 2g，白糖 2g，葱、姜、蒜各 10g	麻辣泥鳅	炸收	川	

续表

味型	主味	辅助味	主味调味品	辅助调味品	菜例	烹调方法	地域	备注
家常	咸、鲜、辣味较重	微甜	盐3g，酱油7g，味精2g，郫县豆瓣20g，胡椒粉0.2g	糖4g，料酒8g，葱花10g，姜末5g，青蒜5g	家常海参	烧	川	
	咸、鲜、微辣、带麻味	微有甜味	盐5g，味精1g，豆瓣酱5g，花椒粒1g	糖2g，生粉2g，蒜茸4g，料酒5g	四川鲜虾仁	炒	川	
	咸、鲜、泡椒香、辣味轻柔	微有甜味	泡辣椒4g，盐6g，味精1g	糖2g，料酒5g，鸡油5g，葱片8g，姜片2g，蒜片4g	三鲜锅巴	贴	川	
	咸、鲜、辣味很小	微酸	酱油15g，盐2g，味精1g，泡椒丝2g	姜丝1g，醋2g，料酒15g	芹黄嫩牛肉丝	炒	川	
	咸、鲜、胡辣	微酸、回口甜	盐2g，味精1g，梅林酱油16g，胡椒粉3g	番茄汁25g，白糖8g，料酒8g，姜3g	梅林牛柳	炒	淮扬	
	咸、鲜，辣味醇厚	甜、香	红油50g，椒盐5g，味精1g，盐1g	糖粉2g，芝麻粉2.5g，香油2g	灯影苕片	拌	川	苕片指红薯片
	咸、鲜、微胡辣	微有甜味	盐3g，酱油8g，胡椒面1.5g，味精1g	白糖2g，料酒5g，鸡油10g，葱、姜各10g	五丝红蒸鱼块	蒸	淮扬	
	豉香浓郁而鲜、咸、较辣	微甜、香	豆豉50g，盐3g，味精1.5g，郫县豆瓣25g	白糖3g，料酒30g，大葱50g，姜25g，蒜25g，香油8g	豉汁排骨	烧	川	
	咸、鲜、辣味浓重	微甜、香	郫县豆瓣45g，酱油10g，味精2g	料酒2g，葱、姜各10g	家常豆腐	烧	川	
	咸、鲜、酸辣、甜，甜味较重	葱、姜、蒜香	盐2g，酱油10g，醋10g，糖25g，味精1g，胡椒粉0.5g，郫县豆瓣30g	蒜泥10g，葱段8g，姜米3g，料酒6g	鱼香肉丝	炒	川	
	咸、鲜、酸、甜，辣味醇和	葱、姜、蒜香	泡辣椒末40g，酱油10g，盐4g，味精1g，糖10g，醋10g	葱花、姜末、蒜末各10g，料酒15g	鱼香小滑肉	炒	川	

续表

味型	主味	辅助味	主味调味品	辅助调味品	菜例	烹调方法	地域	备注
鱼香	咸、鲜、酸、辣、甜味较小	葱、姜、蒜香	酱油 10g，盐 3g，醋 10g，泡辣椒末 40g，味精 1g，胡椒面 2g，糖 7g	葱末 10g，姜末 6g，蒜末 15g，料酒 10g	鱼香狗肉片	炒	川	
	咸、鲜、甜、辣、酸味较重	葱、姜、蒜味浓郁	红辣椒油 18g，盐 5g，味精 2g，白糖 10g，醋 20g	姜末 10g，葱末 20g，蒜泥 10g	鱼香青圆	拌	川	
酸辣	辣而酸味重	香、鲜	白糖 50g，芥末 4g	酱油 20g，味精 1g，香油 3g	生鱼片	拌	鲁	
	辣而微酸	咸、鲜、香	胡椒粉 2g，醋 5g	盐 5g，味精 2g，料酒 8g，酱油 3g，香油 4g	烩乌鱼蛋汤	烩	鲁	
	酸、辣而有柔和麻味	咸而微有甜味，蒜香浓	醋 10g，辣椒粉 2g，花椒油 3g，红油 15g	白糖 3g，大蒜 15g，盐 5g	酸辣晶头	拌	川	
	酸而有胡辣味	咸、鲜	醋 50g，白胡椒面 2.5g	盐 4g，料酒 8g，葱丝 15g，姜末 5g，姜汁 4g	醋椒鱼	炖	鲁	
	酸辣浓厚，微麻	咸、鲜	醋 50g，胡椒粉 4g，花椒 1g，泡辣椒末 25g	盐 6g，姜片 3g，蒜片 7g，料酒 15g，味精 1.5g	酸菜鱼	炖	川	
	麻、辣、酸、香	咸、鲜	醋 30g，胡椒粉 1g，花椒油 10g	酱油 20g，料酒 10g，盐 1g，味精 1g	酸辣汤	氽	鲁	
	酸而有生蒜辣味	咸、鲜、香	醋 40g，蒜泥 25g	酱油 50g，香油 10g，甜面酱 25g，葱、姜丝 10g	肉丝拉皮	拌	鲁	
	酸、辣味轻	咸、鲜	米醋 5g，辣椒油 5g，胡椒粉 1g	料酒 30g，盐 5g，葱、姜各 15g，味精 1g，鸡油 15g	菊花鱿鱼	扒	湘	
	酸、辣浓重	咸、鲜、甜香	芥末酱 25g，辣椒酱 20g，醋精 5g	酱油 30g，白糖 15g，熟芝麻 10g，香油 25g，葱丝 40g，蒜末 25g，姜末 15g	生拌鱼	拌	川	
	酸而辣味突出	咸、鲜、甜、香	干辣椒 10g，鲜红辣椒 20g，生姜 10g，花椒 2g，白醋 25g	盐 5g，白糖 30g，香油 10g	酸辣莴笋	拌	川	

续表

味型	主味	辅助味	主味调味品	辅助调味品	菜例	烹调方法	地域	备注
蒜泥	蒜味浓重、辣	咸、鲜	蒜泥30g，红油辣椒40g	酱油30g，味精2g，葱花5g，冰糖2g，花椒、桂皮、甘草各0.5g	蒜泥白肉	拌	川	
	蒜味浓，辣味重	咸鲜微酸	蒜泥25g，红油辣椒50g	酱油20g，盐2g，味精1g，醋5g	蒜泥蚕豆	拌	川	
	蒜辣纯正	咸、酸香	大蒜30g	盐5g，醋25g，香油10g	蒜泥莴苣	拌	鲁	
	蒜香及辣味适中	咸、香、酒香	蒜泥10g，辣椒油10g	葱、姜各5g，盐5g，味精2g，曲香酒10g，芝麻油15g	蒜泥凤爪	拌	浙	
	蒜味轻，微辣，	咸、鲜	蒜茸5g，红辣椒丝2g	葱丝5g，盐3g	蒜茸扇贝	拌	闽	
	蒜香较弱	微酸，微甜	蒜末6g	白醋3g，糖1.5g，味精1g，生抽7g，盐1g	蒜茸鱼片	拌	闽	
椒麻	椒麻味浓重	咸、鲜、香	花椒10g	酱油15g，盐5g，味精1g，香油10g，葱段20g，葱叶15g，姜块20g	椒麻鱼片	拌	川	
	椒麻味适中	咸、鲜、微甜、酸、香	花椒2.5g	白酱油10g，盐3g，味精1.5g，糖3g，醋2g，香油8g，姜25g，葱白25g，葱叶75g	椒麻肚丝	拌	川	
	椒麻味较突出	咸、鲜	花椒盐3g	精盐3g，料酒5g，味精2g，葱、姜、蒜各5g	椒盐鱼条	炸	闽	
	椒麻味较弱	咸、鲜	红椒粒0.5g	盐5g，蒜茸4g，味精1g，料酒5g	椒盐焗肉排	焗	粤	
姜汁	姜香浓郁	咸、酸、鲜、香	姜汁20g	盐5g，醋20g，白酱油15g，味精1g，香油15g	姜汁豇豆	拌	川	
	姜辣适当	咸、酸、鲜、香	鲜姜10g	盐5g，味精2g，醋8g，香油10g	姜汁鸡块	拌	鲁	
	姜香纯正	咸、香	鲜姜15g	盐5g，香油15g	姜汁扁豆	拌	鲁	

续表

味型	主味	辅助味	主味调味品	辅助调味品	菜例	烹调方法	地域	备注
姜汁	姜香为主，辣味较少	酸、咸、鲜、香	姜末 10g	醋 30g，酱油 40g，香油 4g，盐 1g，味精 2g	姜汁赤贝	炒	鲁	
	姜香轻柔	咸、鲜、辣、香、酸	姜 5g	盐 5g，味精 2g，酱油 2g，镇江醋 3g，料酒 3g，香油 2g，胡椒面 1g，白糖 2g，葱 5g	姜汁猪蹄	拌	川	
	姜味较弱	咸、鲜、酸、辣	姜末 2g	盐 3g，味精 1g，酱油 5g，红油 12g，胡椒粉 0.5g，醋 4g	姜汁热碗鸡	拌	川	
红油	辣味浓重	咸、鲜、微酸回甜	红油辣椒 40g	盐 3g，酱油 10g，味精 2g，白糖 10g，醋 10g，香油 5g，姜 10g	红油笋丝	拌	川	
	辣味较浓	甜、咸、鲜	辣椒油 30g	白糖 30g，盐 4g，味精 1g，香油 2g，葱 15g，蒜泥 10g	红油耳丝	拌	川	
	辣香醇和	甜、微酸、咸、鲜	红油 10g，香油 20g	白糖 25g，番茄酱 30g，盐 5g，味精 2g，料酒 10g，葱 10g，姜 8g	红油大虾	叉烧	粤	
	辣香轻柔	咸、鲜、微甜	辣椒油 15g	酱油 20g，白糖 10g，味精 2g，香油 5g，葱白 10g	辣油口条	拌	鲁	用白煮的猪口条
香辣	味辣鲜香	酸、甜	泡辣椒 50g，酱油 20g，味精 1g	醋 15g，白糖 15g，盐 6g，料酒 15g，姜片 15g，蒜片 15g，葱段 15g	辣子鱼块	烧	川	
	香辣醇和	酸、甜、鲜、咸	辣椒油 30g	盐 3g，味精 1g，白糖 16g，醋 10g，南酒 8g，酱油 10g	香辣赤贝	爆	鲁	
	辣、酱、香	咸、鲜、	郫县辣酱 10g	盐 2g，豆豉 7g，糖 2g，酱油 5g，味精1g，料酒 6g	盐煎肉	煎	川	
	微辣、酱香浓郁	微甜、咸、鲜	郫县辣酱 4g，甜面酱 14g	料酒 7g，味精 1g，酱油 3g，糖 5g	回锅肉	煸	川	

续表

味型	主味	辅助味	主味调味品	辅助调味品	菜例	烹调方法	地域	备注
香辣	香辣适中	甜、咸、鲜	红干辣椒 10g	盐 4g，酱油 20g，料酒 15g，白糖 30g，葱丝 2g，姜、蒜各 3g	干烧鲳鱼	烧	鲁	白糖一半用于炒糖色
	酱香浓厚，辣味适中	咸、鲜、微甜	郫县豆瓣酱 40g，甜酱 10g	豆豉 5g，料酒 15g，酱油 10g	生爆盐煎肉	爆	川	
	辣味浓重、香麻	咸、鲜、酸甜	干红辣椒 20g，花椒 2g	味精 1g，盐 5g，酱油 20g，醋 10g，白糖 15g，料酒 10g，姜、蒜各 2g，葱 3g	宫保鸡丁	爆	川	
	香辣醇厚、柔和、微麻	咸、鲜	辣椒油 100g，花椒粉 2g	盐 8g，味精 1g，蒜泥 2g，葱花 5g	川北凉粉	拌	川	
	辣、麻、香	酸、甜	红辣椒 2g，花椒油 25g，辣椒油 10g	白糖 35g，白醋 25g，盐 3g，葱、姜丝各 10g	辣油瓜皮	拌	鲁	
	辣、芝麻香	酸、咸、鲜	小红辣椒 20g，香油 8g	盐 3g，味精 2g，米醋 20g，料酒 20g	发丝牛百叶	炒	湘	
	芝麻香浓厚，微辣	咸、鲜	香油 50g，辣椒面 5g	盐 8g，味精 2g	香辣五丝	拌	鲁	
葱香	葱味浓重，微辣	咸、鲜、微辣	葱白 150g	白酱油 5g，盐 5g，味精 1g，白糖 2g，胡椒粉 1.5g	葱爆牛肉丝	爆	闽	
	葱香浓郁	咸、鲜、微甜	葱 100g，葱油 35g	盐 4g，酱油 8g，料酒 5g，味精 1g，白糖 15g	葱烧海参	烧	鲁	
	葱香醇厚	咸、鲜	葱 100g	酱油 10g，盐 7g，味精 3g，料酒 8g，白糖 3g	葱烧肥鸭	烧	闽	

续表

味型	主味	辅助味	主味调味品	辅助调味品	菜例	烹调方法	地域	备注
葱香	葱香味浓	咸、鲜、微辣、甜、辣	葱白 100g	酱油 10g，盐 3g，味精 1g，白糖 10g，米醋 8g，胡椒粉 1g，香油 5g，姜 10g	葱烧鲤鱼	烧	淮扬	
	葱香较浓	咸、鲜、微辣	葱 50g	盐 3g，酱油 10g，胡椒面 2g，味精 2g，香油 10g，料酒 10g，姜 20g	葱烧鲜鱼	烧	川	
	葱味较醇厚	咸、鲜、酸	葱 50g	盐 3g，酱油 25g，味精 2g，料酒 10g，醋 10g，姜末 15g	葱焖鲫鱼	焖	鲁	
芥末	辣味强烈	咸、鲜、酸味重、微甜	芥末 100g	醋 50g，酱油 25g，盐 2g，白糖 15g，香油 15g，味精 1g，姜、葱各 6g	芥末扇贝	拌	川	也可用辣根代替芥末
	芥末味重	咸、鲜、香、微酸	芥末 50g	白酱油 25g，盐 1g，香油 15g，味精 1g，白醋 10g	芥末鸡丝	拌	川	也可用辣根代替芥末
	芥末辣味醇和	咸、微酸	芥末酱 25g	香油 10g，盐 4g，醋 3g，白糖 2g，黄酒 12g，葱、姜汁 15g	芥末鱼片	拌	川	也可用辣根代替芥末
	酸辣均衡	咸、香	芥末糊 25g，醋 20g	盐 4g，香油 10g，料酒 5g	芥末蹄筋	拌	鲁	也可用辣根代替芥末
	辣酸均衡	咸、甜	芥末面 25g，米醋 25g	盐 3g，味精 2g，白糖 30g	芥末菜墩	拌	川	也可用辣根代替芥末

续表

味型	主味	辅助味	主味调味品	辅助调味品	菜例	烹调方法	地域	备注
怪味	怪味浓厚，咸、辣、麻、甜、酸、香俱全	葱、姜、蒜香	酱油 10g，白糖 15g，精盐 2g，醋 10g，红油辣椒 20g，郫县豆瓣 15g，豆豉 10g，芝麻酱 1g，花椒面 2g，味精 2g，胡椒面 1g，香油 10g	葱 5g，姜 5g，蒜泥 10g	拌兔丁	拌	川	
	怪味、麻味，咸鲜突出	葱、姜、蒜香	酱油 20g，白糖 2g，醋 2g，花椒面 3g，盐 3g，红油辣椒 5g，芝麻酱 2g，熟芝麻3g，香油 1g，味精1g，油酥豆瓣 3g	姜末 1g，蒜泥 2g，葱花 1g	怪味鸡丝	拌	川	
	怪味，甜味稍突出		辣椒粉 10g，甜面酱 10g，花椒粉 1g，白糖 15g，醋 5g，精盐 4g		怪味鸡块	拌	川	
	怪味，辣味突出	葱、蒜香味	辣椒油 35g，酱油 15g，盐 4g，白糖 10g，香油 15g，醋 15g，熟芝麻 10g，花椒粉 1g	葱花 15g，蒜末 10g	怪味鸡块	拌	川	
	怪味、酸味突出，麻味柔和	葱、姜、蒜香	红油辣椒 10g，醋 30g，盐 2g，酱油 10g，味精 2g，白糖 25g，豆豉茸 30g，芝麻酱 5g，花椒油 3g	姜末 5g，蒜末 4g，葱花 10g	怪味苦瓜	拌	川	

注：表中菜肴成品质量以 500g 计。

（二）复合香辛调味料在不同原料中的应用

不同的食品加工原料与烹饪原料应采用不同的调味料，复合香辛调味料在不同原料中的应用见表 7-5。

表 7-5 复合香辛调味料在不同原料中的应用

原料	菜例	烹调技法	所加香辛料量	其他调料量	地域
猪肉类	天福号酱肘子	酱	大茴香 0.5g，花椒 0.5g，桂皮 1g，鲜姜 2g	食盐 8g，料酒 2.5g，糖色 2.5g，老汤 750g	京
	酱猪肉	酱	大葱 5g，大蒜 1.5g，鲜姜 10g，丁香 1g，桂皮 7.5g，白芷 2.5g，小茴香 1g，山柰 2.5g，大茴香 2.5g	酱油 45g，大盐 7g，绍兴酒 5g	津
	真不同酱肉	酱	葱 10g，姜 10g，蒜 10g，白芷、山柰、丁香、八角花椒、桂皮、草蔻、良姜、小茴、草果、陈皮、肉桂各 0.15g	精盐 8g，白糖 25g，酒 1.5g，老汤 750g	吉、黑
	六味斋酱肘花	酱	大料 0.8g，砂仁 1.5g，桂皮 1.25g，花椒 2.1g，生姜 15g	食盐 7g，绍兴酒 1g，糖色 2g，味精 3g，老汤 750g	晋
	信阳酱汁猪肉	酱	鲜姜 10g，大茴香 2g，小茴香 1.5g，丁香、草果、肉桂、良姜、白芷各 0.5g，桂皮、花椒各 1g	食盐 7.5g，白糖 2.5g，绍兴酒 7.5g，白酒 5g	豫
	无锡肉骨头	酱	丁香 0.1g，大茴香 2.5g，桂皮 2.5g，鲜姜 10g，葱 25g	精盐 5g，酱油 45g，白糖 17.5g，陈酒 15g	苏
	砂仁肘子	酱	砂仁面 1g，大葱 10g，姜 10g	红曲 20g，白糖 10g，盐 9g，绍兴酒 10g	吉
	樊记腊汁肉	酱	大葱 4g，姜 4g，大茴香、桂皮、玉果、砂仁、良姜、荜拔、草果、花椒各 6g	精盐 2g，冰糖 3g，酱油 40g，黄酒 10g，老汤 750g	陕
	秦雁牌五香头肉	酱	生姜 5g，大茴香 3g，花椒 3g，山柰 3g，良姜 3g，丁香 3g，小茴香 1g，桂皮 3g	酱油 30g，食盐 3.5g，白酒 4g，老汤 750g	陕
	新乡罗锅肉	酱	花椒 0.3g，桂皮 0.5g，大茴香 0.6g，良姜 0.4g，草果、丁香、玉果、荜拔各 0.2g	精盐 8g，酱油 10g，老汤 750g	豫
	卤猪头肉（卤水）	卤	生姜 7.5g，肉桂 1.5g，良姜 1g，丁香 0.3g，八角 2g，荜拔 0.8g，白芷 0.3g，山柰 0.8g，草果 1.2g	食盐 8g，酱油 10g，料酒 10g	豫

续表

原料	菜例	烹调技法	所加香辛料量	其他调料量	地域
猪肉类	卤猪头肉（卤水）	卤	花椒 10g，陈皮 16g，甘草 16g，八角 10g，草果 10g，丁香 1g，桂皮 10g	水 2kg，酱油 88g，食盐 10g，白糖 44g	粤
	卤猪头肉	卤	花椒 4g，八角 2.5g，桂皮 4g，丁香 1.5g，草果 4g	酱油 35g，精盐 3g，白糖 25g，黄酒 6.2g	皖
	红烧肘子	烧	葱 8g，姜 6g，花椒、大料、桂皮、砂仁、豆蔻、丁香、草果、小茴香各 0.5g	酱油 16g，盐 5g，味精 1g，白糖 10g，绍酒 10g，糖色 2g	鲁
	荷叶粉蒸肉	蒸	桂皮 4g，丁香 5g，大料 6g，葱 10g，姜 5g	酱油 50g，白糖 35g，香油 3g	苏
	荷叶粉蒸肉	蒸	葱姜丝 25g，山柰、丁香、八角各 0.4g，桂皮 0.85g	甜面酱 30g，白糖 12g，绍酒 35g，酱油 30g	湘
	荷叶粉蒸肉	蒸	大料 0.5g，葱姜各 10g	熟猪油 15g，料酒 50g，盐 3g，白糖 15g，酱油 30g	湘
	荷叶粉蒸肉	蒸	花椒、桂皮各 1g，葱、姜适量	甜面酱 20g，酱油 30g，细盐 1g，南酒 14g	皖
	粉蒸肉	蒸	花椒、桂皮 4g，大料 2g，葱姜丝 12g	精盐 1.2g，酱油 30g，甜面酱 18g，料酒 12g	鲁
	红烧猪大肠	烧	花椒 0.75g，大茴香 0.75g，桂皮 0.75g，丁香、白芷、小茴香各 0.5g，草果 0.75g，陈皮 0.25g，大葱 15g，高良姜 1g	食盐 9g，酱油 5g	豫
	九转大肠	烧	砂仁、肉桂各 6g，葱、姜、蒜各 3.3g	白糖 3.4g，酱油 3.3g，醋 13g，盐 6g，味精 1g，料酒 7g	鲁
	油走四喜肉	炸	大葱 1.5g，鲜姜 1.5g，花椒 1g，八角 1.5g，白芷 1.25g，桂皮 1.25g	酱油 40g，白糖 10g，精盐 3g，绍酒 20g，蜂蜜 5g	黑
	广式烤肉	烤	五香粉 0.3g	精盐 8g，白酱油 12g，饴糖 0.6g	沪
	腊猪肉	腌腊	五香粉 1.5g	酱油 10g，盐 8.5g，白砂糖 25g，味精 1.5g，60°高粱酒 7.5g	赣

续表

原料	菜例	烹调技法	所加香辛料量	其他调料量	地域
猪肉类	腌猪头	腌	花椒 1.5g，八角 1.5g	白糖 15g，白酒 10g，酱油 25g，食盐 9g	豫
	琵琶火腿	腌腊	大茴香、花椒、荜拔、草果、良姜、桂皮、陈皮、豆蔻各 1g，丁香 0.5g	白酱油 15g，食盐 7.3g	豫
	风干猪肝（腌后再洗晒、晾挂）	风干	花椒、桂皮、大茴香各 0.5	食盐 10g，白酒 10g，酱油 10g	黔
	成都元宝鸡	风干	五香粉 1.5g，花椒 7.5g	精盐 8.2g	川
	封鸡	风干	草果 1.5g，八角 1.5g，白胡椒 0.75g	精盐 7.4g	滇
	熏肉	熏	香叶 1g，桂皮 1.5g，八角 1.5g，小茴香 1.5g，花椒 1g，丁香 0.5g	食盐 9g	鲁
	熏猪肉	熏	桂皮 2g，八角 1g，花椒 1g	食盐 3g	黑
香肠灌肠制品	济南香肠	晾干	丁香 1.25g，莳萝子 2g，砂仁、企边桂、大茴香各 0.75g，花椒 2g	深色酱油 55g	鲁
	北京香肠	晾干	肉蔻面、砂仁面各 0.25g	酱油 45g，食盐 3.5g，白酒 7.5g，白糖 20g	京
	天津香肠	晾干	胡椒面 0.5g，肉蔻面 0.25g	食盐 3.5g，酱油 15g，白糖 40g，味精 1g，白酒 15g	津
	南京香肠	腊	五香面 0.5g	食盐 10g，白糖 32.5g	苏
	山东香肠	腊	鲜姜 5g，大葱 5g，花椒面 1.25g，丁香面 0.7g，砂仁面 0.4g，小茴香面 0.4g	酱油 60g，植物油 5g	鲁
	辽宁小香肠	腊	五香面 2.5g，白芷面、肉蔻面、陈皮面、桂皮面、山柰面、花椒面、大料面各 5g，丁香面、砂仁面各 2.5g	食盐 7.5g，白糖 25g，黄酒 50g，香油 10g	辽
	太原香肠	腊	花椒面 15g，豆蔻仁面 0.5g，砂仁面、莳萝子面各 0.6g	盐 9.5g，味精 1g，白酱油 12.5g，白酒 3g，白糖 12.5g	晋
牛羊类	炸牛肉干	炸	大葱 10g，姜 5g，蒜 25g，花椒粉 1g，五香粉 1g	精盐 7g，酱油 5g	鲁

续表

原料	菜例	烹调技法	所加香辛料量	其他调料量	地域
牛羊类	灯影牛肉干	卤等	胡椒粉、花椒粉各 1.5g，生姜 10g，混合香料（肉桂 25%，丁香 3%，荜拔 8%，八角 5%，甘草 2%，桂子 6%，山柰 6%）1g	食盐 8g，白糖 5g，白酒 5g，麻油 10g	川
	靖江牛肉脯	烘	大茴粉、五香粉、生姜汁各 1g，胡椒粉少许	白糖 37.5g，味精 0.75g，黄酒 2.25g	苏
	烤全羊	烤	姜黄粉 4g，胡椒粉 2.5g，孜然 4g	蛋黄 2 个，精盐 7.25g	新
道口烧鸡	道口烧鸡	烧	砂仁 0.25g，豆蔻 0.25g，丁香 0.25g，草果、陈皮各 2g，肉桂、高良姜、白芷各 0.3g，荜拔、大料各 0.25g	盐 7.3g，老汤 750g	豫
	符离集烧鸡	烧	花椒、大料、小茴香各 0.5g，山柰、良姜、丁香、白芷、桂皮、陈皮、川椒各 0.25g	食盐 8g，老汤 750g	皖
	天德店熏鸡	熏	花椒、八角、桂皮各 1g，姜 0.25g，葱 1 段	酱油 5g，盐 5g，黄酒 24g	京
	内蒙熏鸡	熏	大料 1g，丁香、肉蔻、荜拔、花椒、砂仁、桂皮各 0.5g，姜 10g	食盐 7.5g	内蒙古
	聊城熏鸡	熏	陈皮、花椒、大料各 0.5g，桂皮1g，小茴香、丁香、砂仁、豆蔻各 0.25g	食盐 5g，白糖 1g	鲁
	德州五香脱骨扒鸡	扒	姜 3.3g，小茴香、肉蔻、草果、草寇、陈皮、花椒各 0.7g，砂仁0.1g，丁香 0.35g，白芷、桂皮 1.7g，八角 1.2g，山柰 1g	食盐 10g，酱油 53g	鲁
	玉记扒鸡	扒	生姜 2g，丁香、肉桂 2.5g，砂仁、紫蔻、大料、茴香各 1g，玉果、白芷各 0.5g	酱油 30g，精盐 2.5g，饴糖 10g，口蘑 1g	鲁
	常熟酱鸡	酱	葱、姜各 3.3g，茴香、桂皮、陈皮各 1.67g，丁香 0.33g，砂仁 0.2g	盐 2g，酱油 40g，白糖 3.3g，绍酒 2.3g	苏
	正阳楼酱鸡	酱	大蒜、鲜姜各 3.3g，大料 1.67g，桂皮 1.33g，大葱 6.6g，花椒 0.66g	盐 3.3g，酱油 20g，白糖 10g	黑
	卤鸡（卤水）	卤	花椒、桂皮、大料、草果各 2.5g，陈皮、甘草各 3g，丁香 0.5g	白糖 11g，生抽 22g，食盐 4g	粤
	北京烤鸡	烤	花椒、小茴香、大葱、鲜姜各 3g	食盐 8g，糖色 5g，香油 3g	京

续表

原料	菜例	烹调技法	所加香辛料量	其他调料量	地域
鸭类	南京板鸭	腌	小茴香 1g	盐 8.2g	苏
	杜广兴板鸭	腌	小茴香 0.02g，八角、生姜、葱适量	粗盐 8.9g	皖
	六安酱鸭	酱	桂皮、鲜姜各 1g，花椒、陈皮各 0.33g，丁香、砂仁各 0.07g	酱油 10g，盐 9g，白糖 10.7g	皖
	杭州酱鸭	酱	丁香 1g	盐 5g，酱油 20g，黄酒 4g，酱色 0.4g	浙
	卤鸭（卤水）	卤	姜 6.6g，葱、茴香各 1.67g，八角、山柰各 3.3g，桂皮 3g	盐 5g，酱油 16.6g，冰糖、白糖、料酒各 16.6g	皖
	樟茶鸭	熏、蒸	大茴香、花椒、陈皮、肉桂、桂皮、排草、灵草、草果共 17g，葱、姜少许	精盐 10g	川
	天津熏野鸭	熏	大葱 20g，鲜姜 10g，大料 1g，陈皮 2g，桂皮 15g，丁香 0.5g	食盐 2g，酱油 40g，白糖 7.5g，黄酒 10g	津
	苏州红烧野鸭	烧	砂仁 5g，大葱 3g	盐 5g，黄酒 10g，酱油 20g	苏
	挂炉鸭	烤	桂皮 1.5g，八角 1.5g	麦芽糖 10g，味精 8g	苏
其他类	广东烧鹅	烧	五香粉 2g，蒜 1g，碎葱白 1g	豉酱 8g，麻油 1g，盐 8g，白糖 2g，50°白酒 0.5g，芝麻酱 1g，生抽 2g	粤
	油炸麻雀	炸	葱 7.5g，生姜 5g，桂皮 3.75g，山楂 2g，丁香 1.25g，大茴香 0.5g	酱油 40g，麻油 20g，白糖 20g，盐 0.25g	皖
蛋类制品	五香松花蛋	腌	小茴香、山楂、丁香、荜拔、良姜各 0.5g，肉蔻、砂仁各 0.24g	盐 20g，碱面 50g，草木灰 3g	豫
	五香茶鸡蛋	卤	茶叶 12.5g，花椒 1g，大料、桂皮、姜各 2.5g，小茴香 1.5g，葱 5g	盐 5g，酱油 25g	民间
	卤制蛋	卤	八角 20g，桂皮 20g，丁香 5g，甘草 10g	白糖 20g，白酒 5g，酱油 2g	民间
	五香卤腌蛋（广州红卤）	卤	大茴、甘草、桂皮、草果各 2.5～3g，山柰、花椒、丁香各 1.5g	沸水 500g，酱油 70g，冰糖 50g，盐 16g，绍酒 50g	粤
	广州白卤蛋	卤	大茴、甘草、桂皮、草果各 2.5～3g，山柰、花椒、丁香各 1.5g	沸水 500g，白酱油 70g，冰糖 50g，盐 16g，绍酒 50g	粤

续表

原料	菜例	烹调技法	所加香辛料量	其他调料量	地域
蛋类制品	江浙和北方制卤蛋	卤	大茴香、桂皮各 7.5g，姜 10g，葱 25g	沸水 50g，酱油 60g，白糖 100g，盐 10g，绍酒 75g，红曲 20g	苏、浙
	鹌鹑皮蛋	腌	红茶 5g，豆蔻 2.5g，桂皮 2.5g，丁香 2.5g，白芷 2.5g	盐 10g	
水产制品	砂仁鲫鱼	炖	胡椒 1.5g，砂仁、辣椒、小茴香各 3g，陈皮 6g，荜拨 1.5g，葱 15g，姜 10g，蒜 10g	盐 5g	
	红烧头尾（青鱼）	烧	八角 2g，葱段 15g，姜片 10g	酱油 5g，醋 5g，盐 3g，糖 5g，黄酒 20g	皖
	三彩元鱼	烧	花椒 1.5g，大料 1g，桂皮 1g，大葱 3 段，姜 2 片	盐 4g，酱油 7.5g，味精 2g，香油 5g，料酒 7.5g	辽
	盐水虾	煮	八角 0.5g，花椒 1.5g，葱 10g，姜 20g	盐 7.5g，黄酒 15g	皖
	熏鱼	熏	桂皮、五香粉各 1.25g，八角 1.5g，葱、姜各 5g	酱油 25g，盐 5g，白糖 37.5g，黄酒 10g，醋 20g	皖
	鲫鱼羹	煮	荜拔、胡椒、辣椒、陈皮各 1.5g，砂仁 3g，小茴香 3g，葱 25g，姜 10g，蒜 1g	盐 5g	
其他制品	酥全菜	酥	白芷 0.8g，芫荽、花椒、丁香、桂皮各 0.8g，葱 40g，姜 20g	酱油 40g，醋 40g，盐 2g，料酒 6g	鲁

注：表中菜肴成品质量以 500g 计。

（三）复合香辛调味料在不同烹调技法中的应用

不同的烹调技法应采用不同的复合香辛调味料，复合香辛调味料在不同烹调技法中的应用见表 7-6。

表 7-6　复合香辛调味料在不同烹调技法中的应用

使用范围	菜例	香辛料用量	调味料用量	地域
酱卤制品	真不同酱肉	山柰、桂皮、草蔻、草果、陈皮、白芷、丁香、八角、花椒、高良姜、小茴香各 1.5g，葱0.8g，姜 0.5g，蒜 0.5g	盐 10g，糖 25g，酒 1.5g	吉

续表

使用范围	菜例	香辛料用量	调味料用量	地域
酱卤制品	信阳酱汁猪肉	草果 0.5g，肉桂 0.5g，高良姜 0.5g，白芷 0.5g，丁香 0.5g，小茴香 1.5g，八角 2g，花椒 1g，姜 10g	盐 11g，糖 25g，绍酒 7.5g，白酒 5g	豫
	卤猪头肉	生姜 7.5g，肉桂 1.5g，草果 1.2g，高良姜 1.0g，八角 2.0g，荜拔 0.8g，丁香 0.3g，白芷 0.3g，山柰 0.8g，八角 1.0g	盐 8g，酱油 20g，料酒 10g	豫
	南阳长春轩卤猪肉	高良姜 1g，花椒 1g，八角 2g，砂仁 0.5g，丁香 0.5g，陈皮 2.5g，豆蔻 1g，草果 1g	盐 12g，糖 15g，香油 1g，料酒少许	豫
	哈尔滨风干口条	桂皮 10g，甘草 15g，花椒 5g，八角 5g，花椒面 2.5g	盐 2g，酱油 80g	黑
	六味斋酱牛肉	八角 7.5g，花椒 7.5g，桂品 1.25g，丁香 0.75g，香叶 1g，葱 15g，姜 5g，蒜 10g	盐 1g，酱油 60g，糖色 2g	晋
	月盛斋酱牛肉	肉桂 0.6g，八角 1.25g，草豆蔻 1g，白芷、花椒、石榴子各 0.6g	盐 6g，黄酱 70g	京
	北京清真酱肉	花椒 0.5g，八角 0.5g，小茴香 0.5g	盐 7g，酱油 15g	京
	天津清真酱牛肉	葱 5g，姜 1g，蒜 1g，八角 2g，桂皮 1g，山柰 0.5g，小茴香 0.2g，白芷 0.5g，草果 0.2g，丁香 0.15g，花椒 0.1g	盐 4～8g，酱油 20g	津
	周口五香酱牛肉	豆蔻 0.25g，草果 0.5g，八角 0.5g，丁香 0.25g，砂仁 0.25g，白芷 0.5g，高良姜 0.5g，荜拔 0.25g，花椒 0.75g，小茴香 0.25g	盐 10g，酱油 10g	豫
	白切羊肉	桂皮 1g，陈皮 2.5g，葱 2.5g，姜 10g，花椒 1g，八角 1.5g，丁香 0.25g，小茴香 1g	盐 2.5g，糖 25g，酱油 10g，黄酒 12g，香油 25g	鄂
	家常烧鸡	桂皮 5g，山柰 1g，陈皮 2g，花椒 2g，八角 2g，白芷 1.5g，小茴香 1g，丁香 0.5g，姜 2g	盐 10g	冀
	南阳烧鸡	花椒 1g，八角 0.5g，小茴香 0.5g，肉桂 0.5g，荜拔、高良姜、豆蔻、山柰各 0.5g，白芷 0.25g，丁香 0.25g，陈皮 0.25g	盐 9g，冰糖 1.5g，料酒 10g	豫
	符离集烧鸡	花椒、八角、小茴香各 0.5g，山柰、高良姜、丁香、白芷、桂皮、陈皮各 0.25g	盐 8.5g	皖
	德州扒鸡	花椒、肉蔻、山柰各 1g，桂皮 1g，丁香、砂仁各 0.25g	盐 8g，酱油 15g，糖 0.5g	鲁
	侉子烧鸡	八角 0.8g，小茴香 0.75g，花椒 0.6g，陈皮 0.4g，草寇 0.3g，白芷 0.85g，草果 0.4g，高良姜 0.6g，肉桂 0.35g，山柰 0.35g，白蔻 0.35g，丁香 0.4g，砂仁 0.5g	盐 10g，蜂蜜 2g	苏

续表

使用范围	菜例	香辛料用量	调味料用量	地域
酱卤制品	广州卤鸡	甘草 30g，陈皮 15g，丁香、草果各 1.5g，花椒、八角、桂皮各 12g	盐 4g，酱油 40g，糖 15g	粤
	天津脱骨扒鸡	丁香、陈皮、桂皮、白芷、八角、山柰各 1g，小茴香 0.5g，葱 6g，蒜 6g	盐 9g，酱油 10g，黄酒 7.5g，糖稀 2.5g	津
	广州卤鸭	陈皮 2.5g，花椒 2.5g，八角 2.5g，丁香 0.5g，甘草 2.5g，桂皮 2.5g，草果 25g	盐 10g，酱油 20g，糖 10g	粤
	晋县咸驴肉	桂皮 5g，白芷 2.5g，小茴香 1g，山柰 2g，八角 2g，葱 10g，姜 5g，花椒水 50g	盐 25g	冀
烧烤制品	北京烤鸡	葱 3g，姜 3g，小茴香 4g，花椒 4g	盐 8g，糖色 8g，香油 2g	京
	常熟叫化鸡	八角 1 粒，丁香 2 粒，玉果少许，葱、姜少许	酱油 50g，糖 8g，盐少许	苏
	东江盐焗鸡	葱、姜各 8g，八角粉 2g，山柰粉 2g	盐 10g，味精 6g	粤
	烤全羊	姜黄粉 14g，孜然粉 14g，胡椒 2.5g	盐 11g	新
	烤腌肉串	孜然 7.5g，辣椒面 7.5g，洋葱 25g	盐 10g	新
	烤羊排	洋葱 15g，胡椒 2.5g，孜然 1.5g，花椒 5g	酱油 50g，料酒 20g，味精 4g	京
	烤五香驴肉	葱 50g，姜 25g，蒜 20g，丁香 1.5g，香叶 1 片，桂皮 2.5g，花椒 1.5g，胡椒粉 1.5g	盐 10g，豆油 10g，酱油 15g，味精 2g	吉
	洛阳烤全兔	八角 5g，花椒 5g，丁香 0.5g，白芷 3g	盐 10g，蜜汁少许	豫
脱水制品	靖江牛肉脯	胡椒粉 0.5g，姜 7.5g，八角 7.5g，五香粉 7.5g	鱼露 31g，糖 75g，黄酒 2.5g	苏
	鲜居羊肉片	葱 8g，八角 1.5g，桂皮 1.5g	盐 5g，无色酱油 25g，糖 5g	浙
	天津五香肉干	桂皮 1g，陈皮 0.5g，丁香粉 0.15g，八角 2.5g，葱 10g，姜 4g	盐 8g，酱油 30g，糖 30g，白酒 5g	津
	武汉猪肉干	桂皮 2.5g，八角 1.5g，咖喱粉 1g，干辣椒面 2g	盐 10g，酱油 20g，糖 25g，白酒 10g	鄂
	郑州牛肉干	葱 10g，姜 10g，丁香 1g，八角 2g，桂皮 2.5g，陈皮 2.5g	盐 10g，料酒 10g，白酱油 20g，糖 60g	豫
	长沙五香牛肉干	八角 1g，桂皮 1g，甘草 1g，姜 7.5g，辣椒粉 1.5g	盐 10g，酱油 5g，糖 20g，白酒 10g	鄂
	洛阳牛肉干	八角 0.2g，小茴香、草果、白芷、陈皮各 0.2g，花椒、高良姜各 0.3g，荜茇、桂皮、丁香各 0.1g	盐 14g，动物油适量	豫

续表

使用范围	菜例	香辛料用量	调味料用量	地域
腌熏制品	李连贵熏肉	丁香、草蔻、肉蔻、砂仁、肉桂、花椒、八角各 1g	盐 6g	辽
	安阳熏大肠	花椒 5g，桂皮 5g，八角 1.5g，丁香 1.5g，豆蔻 0.25g	盐 10g，酱油 5g，香油少许	豫
	熏套肠	花椒 1g，桂皮 1g，八角 1.5g，丁香 0.5g，豆蔻 0.5g	盐 10g，酱油 10g	豫
	济南熏牛舌	香叶 1g，八角 1.5g，小茴香 1.5g，花椒 1g，桂皮 1.5g，丁香 0.5g	盐 12g	鲁
	安阳熏鸡	白芷 1g，桂皮 1g，丁香 0.25g，山柰 0.5g，豆蔻 0.5g，荜菝 0.5g，姜 20g	盐 13g	豫
	聊城熏鸡	桂皮 1g，陈皮、花椒、八角各 0.5g，小茴香、丁香、砂仁、豆蔻各 0.25g	盐 12g，糖 1g	鲁
	太原熏鸡	葱 5g，蒜 1.5g，姜 1.5g，花椒 0.5g，八角 0.5g，小茴香 0.5g	盐 11g	晋
	卓资山熏鸡	花椒 1.5g，八角 1g，陈皮 2.5g，丁香 0.5g，砂仁 0.5g，豆蔻 0.5g，姜 1g	盐 12g	内蒙古
油炸制品	油走四喜肉	葱 1.5g，姜 1.5g，花椒 1g，八角 1.5g，白芷 1.5g，桂皮 1.5g，肉蔻 1.5g	盐 3g，糖 10g，酱油 45g，料酒 42g，蜂蜜 5g	黑
	红烧猪大肠	花椒 0.75g，八角 0.75g，桂皮 0.5g，丁香 0.5g，白芷 0.5g，小茴香 0.5g，草果 0.75g，陈皮 0.25g，高良姜 10g，葱 15g	盐 10g，酱油 5g	豫
	郑州烧牛肉	八角 0.75g，花椒 0.75g，草果 0.5g，高良姜 0.5g，桂皮 0.5g，丁香 0.25g，姜 5g，葱 10g，红曲米粉 5g	盐 10g，料酒 15g	豫
	振升德烧牛肉	姜 1.5g，葱 15g，八角 1.5g，丁香 1.5g，白芷 0.5g，桂皮 1g，豆蔻 1.5g，草果 1.5g，五香粉 1.5g	盐 2g，酱油 40g	内蒙古
	油炸麻雀	葱 15g，姜 10g，八角 1g，桂皮 7.5g，山柰 4g，丁香 2.5g	酱油 80g，糖 40g，盐 0.5g，麻油 40g	皖
灌肠制品	北京香肠	豆蔻 0.5g，砂仁 0.5g，花椒面 0.5g，姜 2.5g	盐 11g，糖 12g，酱油 15g	京
	辽宁腊肠	花椒面 0.85g，姜 10g，胡椒 1g，豆蔻 0.5g，砂仁 0.75g	盐 11g，糖 12g，酱油 15g	辽
	北京灌肠	葱 12.5g，姜 10g，花椒粉 5g，糖桂花 0.5g，砂仁 0.25g，丁香 0.5g，莳萝 0.25g，豆蔻 0.25g	盐 10g	京

续表

使用范围	菜例	香辛料用量	调味料用量	地域
灌肠制品	陆稿鉴香肠	砂仁 0.03g，豆蔻 0.05g，丁香 0.04g，草果 0.08g，玉果 0.06g，肉桂 0.03g，荜拨 0.08g，花椒 0.06g，八角 0.06g，高良姜 0.1g	盐 10g，糖 25g，酱油 12.5g，绍酒 5g，香油 7.5g	豫
	正阳楼风干肠	草豆蔻 0.1g，肉桂面 0.1g，花椒面 0.05g，姜 0.5g，砂仁 0.08g	无色酱油 9g，盐 5g	黑
	山东香肠	花椒面 2g，丁香面 1g，孜然 7.5g，砂仁面 7.5g，肉桂面 7.5g，葱花 5g，姜末 5g	酱油 60g，麻油 5g	鲁

注：表中菜肴成品质量以 500g 计。

三、常见复合香辛调味料

（一）咖喱粉

1. 咖喱粉特点

在古印度、古埃及，香料被视为至高无上的礼品，不但可食、可用，还代表吉祥如意、幸福美好。咖喱（carry）起源于古印度，词源出于泰米尔族，意即香辣料制成的调味品。在当地咖喱指的是“各种香料混合烹煮”的意思，因此咖喱也被人们称为“香料总汇”。糊状咖喱是用胡椒、肉桂之类芳香性植物捣成粉末和水、酥油混合成的糊状调味品。18 世纪，伦敦克罗斯布勒威公司把几种香辣料作成粉末来出售，便于携带和调和，大受好评。特别是放入炖牛肉中，令人垂涎欲滴。于是咖喱不胫而走，传遍欧、亚、美洲。

在原料的选择方面，咖喱多以多种产于热带及亚热带的香辣植物为原料，如花椒、丁香、桂皮、姜黄、郁金、茴香、八角、黑胡椒等香料。在配制方法上多运用了文火熬制使其达到诸味和谐、主味突出、功能平衡互利。在性状、口味与风格方面不同的咖喱差异很大，状态有糊状、酱状、粉末状等多种形式；口味通常可按照辛辣的程度分为甘口（甜）、中辛（中辣）、辛口（辛辣）三种；色泽多呈褐黄色，也有褐色、黄色、红色，甚至还有绿色的；气味香浓、辛辣，属于复合调料。在应用方面由于咖喱的组成香料均各自拥有独特的香气与味道，有的辛辣、有的芳香，因此食用范围很广，不管搭配肉类、禽类、海鲜或蔬菜瓜果，均有不同的口味。在不同的地域，咖喱有着不同的风格。印度咖喱注重辛辣、浓郁的感觉；巴基斯坦则偏向清香的味觉；泰国、马来西亚等南洋国家则喜爱添加地方风味佐料。咖喱进入日本已有一百五十多年的历史，经过日本文化的熏陶和融合，日本咖喱以温和、甘甜见长，更加适合东方人口味。

咖喱广受喜爱不仅是其浓郁、独特、令人垂涎欲滴的美好滋味，还因为咖喱具有的保健功能。咖喱内含较多粗纤维和蛋白质、多种维生素及钙、铁、磷、镁、钾等多种矿物质，具有温身、健脾、暖胃、刺激食欲等功能。研究发现，咖喱中的香料成分能促进唾液的分泌，促进胃肠的收缩运动，提高消化和吸收功能。日本学者对吃过咖喱饭的人的脑血流量、体温、血压、心跳次数等方面进行过测试，结果发现人们在吃过咖喱后，血压、心跳没有什么特别的变化，但手脚温度的冷却速度却明显减慢。并且咖喱能够使控制集中力的脑波受到了刺激，人脑的血流量有了明显的增加。英国一家生物技术公司的最新研究发现，咖喱中姜黄的提取油可以帮助预防和治疗肠道癌。

2. 咖喱粉的生产

目前，世界各地销售的咖喱粉在配方、工艺上均有较大差异且秘而不宣，各生产厂家均视为机密。仅日本就有数家企业生产不同配方的咖喱粉，且都有自己的固定顾客群。咖喱粉虽然诸家配方工艺不一，但就其香辛料构成来看有10～20种，并可分为赋香原料、赋辛辣原料和赋色原料三个类型，赋香原料，如肉豆蔻及其衣、芫荽、枯茗、小茴香、小豆蔻、众香子、月桂叶等；赋辛辣原料，如胡椒、辣椒、生姜等；赋色原料，如姜黄、郁金、陈皮、藏红花、红辣椒等。一般赋香原料占40%，赋辛原料占20%，赋色原料占30%，其他原料占10%。其中姜黄、胡椒、芫荽、姜、番红花为主要原料，尤其姜黄更不可少。

咖喱粉因其配方不一，又可分为强辣型、中辣型、微辣型，各型中又分高级、中级、低级三个档次，颜色金黄至深色不一，其香浓郁。

1）*咖喱粉配方*

咖喱粉配方见表7-7，供参考。

表7-7 咖喱粉配方 （单位：%）

香辛料	配方一	配方二	配方三	配方四	配方五	配方六	配方七	配方八	配方九
	强辣	微辣	微辣	微辣	中辣	强辣	强辣	中辣	微辣
姜黄	30	30	40	46	25	30	25	28	32
芫荽	10	5	16	23	37	20	26	27	30
枯茗	8	9	7	6	8				
白胡椒	5		5	3		5		4	6
黑胡椒	5		5	3			5		
洋葱	5								
陈皮	4								
胡芦巴	2	2		4	4	9	4	10	
肉豆蔻	3	2		2					
肉桂	2				4			2	

续表

香辛料	配方一	配方二	配方三	配方四	配方五	配方六	配方七	配方八	配方九
	强辣	微辣	微辣	微辣	中辣	强辣	强辣	中辣	微辣
甘草	2	5							
小豆蔻	3	1	7	6	5	10	12	5	12
辣椒	3	1	1	1	4	6	7	4	1
月桂叶	1		3	1					
小茴香	2				2	2	10	2	12
丁香	1	40		4	3	1	2	2	4
姜	2		2	1	4	7	7	4	
葛缕子	2								
大茴香	1					10	2	8	3
大蒜	1								
众香子	1		2		4				
百里香	1								
芥菜子		5	11						
芹菜子			1						
豆蔻衣								2	
多香果								2	

资料来源：林进能等，1991；太田静行，1989

2）咖喱粉在食品加工及烹调中应用

咖喱粉用于调味可赋色添香、去异增辛、促进食欲，可用于多种烹调技法，如炒、靠、熘、烧、烩、炖、煮、蒸等；适用于多种原料，如牛肉、羊肉、猪肉、鸡肉、鸭肉、鹅肉、鱼肉、炸肉、大豆、菜花、萝卜、米饭等，可直接放入菜肴，也可制成咖喱汁浇淋于菜肴上，或与葱花、植物油熬成咖喱油使用。添加量一般在 0.15％～4％，或根据个人喜好及咖喱粉的辣度酌量添加。

（二）五香粉

五香粉也称五香面，是将五种或五种以上香辛料干品粉碎后，按一定比例混合而成的复合香辛料。五香粉是我国最常使用的调味品之一，市售五香粉配方、口味均有较大差异，各生产厂家均有各自配方，且都保密。调配五香粉的主要调香原料有八角、桂皮、小茴香、砂仁、豆蔻、丁香、山柰、花椒、白芷、陈皮、草果、姜、高良姜、甘草等。

1. 五香粉配方

五香粉的配方见表 7-8，供参考。

表 7-8　五香粉配方　　（单位：%）

香辛料	配方一	配方二	配方三	配方四	配方五	配方六	配方七	配方八	配方九
八角	11		31	55		20	12	15	20
桂皮	11	10	16	8	10	43		16	8
小茴香	31	40	16		38	8		10	8
丁香	5	10			10		22	5	2
甘草	32	30		5	29			5	2
花椒		10	31		10	18		11	5
山柰				10	3		44	4	2
砂仁				4			11	4	4
白胡椒				3				6	2
陈皮						6		5	4
豆蔻							11	8	10
干姜				15		5		2	5
芫荽								5	14
高良姜								2	4
白芷			6					2	5
五加皮	10								5

2. 五香粉的应用

五香粉调味可赋香增味、除腥解异、增进食欲。多种香辛料共同发挥作用，使菜品香味和谐而浓郁。可用于烧、靠、卤、蒸、拌、炸、酱、腌等多种烹调技法，并可用于馅心调制。多用于牛、羊、猪、鸡、鸭、鱼等动物性原料食品或菜肴的调味，也可用于萝卜、土豆、白菜、芥菜等蔬菜。添加量一般在 0.02%～3%。五香粉在烹调中应用见表 7-9（主料量均为 500g），供参考。

表 7-9　五香粉在烹调中应用

五香粉用量	其他调味料用量	菜例	技法	来源
7g	红糖 15g，豆腐乳汁 6.5g，姜末 6.5g，酱油 2.5g，葱 6.5g，甜酱 5g，花椒 1g	荷叶粉蒸肉	蒸	川

续表

五香粉用量	其他调味料用量	菜例	技法	来源
0.3g	花椒 1g，醪糟汁 15g，盐 5g，料酒 7.5g，香油 5g，葱 10g，姜 7.5g	烟熏排骨	熏	川
15g	盐 7.5g，醋 25g	五香大头菜	腌	浙
2.5g	白糖 15g，味精 3g，盐 3g，酱油 10g，曲酒 5g，甘草粉 1g，玉果粉 1g，辣椒粉 2.5g	靖江牛肉干	烤	苏
1.5g	盐 8g	五香萝卜干	腌	全国
15g	盐 8g，高粱酒 10g	五香萝卜干	腌	全国
3g	酱油 15g，盐 3g，料酒 10g，糖 15g，葱、姜各 10g，清汤 500g，香油 15g	五香肉干	靠	鲁
0.5g	糖粉 7.5g，芝麻 10g，盐 2g，葱 15g，猪油 10g，熟面粉 9g	包袱饼（馅心）	拌馅	闽
0.3g	砂糖 15g，绿豆粉 11g，猪油 2g，香油 3g，盐 1g，葱 10g	豆蓉月饼（馅心）	拌馅	粤

注：以 500g 原料计

（三）十三香

十三香是指以 13 种以上香辛料，按一定比例调配而成的粉状复合香辛料。地域及饮食风俗的不同，其配方、口味有较大差异。常用香辛料原料有八角、丁香、花椒、云木香、陈皮、肉豆蔻、砂仁、小茴香、高良姜、肉桂、山柰、草豆蔻、姜等。河南省驻马店市王守义十三香调味品集团有限公司出产的王守义牌十三香为中国名牌产品，为“原产地标记保护”产品，其商标为中国驰名商标，其采用的香辛调料有八角茴香、小茴香、花椒、肉桂、白胡椒、高良姜、丁香、肉豆蔻、白芷、砂仁、陈皮、木香、山柰、草果。

十三香风味较五香粉更浓郁，调香效果更明显。

1. 十三香的配方

十三香的配方表 7-10，供参考。

表 7-10　十三香配方　（单位：%）

香辛料	配方一	配方二	配方三	配方四	配方五	配方六	配方七	配方八	配方九
八角	14	20	23	30	50	40	32	10	15
丁香	6	4	3	4	3	7	9	4	5
花椒	6	4	10	5	7	10	12	12	15
云木香	4	5	4	3	2	1	4	3	5

续表

香辛料	配方一	配方二	配方三	配方四	配方五	配方六	配方七	配方八	配方九
陈皮	3	4	2		2	3	2	4	2
肉豆蔻	7	7	5	3	3	2	4	5	4
砂仁	8	8	6	5	4	6	8	6	3
小茴香	10	12	8	10	9	7	10	25	15
高良姜	6	5	5	4	4	3	5	4	5
肉桂	12	10	9	12	6	8	9	12	12
山柰	7	7	6	7	2	4	2	3	5
草豆蔻	8		2	5	2	3	2	4	10
姜	9	9	10	8	4	3	1	7	4
草果		5	7	4	2	3		1	

2. 十三香的应用

十三香调味可增香添味、除异解恶、促进食欲。其用途、用法与五香粉基本相同。

（四）卤水

卤水是用香辛料配以咸味调味品、料酒、汤等浸泡或熬煮制成的复合调味汁。其配方各地均有不同，口味也有较大差异。主要用于浸泡或卤煮猪、牛、羊、鸡、鸭、鹅及其内脏等。常用几种卤水配方见表 7-11 中，供参考。

表 7-11 卤水配方 （单位：g）

配料	北方卤水	广东卤水（白）	精卤水	广东卤水（红）	白卤水
八角	80	30	80	80	10
桂皮	80	30	60	100	
香叶			100		
甘草		10	55	30	10
草豆蔻			50		
丁香			20	20	10
山柰		15	50	25	
陈皮			75	50	
罗汉果			2		
姜片	120	100	100	100	5
香葱	250		250	300	5

续表

配料	北方卤水	广东卤水（白）	精卤水	广东卤水（红）	白卤水
草果		30		30	
花椒		30			10
南酒	750	250	2500	300	
生抽王			5000	1000	
白糖	1000		200		50
冰糖			2000	300	
优质酱油	1000				
精盐	150	300			300
白骨头汤			3000	5000	
清水	5000	5000			
红曲米				200	
老抽王			1000		
味精					10

（五）其他复合香辛料及应用

1. 七味辣椒

由花椒、辣椒、陈皮、罂粟种子、芝麻、麻子、紫菜混合制成的复合调味料。用于日本料理中的腌菜、面类、火锅、猪肉汤、烤肉等。

2. 五香盐

五香粉 100g、八角粉 50g、精盐 500g、白糖 150g 混匀而成，用于粤菜腌渍鸡、鸭、鹅、猪肉、猪排，然后烧制成菜。

3. 淮盐

五香粉 150g，放入 1000g 炒热的精盐中拌匀即可。主要用于粤菜的盐焗、炸、烤等菜肴的味碟。

4. 盐焗鸡料

山柰粉 500g，放入 500g 炒热的精盐中炒匀，再放入鸡精 150g、味精 100g 即可。主要用于盐焗鸡。

5. 葱姜油

去皮老姜 500g、葱白 250g、精盐 15g 制成茸泥，将花生油 1000g 烧至七成热，加入上述葱姜茸泥炒出香味，加味精 50g、鸡精 50g、香油 25g 搅拌均匀即可。主要用于白切鸡、白切肉及白煮、白蒸类菜肴的味碟。

6. 蒜红油

1000g烧至六成熟的红辣椒油，加入250g蒜泥、精盐8g，搅拌均匀即可。主要用于用豆豉调味后的白煮菜肴、白煮类畜禽制品淋汁，如红油口条、红油水晶猪耳朵等。

主要参考文献

曹雁平．2002. 食品调味技术．北京：化学工业出版社
陈锦屏，张伊俐．2000. 调味品加工技术．北京：中国轻工业出版社
陈驹声．1991. 葡萄酒、果酒与配制酒生产技术．北京：化学工业出版社
丁耐克．1996. 食品风味化学．北京：中国轻工业出版社
高福成．1998. 新型发酵食品．北京：中国轻工业出版社
顾国贤．1996. 酿造酒工艺学．北京：中国轻工业出版社
郭勇，郑穗平．2000. 食品增稠剂．北京：中国轻工业出版社
何坚，孙保国．1995. 香料化学与工艺学．北京：化学工业出版社
何荣显．1998. 中国烹调技术．修订版．长春：吉林科学技术出版社
胡国华．2005. 食品添加剂在果蔬及糖果制品中的应用．北京：化学工业出版社
胡慰望，谢笔钧．1992. 食品化学．北京：科学出版社
胡慰望．1992. 食品化学．北京：科学出版社
黄梅丽．1984. 食品色香味化学．北京：中国轻工业出版社
黄年来．1993. 中国食用菌百科．北京：中国农业出版社
霍军生．2007. 铁强化酱油技术指南．北京：中国轻工业出版社
贠建民，张卫兵，赵连彪．2006. 调味品加工工艺与配方．北京：化学工业出版社
李里特．1998. 食品物性学．北京：中国农业出版社
梁雅轩，廖鸿生．1993. 酒的勾兑与调味．北京：中国轻工业出版社
林进能．1991. 天然食用香料生产与应用．北京：中国轻工业出版社
林翔云．2001. 调香术．北京：化学工业出版社
凌关庭．1997. 食品添加剂手册．第二版．北京：化学工业出版社
凌关庭．2000. 天然食品添加剂手册．北京：化学工业出版社
刘惠民．2002. 调味油生产工艺与设备．北京：科学技术文献出版社
刘钟栋．2000. 食品添加剂原理及应用技术．北京：中国轻工业出版社
上海酿造科学研究所．2000. 发酵调味品生产技术．修订版．北京：中国轻工业出版社
孙保国，何坚．1996. 香料概论．北京：化学工业出版社
孙平．2004. 食品添加剂实用手册．北京：化学工业出版社
孙数侠．1990. 食品风味的奥秘．北京：中国食品出版社
太田静行．1989. 食品调味论．北京：中国商业出版社
天津轻工业学院食品工业教学研究室．1985. 食品添加剂．北京：中国轻工业出版社
王德峰．2000. 食用香味料制备与应用手册．北京：中国轻工业出版社
王福源．1998. 现代食品发酵技术．北京：中国轻工业出版社
杨同舟．2001. 食品工程原理．北京：中国农业出版社
曾广植，魏诗泰．1984. 味觉的分子识别．北京：科学出版社
曾名湧，董士远．2005. 天然食品添加剂．北京：化学工业出版社
张克旭，陈宁，张蓓等．1998. 代谢控制发酵．北京：中国轻工业出版社
张克旭．1992. 氨基酸发酵工艺学．北京：中国轻工业出版社
张友松．1999. 变性淀粉生产与应用手册．北京：中国轻工业出版社
张云甫．1996. 中外烹饪新调味指南．济南：山东科学技术出版社

赵宝丰 . 2004. 调味品（下）608 例 . 北京：科学技术文献出版社
赵谋明 . 2001. 调味品 . 北京：化学工业出版社
郑建仙 . 1999. 功能性食品 . 第二卷 . 北京：中国轻工业出版社
郑友军，单国生，姜燕等 . 2004. 调味品加工与配方 . 北京：金盾出版社
郑友军 . 2002. 新版调味品配方 . 北京：中国轻工业出版社
周晓燕 . 2000. 烹调工艺学 . 北京：中国轻工业出版社
朱海涛，董贝森 . 1999. 调味品及其应用 . 济南：山东科学技术出版社

索　引

附录1 实　　验

实验一　常用调味料的识别、品质检验

一、实验目的及原理

（一）实验目的

通过本实验让学生了解常用调味料的性状，掌握调味料的识别、品质检验方法与质量控制措施。

（二）实验原理

以多种天然调味料为原料，经粉碎或切片处理，进行观察和品尝对调味料的感官性状及风味特征进行品评和质量鉴定。

二、实验材料、仪器和设备

（一）实验材料

八角，花椒，陈皮，姜，白胡椒，黑胡椒，辣椒 ，麻椒，芥末，丁香，黄芪，当归，茴香，香叶，孜然，草果，豆蔻，千里香，肉豆蔻，白芷，桂皮等。

（二）仪器和设备

植物粉碎机、干粉混合器。

三、操作步骤

（一）对调味料的识别

调味料是指能赋予食品香、辛、麻、辣、苦、甜等典型气味的食用香料植

物，每种调味料都有明显的感官特征和独特的风味，可以从感官上进行鉴别。

（二）对各种调味料进行鉴别

（1）外观形状；
（2）典型的滋味；
（3）香气（特征气味）；
（4）组织状态。

（三）调味料的初加工

粉碎：将天然调味料粉碎成粒度为 0.125 mm（120 目）的粉剂备用。
切片：将天然调味料切制成薄片备用。

四、结果分析

按天然调味料应具备的品质（色、香、味、形）进行品质鉴评。

五、注意事项

天然调味料应保存于阴凉干燥处，以防发霉变质。

实验二　酸味调味品的制作及其品质检验

一、实验目的及原理

（一）实验目的

通过本实验让学生了解酸味调味品番茄沙司的制作原理，掌握番茄沙司的制作工艺及操作要点，了解产品品质评定及质量控制方法。

（二）实验原理

番茄沙司是在番茄泥或番茄酱中加入砂糖、食盐、醋、辛香料及其他辅料制成酱状调味料。原料中番茄的质量和配料中醋、辛香料的选择、配比等是影响番茄沙司质量的重要因素。

二、实验材料、仪器和设备

（一）实验材料

番茄，醋精，砂糖，食盐，洋葱，大蒜，大料，丁香，桂皮，肉豆蔻，辣椒。

（二）仪器和设备

夹层锅，配料罐，打浆机，匀浆机，浓缩罐，浆体灌装机，黏度计。

三、操作步骤

（一）配方的确定

番茄泥 10L，30％的醋精 0.1L，砂糖 0.5kg，食盐 0.1kg，大料 5g，丁香 4g，桂皮 3g，肉豆蔻 1g，辣椒 1g，洋葱 20g，大蒜 5g。

（二）工艺流程

各种香辛料 → 配比 → 熬煮 → 过滤 → 调味液

番茄泥、盐、糖 → 搅拌 → 熬煮 → 匀浆乳化（加入调味液）→ 杀菌 → 浓缩 → 灌封 → 冷却 → 检验 → 成品

（三）操作要点

（1）将洋葱外衣去掉，切去根须，洗后切成细丝。蒜头去掉外衣，并用斩拌机斩成细末，其他香辛料能洗的要洗净，然后尽可能粉碎或敲碎，再磨制成泥状或粉状。

（2）向夹层锅中加入适量的水和醋酸，再加入各种香辛料，加热煮沸后，加盖 2h，然后用过滤，渣子应加适量水再煮一遍，过滤取汁，作为下次煮调味料的用水。

(3) 将所有配料（除调味液）加入夹层锅中，边加热边搅拌，待糖、盐溶化后打浆，通过 0.6～0.8mm 的筛孔过滤。

(4) 匀浆后加入调味液，搅拌煮沸杀菌、匀质、乳化、浓缩后趁热灌装封口，先以 50℃左右热水淋洒降温，再分段冷却到 30～40℃，防止瓶口浸水。

四、结果分析

按番茄沙司品质评定方法进行品质鉴评。产品应为暗红色，酱体细腻，不分层，黏度及稠度适中，可溶性固形物＞33％，氯化钠 3％～5％，酸度（以醋酸计）0.8％～1.2％。

五、注意事项

(1) 调味液最好现用现煮，如要多煮，分次使用，应把配方中的糖、盐一同加入调味液中，这样可提高调味液中的渗透压，达到抑制有害微生物的作用。必须储存于陶缸或不锈钢桶中。

(2) 空瓶用清水洗净，倒置带孔容器中，在 115℃、15min 条件下消毒后备用。瓶盖用沸水消毒，沥干备用。如使用塑料聚酯瓶，应采用消毒液浸泡消毒。如果灌装后不进行二次杀菌，则必须采用无菌灌装封口技术。

实验三　复合香辛调味料的制作及其品质检验

一、实验目的及原理

（一）实验目的

通过本实验让学生了解复合香辛调味料的制作原理，掌握复合香辛调味料的制作工艺及操作要点，了解产品品质评定及质量控制方法。

（二）实验原理

以多种天然调味料为原料，经粉碎、混合、调配制成具有复合香辛味的专用调味料。

二、实验材料、仪器和设备

（一）实验材料

八角（大料），花椒，陈皮，姜，白胡椒粉，辣椒粉，麻椒，芥末，糊精等。

（二）仪器和设备

植物粉碎机、干粉混合器。

三、操作步骤

（1）配方的确定：八角（大料）粉 20g，花椒粉 18g，陈皮粉 2g，姜粉 5g，白胡椒粉 2g。

（2）粉碎：按配方要求准确称取各种原料，用粉碎机粉碎成粒度为 0.125mm（120 目）的粉剂备用。

（3）将各种调味粉放入混合器中充分混合的分布均匀的粉末状复合调味料五香粉。

四、结果分析

按复合调味料品质评定方法进行品质鉴评。

五、注意事项

天然调味料粉一定要保证粒度要求，禁止有未粉碎的大颗粒存在，影响产品的口感和综合品质。

附录2　相关标准与法规

中华人民共和国国家标准 GB18186-2000 酿造酱油

1　范围

本标准规定了酿造酱油的定义、产品分类、技术要求、试验方法、检验规则和标签、包装、运输、贮存的要求。

本标准适用于第 3 章所指的酿造酱油。

2　引用标准

下列标准所包含的条文，通过在本标准中引用而构成为本标准的条文。本标准出版时，所示版本均为有效。所有标准都会被修订，使用本标准的各方应探讨使用下列标准最新版本的可能性。

GB/T 601-1988　化学试剂 滴定分析（容量分析）用标准溶液的制备

GB 2715-1981　粮食卫生标准

GB 2717-1996　酱油卫生标准

GB 2760-1996　食品添加剂使用卫生标准

GB 4789.22-1994　食品卫生微生物学检验 调味品检验

GB/T 5009.39-1996　酱油卫生标准的分析方法

GB 5461-2000　食用盐

GB 5749-1985　生活饮用水标准

GB/T 6682-1992　分析实验室用水规格和试验方法

GB 7718-1984　食品标签通用标准

3　定义

本标准采用下列定义。

酿造酱油 fermented soy sauce

以大豆和（或）脱脂大豆、小麦和（或）麸皮为原料，经微生物发酵制成的具有特殊色、香、味的液体调味品。

4　产品分类

按发酵工艺分为两类。

4.1　高盐稀态发酵酱油（含固稀发酵酱油）

以大豆和/或脱脂大豆、小麦和/或小麦粉为原料，经蒸煮、曲霉菌制曲后与盐水混合成稀醪，再经发酵制成的酱油。

4.2　低盐固态发酵酱油

以脱脂大豆及麦麸为原料，经蒸煮、曲霉菌制曲后与盐水混合成固态酱醅，再经发酵制成的酱油。

5　技术要求

5.1　主要原料和辅料

5.1.1　大豆、脱脂大豆、小麦、小麦粉、麸皮

应符合 GB 2715 的规定。

5.1.2　酿造用水

应符合 GB 5749 的规定。

5.1.3　食用盐

应符合 GB 5461 的规定。

5.1.4　食品添加剂

应选用 GB 2760 中允许使用的食品添加剂，还应符合相应的食品添加剂的产品标准。

5.2　感官特性

感官特性应符合附表 2-1 的规定。

附表 2-1　酿造酱油感官特性

<table>
<tr><td rowspan="3">项目</td><td colspan="8">要求</td></tr>
<tr><td colspan="4">高盐稀态发酵酱油（含固稀发酵酱油）</td><td colspan="4">低盐固态发酵酱油</td></tr>
<tr><td>特级</td><td>一级</td><td>二级</td><td>三级</td><td>特级</td><td>一级</td><td>二级</td><td>三级</td></tr>
<tr><td>色泽</td><td colspan="2">红褐色或浅红褐色，色泽鲜艳，有光泽</td><td colspan="2">红褐色或浅红褐色</td><td>鲜艳的深红褐色，有光泽</td><td>红褐色或棕褐色，有光泽</td><td>红褐色或棕褐色</td><td>棕褐色</td></tr>
<tr><td>香气</td><td>浓郁的酱香及酯香气</td><td>较浓郁的酱香及酯香气</td><td colspan="2">有酱香及酯香气</td><td>酱香浓郁，无不良气味</td><td>酱香较浓，无不良气味</td><td>有酱香，无不良气味</td><td>微有酱香，无不良气味</td></tr>
<tr><td>滋味</td><td colspan="2">味鲜美、醇厚、鲜、咸、甜适口</td><td>味鲜，咸甜适口</td><td>鲜咸适口</td><td>味鲜美，醇厚，咸味适口</td><td>味鲜美，咸味适口</td><td>味较鲜，咸味适口</td><td>鲜咸适口</td></tr>
<tr><td>体态</td><td colspan="8">澄清</td></tr>
</table>

5.3　理化标准

5.3.1　可溶性无盐固形物、全氮、氨基酸态氮应符合附表 2-2 的规定。

附表 2-2　酿造酱油可溶性无盐固形物、全氮、氨基酸态氮含量

<table>
<tr><td rowspan="3">项目</td><td colspan="8">要求</td></tr>
<tr><td colspan="4">高盐稀态发酵酱油（含固稀发酵酱油）</td><td colspan="4">低盐固态发酵酱油</td></tr>
<tr><td>特级</td><td>一级</td><td>二级</td><td>三级</td><td>特级</td><td>一级</td><td>二级</td><td>三级</td></tr>
<tr><td>可溶性无盐固形物，g/100mL</td><td>≥15.00</td><td>13.00</td><td>10.00</td><td>8.00</td><td>20.00</td><td>18.00</td><td>15.00</td><td>10.00</td></tr>
<tr><td>全氮（以氮计）g/100mL</td><td>≥1.50</td><td>1.30</td><td>1.00</td><td>0.70</td><td>1.60</td><td>1.40</td><td>1.20</td><td>0.80</td></tr>
<tr><td>氨基酸态氮（以氮计）g/100mL</td><td>≥0.80</td><td>0.70</td><td>0.55</td><td>0.40</td><td>0.80</td><td>0.70</td><td>0.60</td><td>0.40</td></tr>
</table>

5.3.2　铵盐

铵盐（以氮计）的含量不得超过氨基酸态氮含量的 30%。

5.4　卫生标准

应符合 GB 2717 的规定。

6　试验方法

所用试剂均为分析纯，实验用水应符合 GB/T 6682 中三级水规格。

6.1　感官特性

按 GB/T 5009.39-1996 第 3 章检验。

6.2　可溶性无盐固形物

样品中可溶性无盐固形物的含量按附式（2-1）计算：

$$X = X_2 - X_1 \tag{2-1}$$

式中，X——样品中可溶性无盐固形物的含量，g/100mL；

X_2——样品中可溶性总固形物的含量，g/100mL；

X_1——样品中氯化钠的含量，g/100mL。

6.2.1　可溶性总固形物的测定

6.2.1.1　仪器

（1）分析天平：感量 0.1mg；

（2）电热恒温干燥箱；

（3）移液管；

（4）称量瓶：Φ25mm。

6.2.1.2　试液的制备

将样品充分振摇后，用干滤纸滤入干燥的 250mL 锥形瓶中备用。

6.2.1.3　分析步骤

吸取试液（6.2.1.2）10.00mL 于 100mL 容量瓶中，加水稀释至刻度，摇匀。吸取上述稀释液 5.00mL 置于已烘至恒重的称量瓶中，移入（103±2）℃电热恒温干燥箱中，将瓶盖斜置于瓶边。4h 后，将瓶盖盖好，取出，移入干燥器内，冷却至室温（约需 0.5h），称量。再烘 0.5h，冷却，称量，直至两次称量差不超过 1mg，即为恒量。

6.2.1.4　计算

样品中可溶性总固形物的含量按附式（2-2）计算：

$$X_2 = \frac{m_2 - m_1}{10/100 \times 5} \times 100 \qquad (2\text{-}2)$$

式中，X_2——样品中可溶性总固形物的含量，g/100mL；

m_2——恒重后可溶性总固形物和称量瓶的质量，g；

m_1——称量瓶的质量，g。

6.2.1.5　允许差

同一样品平行试验的测定差不得超过 0.30g/100mL。

6.2.2　氯化钠的测定

6.2.2.1　仪器

微量滴定管。

6.2.2.2　试剂

0.1mol/L 硝酸银标准滴定溶液：按 GB/T 601 规定的方法配制和标定。

铬酸钾溶液（50g/L）：称取 5g 铬酸钾，用少量水溶解后定容至 100mL。

6.2.2.3　分析步骤

吸取 2.00mL 的稀释液（吸取 5.0mL 样品，置于 200mL 容量瓶中，加水至刻度，摇匀）于 250mL 锥形瓶中，加 100mL 水及 1mL 铬酸钾溶液，混匀。在白色瓷砖的背景下用 0.1mol/L 硝酸银标准滴定溶液滴定至初显橘红色。同时做空白试验。

6.2.2.4　计算

样品中氯化钠的含量按附式（2-3）计算：

$$X_1 = \frac{(V - V_0) \times c_1 \times 0.0585}{2 \times 5/200} \times 100 \qquad (2\text{-}3)$$

式中，X_1——样品中氯化钠的含量，g/100mL；

V——滴定样品稀释液消耗 0.1mol/L 硝酸银标准滴定溶液的体积，mL；

V_0——空白试验消耗 0.1mol/L 硝酸银标准滴定溶液的体积，mL；

c_1——硝酸银标准滴定溶液的浓度，mol/L；

0.0585——1.00mL 硝酸银标准滴定溶液［c（$AgNO_3$）＝1.000mol/L］相当于氯化钠的质量，g。

6.2.2.5　允许差

同一样品平行试验的测定差不得超过 0.10g/100mL。

6.3　全氮

6.3.1　仪器

（1）凯氏烧瓶：500mL；
（2）冷凝器；
（3）电热恒温干燥器；
（4）氮球；
（5）分析天平：感量0.1mg；
（6）酸式滴定管：25mL；
（7）移液管。

6.3.2　试剂

（1）混合指示液：1份0.2%甲基红乙醇溶液与5份0.2%溴钾酚绿乙醇溶液混合；
（2）混合试剂：3份硫酸铜与50份硫酸钾混合；
（3）硫酸：95%～98%；
（4）2%硼酸溶液：称取2g硼酸，加水溶解定容至100mL；
（5）锌粒；
（6）40%氢氧化钠溶液：称取40g氢氧化钠，溶于60mL水中；
（7）0.1mol/L盐酸标准滴定溶液：按GB/T 601规定的方法配制和标定。

6.3.3　分析步骤

吸取试样2.00mL于干燥的凯氏烧瓶中，加入4g硫酸铜-硫酸钾混合试剂、10mL硫酸，在通风橱内加热（烧瓶口放一个小漏斗，将烧瓶45°斜置于电炉上）。待内容物全部炭化、泡沫完全停止后，保持瓶内溶液微沸。至炭粒全部消失，消化液呈澄清的浅绿色，继续加热15min，取下，冷却至室温。缓慢加水120mL，将冷凝管下端的导管浸入盛有30mL 2%硼酸溶液及2或3滴混合指示液的锥形瓶的液面下。沿凯氏烧瓶瓶壁缓慢加入40mL 40%氢氧化钠溶液、2粒锌粒，迅速连接蒸馏装置（整个装置应严密不漏气），接通冷凝水，振摇凯氏烧瓶，加热蒸馏至馏出液约120mL。降低锥形瓶的位置，使冷凝管下端离开液面，再蒸馏1min，停止加热。用少量水冲洗冷凝管下端的外部，取下锥形瓶。用0.1mol/L盐酸标准滴定溶液滴定收集液至紫红色为终点。记录消耗0.1mol/L盐酸标准滴定溶液的毫升数。同时做空白试验。

6.3.4 计算

样品中全氮的含量按附式（2-4）计算：

$$X_3 = \frac{(V_2 - V_1) \times c_2 \times 0.014}{2} \times 100 \quad (2\text{-}4)$$

式中，X_3——样品中全氮的含量（以氮计），g/100mL；

V_2——滴定样品消耗 0.1mol/L 盐酸标准滴定溶液的体积，mL；

V_1——空白试验消耗 0.1mol/L 盐酸标准滴定溶液的体积，mL；

c_2——盐酸标准滴定溶液的浓度，mol/L；

0.014——1.00mL 盐酸标准滴定溶液［c（HCl）＝1.000mol/L］相当于氮的质量，g。

6.3.5 允许差

同一样品平行试验的测定差不得超过 0.03g/100mL。

6.4 氨基酸态氮

6.4.1 仪器

（1）酸度计：附磁力搅拌器；

（2）正确滴定管：25mL；

（3）移液管。

6.4.2 试剂

（1）甲醛溶液：37%～40%；

（2）0.05mol/L 氢氧化钠标准滴定溶液：按 GB/T 601 规定的方法配制和标定。

6.4.3 分析步骤

吸取 5.0mL 样品，置于 100mL 容量瓶中，加水至刻度，混匀后吸取 20.0mL，置于 200mL 烧杯中，加水 60mL 水，开动磁力搅拌器，用氢氧化钠标准溶液［c（NaOH）＝0.05mol/L］滴定至酸度计指示 pH＝8.2［记下消耗氢氧化钠标准滴定溶液（0.05mol/L）的毫升数，可计算总酸含量］。

加入 10.0mL 甲醛溶液，混匀。再用氢氧化钠标准滴定溶液（0.05mol/L）继续滴定至 pH＝9.2，记下消耗氢氧化钠标准滴定溶液（0.05mol/L）的毫升数。

同时取 80mL 水，先用氢氧化钠溶液（0.05mol/L）调节 pH 为 8.2，再加入 10.0mL 甲醛溶液，用氢氧化钠标准滴定溶液（0.05mol/L）滴定至 pH＝9.2，同时做试剂空白试验。

6.4.4 计算

样品中氨基酸态氮的含量按附式（2-5）计算：

$$X_4 = \frac{(V_4 - V_3) \times c_3 \times 0.014}{V_3 \times 5/100} \times 100 \tag{2-5}$$

式中，X_4——样品中氨基酸态氮的含量（以氮计），g/100mL；

V_4——滴定样品稀释液消耗 0.05mol/L 氢氧化钠标准滴定溶液的体积，mL；

V_3——空白试验消耗 0.05 mol/L 氢氧化钠标准滴定溶液的体积，mL；

c_3——氢氧化钠标准滴定溶液浓度，mol/L；

0.014——1.00mL 氢氧化钠标准滴定溶液［c（NaOH）＝1.000mol/L］相当于氮的质量，g。

6.4.5 允许差

同一样品平行试验的测定差不得超过 0.03g/100mL。

6.5 卫生指标和铵盐

按 GB 4789.22 和 GB/T 5009.39 检验。GB/T 5009.39 铵盐含量计算公式中的 0.017 改为 0.014。

7 检验规则

7.1 交收检验

交收检验项目包括：感官特性、可溶性无盐固形物、全氮、氨基酸态氮、铵盐、微生物（菌落总数、大肠菌群）。

7.2 型式检验

型式检验项目包括：技术要求中的全部项目。

型式检验每半年进行一次，有下列情况之一时，亦应进行：

(1) 更改主要原料；
(2) 更改关键工艺；
(3) 国家质量监督机构提出要求时。

7.3 组批

同一天生产的同一品种产品为一批。

7.4 抽样

从每批产品的不同部位随机抽取 6 瓶（袋），分别做感官特性、理化、卫生检验，留样。

7.5 判定规则

7.5.1 交收检验项目或型式检验项目全部符合本标准判为合格品

7.5.2 交收检验项目或型式检验项目如有一项不符合本标准，可以加倍抽样复验。复验后如仍不符合本标准，判为不合格品

8 标签

8.1 标签的标注内容应符合 GB 7718 的规定

产品名称应标明“酿造酱油”，还应标明氨基酸态氮的含量、质量等级、用于“佐餐和/(或) 烹调”。

8.2 执行标准的标注方法

高盐稀态发酵酱油标为“GB 18186-2000 高盐稀态”；低盐固态发酵酱油标为“GB 18186-2000 低盐固态”。

9 包装

包装材料和容器应符合相应的国家卫生标准。

10　运输

产品在运输过程中应轻拿轻放，防止日晒雨淋。运输工具应清洁卫生，不得与有毒、有污染的物品混运。

11　贮存

11.1　产品应储存在阴凉、干燥、通风的专用仓库内

11.2　瓶装产品的保质期不应低于12个月；袋装产品的保质期不应低于6个月

中华人民共和国国家标准 GB2717-2003
酱油卫生标准

1　范围

本标准规定了酱油的指标要求、食品添加剂、生产加工过程的卫生要求、包装、标识、贮存及运输的要求和检验方法。

本标准适用于酿造酱油和配制酱油。

2　规范性引用文件

下列文件中的条款通过本标准的引用而成为标准的条款，凡是注日期的引用文件，其随后所有的修改单（不包括勘误的内容）或修订版均不适用于本标准，然而，鼓励根据本标准达成协议的各方研究是否可使用这些文件的最新版本。凡是不注日期的引用文件，其最新版本适用于本标准。

GB2760　食品添加剂使用卫生标准

GB/T4789.22　食品卫生微生物学检验 调味品检验

GB/T5009.39　酱油卫生标准的分析方法

GB8953　酱油厂卫生规范

SB10338　酸水解植物蛋白调味液

3　术语和定义

下列术语和定义适用于本标准。

3.1　酱油

以富含蛋白质的豆类和富含淀粉的谷类及其副产品为主要原料，在微生物酶的催化作用下分解热成并经浸滤提取的调味汁液，酱油按生产工艺分为酿造酱油和配制酱油，按食用方法分为烹调酱油和餐桌酱油。

3.2　酿造酱油

以大豆和（或）脱脂大豆、小麦和（或）麸皮为原料，经微生物发酵制成的具有特殊色、香、味的液体调味品。

3.3　配制酱油

以酿造酱油为主体，与酸水解植物蛋白调味液、食品添加剂等配制而成的液体调味品。

3.4　烹调酱油

不直接食用的，适用于烹调加工的酱油。

3.5　餐桌酱油

既可直接食用，又可用于烹调加工的酱油。

4　指标要求

4.1　原料要求

应符合相应的标准和/（或）有关规定，其中酸水解植物蛋白调味液应符合SB10338的要求。

4.2　感官要求

具有正常酿造酱油的色泽、气味和滋味，无不良气味，不得有酸、苦、涩等异味和霉味，不浑浊，无沉淀，无异物，无霉花浮膜。

4.3　理化指标

理化指标应符合附表 2-3 的规定。

附表 2-3　理化指标

项目	指标
氨基酸态氮/（g/100mL）≥	0.4
总酸*（以乳酸计）/（g/100mL）≤	2.5
总砷（以 As 计）/（mg/L）≤	0.5
铅（Pb）/（mg/L）≤	1
黄曲霉毒素 B_1/（μg/L）≤	5

* 仅用于烹调酱油

4.4　微生物标准

微生物指标应符合附表 2-4 的规定。

附表 2-4　微生物指标

项目	指标
菌落总数*/（cfu/mL）≤	30000
大肠菌群/（MPN/100mL）≤	30
致病菌（沙门氏菌、志贺氏菌、金黄色葡萄球菌）	不得检出

* 仅适用于餐桌酱油

5 食品添加剂

5.1 食品添加剂质量应符合相应的标准和有关规定

5.2 食品添加剂的品种和使用量应符合 GB2760 的规定

6 生产加工过程的卫生要求

应符合 GB8953 的规定。

7 包装

包装容器和材料应符合相应的卫生标准和有关规定。

8 标识

定型包装的标识要求应符合有关规定。同时在产品的包装标识上必须醒目标出“酿造酱油”或“配制酱油”以及“直接佐餐食用”或“用于烹调”，散装产品亦应在大包装上表明上述内容。

9 贮存及运输

9.1 贮存

产品应贮存在干燥、通风良好的场所。不得与有毒、有害、有异味、易挥发、易腐蚀的物品同处贮存。

9.2 运输

运输产品时应避免日晒、雨淋。不得与有毒、有害、有异味或影响产品质量的物品混装运输。

10　检验方法

10.1　理化指标

按 GB/T5009.39 规定的方法测定。

10.2　微生物指标

按 GB/T4789.22 规定的方法检验。

中华人民共和国国家标准 GB2718-2003
酱卫生标准

1　范围

本标准规定了酱类食品的指标要求、食品添加剂、生产加工过程的卫生要求和检验方法。

本标准适用于以粮食为主要原料经发酵酿造而成的各种酱类食品。

2　规范性引用文件

下列文件中的条款通过本标准的引用而成为本标准的条款。凡是注日期的引用文件，其随后所有的修改单（包括勘误的内容）或修订版均不适用于本标准，然而，鼓励根据本标准达成协议的各方研究是否可使用这些文件的最新版本。凡是不注日期的引用文件，其最新版本适用于本标准。

GB2760　食品添加剂使用卫生标准

GB/T4789.22　食品卫生微生物学检验 调味品检验

GB/T5009.40　酱卫生标准的分析方法

GB14881　食品企业通用卫生规范

3 指标要求

3.1 原料要求

应符合相应的标准和有关规定。

3.2 感官要求

具有正常酿造酱的色泽、气味和滋味，不涩，无其他不良气味，不得有酸、苦、焦煳及其他异味、异物。

3.3 理化指标

理化指标应符合附表 2-5 的规定。

附表 2-5 理化指标

项目	指标
食盐（以 NaCl 计）/（g/100g）	
黄酱	≥12
甜面酱	≥7
氨基酸态氮	
黄酱	≥0.6
甜面酱	≥0.3
总酸（以乳酸计）/（g/100g）	≤2
总砷（以 As 计）/（mg/kg）	≤0.5
铅（Pb）/（mg/kg）	≤1
黄曲霉毒素 B_1 /（μg/kg）	≤5

3.4 微生物指标

微生物指标应符合附表 2-6 的规定。

附表 2-6　微生物指标

项目	指标
大肠菌群/（MPN/100g）	≤30
致病菌（沙门氏菌、金黄色葡萄球菌、志贺氏菌）	不得检出

4　食品添加剂

4.1　食品添加剂质量应符合相应的标准和有关规定

4.2　食品添加剂的品种和使用量应符合 GB2760 的规定

5　生产加工过程的卫生要求

应符合 14881 的规定。

6　包装

包装容器和材料应符合相应的卫生标准和有关规定。

7　标识

定型包装的标识要求应符合有关规定。

8　贮存及运输

8.1　贮存

产品应贮存在干燥、通风良好的场所。不得与有毒、有害、有异味、易挥发、易腐蚀的物品同处贮存。

8.2　运输

运输产品时应避免日晒、雨淋。不得与有毒、有害、有异味或影响产品质量的物品混装运输。

9 检验方法

9.1 理化指标

按 GB/T5009.40 规定的方法检验。

9.2 微生物指标

按 GB/T4789.22 规定的方法检验。

中华人民共和国国家标准 GB2719-2003
食醋卫生标准

1 范围

本标准规定了食醋的指标要求、食品添加剂、生产加工过程的卫生要求和检验方法。

本标准适用于酿造食醋和配制食醋。

2 规范性引用文件

下列文件中的条款通过本标准的引用而成为本标准的条款。凡是注日期的引用文件，其随后所有的修改单（包括勘误的内容）或修订版均不适用于本标准，然而，鼓励根据本标准达成协议的各方研究是否可使用这些文件的最新版本。凡是不注日期的引用文件，其最新版本适用于本标准。

GB2760 食品添加剂使用卫生标准

GB/T4789.22 食品卫生微生物学检验 调味品检验

GB/T5009.41 食醋卫生标准的分析方法

GB8954 食醋厂卫生规范

3 术语和定义

下列术语和定义适用于本标准。

3.1　食醋

以粮食、果实、酒类等含有淀粉、糖类、酒精的原料，经微生物酿造而成的一种液体酸性调味品。

3.2　酿造食醋

单独或混合使用各种含有淀粉、糖的物料或酒精，经微生物发酵酿制而成的液体调味品。

3.3　配制食醋

以酿造食醋为主体，与冰乙酸（食品级）、食品添加剂等混合配制而成的调味食醋。

4　指标要求

4.1　原料要求

应符合相应的标准和有关规定。

4.2　感官要求

具有正常食醋的色泽、气味和滋味，不涩，无其他不良气味与异味，无浮物，不浑浊，无沉淀，无异物，无醋鳗、醋虱。

4.3　理化指标

理化指标应符合附表 2-7 的规定。

附表 2-7　理化指标

项目	指标
游离矿酸	不得检出
总砷（以 As 计）/（mg/kg）	≤0.5

续表

项目	指标
铅（Pb）/（mg/kg）	≤1
黄曲霉毒素 B_1/（μg/L）	≤5

4.4 微生物指标

微生物指标应符合附表 2-8 的规定。

附表 2-8 微生物指标

项目	指标
菌群总数/（cfu/mL）	≤10 000
大肠菌群/（MPN/100g）	≤3
致病菌（沙门氏菌、志贺氏菌、金黄色葡萄球菌）	不得检出

5 食品添加剂

5.1 食品添加剂质量应符合相应的标准和有关规定

5.2 食品添加剂的品种和使用量应符合 GB2760 的规定

6 生产加工过程的卫生要求

应符合 GB8954 的规定。

7 包装

包装容器和材料应符合相应的卫生标准和有关规定。

8 标识

定型包装的标识要求应符合有关规定。同时在产品的包装标识上必须醒目标出“酿造食醋”或“配制食醋”，散装产品亦应在大包装上标明上述内容。

9　贮存及运输

9.1　贮存

产品应贮存在干燥、通风良好的场所。不得与有毒、有害、有异味、易挥发、易腐蚀的物品同处贮存。

9.2　运输

运输产品时应避免日晒、雨淋。不得与有毒、有害、有异味或影响产品质量的物品混装运输。

10　检验方法

10.1　理化指标

按 GB/T5009.41 规定的方法测定。

10.2　菌落总数、大肠菌群、致病菌

按 GB/T4789.22 规定的方法检验。

中华人民共和国国内贸易行业标准 SB/T10170-2007
腐乳

1　范围

本标准规定了腐乳的术语和定义，要求、生产加工过程的卫生要求、试验方法、检验规则、标志、包装、运输和贮存。

本标准适用于第 3 章所指的腐乳。

本标准不适用于以腐乳为原料，经再加工制成的、不具有腐乳形态的其他产品。

2 规范性引用文件

下列文件中的条款通过本标准的引用而成为本标准的条款。凡是注日期的引用文件，其随后所有的修改单（包括勘误的内容）或修订版均不适用于本标准，然而，鼓励根据本标准达成协议的各方研究是否可使用这些文件的最新版本。凡是不注日期的引用文件，其最新版本适用于本标准。

GB317 白砂糖

GB/T601 化学试剂 标准滴定溶液的制备

GB1352 大豆

GB2712 发酵性豆制品卫生标准

GB2757 蒸馏酒及配制酒卫生标准

GB2760 食品添加剂使用卫生标准

GB/T4789.23 食品卫生微生物学检验 冷食菜、豆制品检验

GB/T5009.5-2003 食品中蛋白质的测定

GB/T5009.52 发酵性豆制品卫生标准的分析方法

GB5461 食用盐

GB/T6682 分析实验室用水规格和试验方法

GB7718 预包装 食品标签通则

GB10343 食用酒精

GB/T13662 黄酒

GB14881 食品企业通用卫生规范

JJF1070 定量包装商品净含量计量检验规则

国家质量监督检验疫总局令第 75 号（2005）《定量包装商品计量监督管理办法》

3 术语和定义

3.1 腐乳 fermented bean curd

以大豆为主要原料，经加工磨浆、制坯、培菌、发酵而制成的调味、佐餐制品。

3.1.1 红腐乳 red fermented bean curd

红方 red sufu

在后期发酵的汤料中，配以着色剂红曲酿制而成的腐乳。

3.1.2　白腐乳 white fermented bean curd

白方 white sufu

在后期发酵过程中，不添加任何着色剂，汤料以黄酒、酒酿、白酒、食用酒精、香料为主酿制而成的腐乳。在酿制过程中因添加不同的调味辅料，使其呈现不同的风味特色。大致包括糟方、油方、霉香、醉方、辣方等品种。

3.1.3　青腐乳 grey fermented bean curd

青方 grey sufu

在后期发酵过程中，以低度盐水为汤料酿制而成的腐乳。具有特有的气味，表面呈青色。

3.1.4　酱腐乳 paste fermented bean curd

酱方 paste sufu

在后期发酵过程中，以酱曲（大豆酱曲、香豆酱曲、面酱曲等）为主要辅料酿制而成的腐乳。

4　要求

4.1　原料和辅料要求

应符合相应的标准和有关规定。

4.1.1　大豆

应符合 GB1352 的规定。

4.1.2　白酒

应符合 GB2757 的规定。

4.1.3　黄酒

应符合 GB/T13662 的规定。

4.1.4 食用酒精

应符合 GB10343 的规定。

4.1.5 食用盐

应符合 GB5461 的规定。

4.1.6 白砂糖

应符合 GB317 的规定。

4.1.7 食品添加剂

应符合 GB2760 中允许使用的食品添加剂，还应符合相应的食品添加剂的产品标准。

4.2 感官要求

感官要求应符合附表 2-9 的规定。

附表 2-9 感官要求

项目	要求			
	红腐乳	白腐乳	青腐乳	酱腐乳
色泽	表面呈鲜红色或枣红色，断面呈杏黄色或酱红色	呈乳黄色或黄褐色，表面色泽基本一致	呈豆青色，表里色泽基本一致	呈酱褐色或棕褐色，表里色泽基本一致
滋味、气味	滋味鲜美，咸淡适口，具有红腐乳特有气味，无异味	滋味鲜美，咸淡适口，具有白腐乳特有香味，无异味	滋味鲜美，咸淡适口，具有青腐乳特有香味，无异味	滋味鲜美，咸淡适口，具有酱腐乳特有香味，无异味
组织形态	块形整齐，质地细腻			
杂质	无外来可见杂质			

4.3 理化指标

理化指标应符合附表 2-10 的要求。

附表 2-10 理化指标

项目	要求			
	红腐乳	白腐乳	青腐乳	酱腐乳
水分/（%）	≤72.0	75.0	75.0	67.0
氨基酸态氮（以氮计）/（g/100g）	≥0.42	0.35	0.60	0.50
水溶性蛋白质/（g/100g）	≥3.20	3.20	4.50	5.00
总酸（以乳酸计）/（g/100g）	≤1.30	1.30	1.30	2.50
食盐（以氯化钠计）/（g/100g）	≥6.5			

4.4 卫生指标

总砷、铅、黄曲霉毒素、大肠菌群、致病菌、食品添加剂应符合 GB2712 的规定。

4.5 净含量负偏差

5 生产加工过程的卫生要求

应符合 GB14881 的规定。

6 实验方法

本实验方法所使用的均符合 GB/T6682 规定的 3 级以上分析实验室用的蒸馏水或去离子水；所用试剂在未特殊注明时均属分析纯。

6.1 水分

6.1.1 原理

6.1.2 仪器

（1）电热恒温干燥箱。
（2）扁形玻璃制称量瓶：内径 60～70mm，高 35mm 以下
（3）分析天平：感量 0.7mg

6.1.3 试样制备

将漏斗置于三角瓶上，用不锈钢筷子将样品从瓶子中直接取出，放于漏洞上静置 30 min，以除去卤汤。取 150g 左右不含卤汤的腐乳样品，放入洁净干燥的研钵中研磨成糊状，混匀后备用。

6.1.4 分析步骤

称取试样（6.3）5～10g，于已知衡重的称量瓶中，均匀摊平后，加盖，精密称量后，置 100～105℃干燥箱内，瓶盖斜支于瓶边，干燥 4h，盖好取出，放入干燥箱内冷却 0.5h 后称量，然后再干燥 1h，取出，放干燥箱内冷却 0.5h 后再称量。至前后两次质量差不超过 2mg，即为衡重。

6.1.5 结果计算

试样中水分含量按附式（2-6）进行计算。

$$X_1 = \frac{m_1 - m_2}{m_1 - m_3} \times 100\% \tag{2-6}$$

式中，X_1——试样中水分的含量，%；

m_1——称量瓶和试样的质量，单位为克（g）；

m_2——称量瓶和试样干燥后的质量，单位为克（g）；

m_3——称量瓶的质量，单位为克（g）。

计算结果保留三位有效数字。

6.1.6 精密度

在重复性条件下获得的两次独立测定结果的绝对差值不得超过算数平均值的 5%。

6.2 氨基酸态氮

6.2.1 原理

利用氨基酸的两性作用，加入甲醛以固定氨基的碱性，使羧基显示出酸性，以氢氧化钠标准滴定溶液后定量，以酸度计测定终点。

6.2.2 试剂

6.2.2.1 甲醛溶液（36%）：应不含有聚合物

6.2.2.2 氢氧化钠标准滴定溶液［c（NaOH）＝0.0500 mol/L］：按 GB/

T 601 配制和标定

6.2.3　仪器

6.2.3.1　酸度计

6.2.3.2　磁力搅拌器

6.2.4　试液的制备

称取约 20.000g（6.1.3）试样于 150mL 烧杯中，加入 60℃水 80mL，搅拌均匀并置于电炉上加热煮沸后即取下，冷却至室温（每隔 0.5h 搅拌一次），然后移入 200mL 容量瓶中，用少量水分次洗涤烧杯，洗液并入容量瓶中，并加水至刻度，混匀，用干燥滤纸滤入 250mL 磨口瓶中备用。

6.2.5　分析步骤

吸取 10.0mL 上述滤液（6.2.4），置于 150mL 烧杯中，加入 50mL 水，开动磁力搅拌器，用氢氧化钠标准滴定溶液（6.2.2.2）滴定至酸度计指示 pH8.2，记下消耗氢氧化钠标准滴定溶液的毫升数，可计算总酸含量。

加入 10.0mL 甲醛溶液（6.2.2.1），混匀。再用氢氧化钠标准滴定溶液（6.2.2.2）滴定至 pH9.2，记下消耗氢氧化钠标准滴定溶液的毫升数。

同时做试剂空白实验，取 50mL 水，先用氢氧化钠标准滴定溶液（6.2.2.2）调至 pH 为 8.2，记下消耗氢氧化钠标准滴定溶液的毫升数。再加入 10.0mL 甲醛溶液，用氢氧化钠标准滴定溶液滴定至 pH9.2，记下消耗氢氧化钠标准滴定溶液的毫升数。

6.2.6　结果计算

试样中氨基酸态氮含量按附式（2-7）计算

$$X_2 = \frac{(V_1 - V_2) \times c \times 0.014}{m/200 \times 10} \times 100 \tag{2-7}$$

式中，X_2——试样中氨基酸态氮的含量（以氮计），单位为克每百克（g/100g）；

V_1——加甲醛后，测定试样消耗 0.0500mol/L 氢氧化钠标准滴定溶液的体积，单位为毫升（mL）；

V_2——加甲醛后，空白实验时消耗 0.0500mol/L 氢氧化钠标准滴定溶液的体积，单位为毫升（mL）；

m——称取试样的质量，单位为克（g）；

c——氢氧化钠标准滴定溶液的浓度，单位为摩尔每升（mol/L）；

0.014——与 1.00mL 氢氧化钠标准滴定溶液［c（NaOH）＝1.000 mol/

L］相当的氮的质量，单位为克（g）。

计算结果保留两位有效数字。

6.2.7 精密度

再重复性条件下获得的两次独立测定结果的绝对差值不得超过算数平均值的3%。

6.3 食盐

6.3.1 原理

用硝酸银标准滴定溶液滴定试样中的氯化钠，生成氯化银沉淀，待全部氯化银沉淀后，多滴加的硝酸银与铬酸钾指示剂生成铬酸银使溶液呈橘红色即为终点。由硝酸银标准滴定溶液消耗量计算氯化钠的含量。

6.3.2 试剂

（1）硝酸银标准滴定溶液［c（$AgNO_3$）＝0.100 mol/L］：按GB/T 601配制和标定。

（2）50g/L铬酸钾指示剂：称取5g铬酸钾用少量水溶解后定容至100mL。

6.3.3 分析步骤

吸取2.0mL试液（6.2.4），于150mL锥形瓶中，加50mL水及1mL铬酸钾指示剂，混匀。用硝酸银标准滴定溶液（0.100mol/L）滴定至初显砖红色。

量取50mL水，同时做试剂空白实验。

6.3.4 结果计算

试样中食盐含量按附式（2-8）计算。

$$X_3 = \frac{(V_1 - V_2) \times c \times 0.0585}{m/200 \times 2} \times 100 \tag{2-8}$$

式中，X_3——试样中食盐（以氯化钠计）的含量，单位为克每百克（g/100g）；

V_1——测定试验时，消耗硝酸银标准滴定溶液的体积，单位为毫升（mL）；

V_2——空白试验时，消耗硝酸银标准滴定溶液的体积，单位为毫升（mL）；

c——硝酸银标准滴定溶液的浓度，单位为摩尔每升（mol/L）；

m——称取试样的质量，单位为克（g）；

0.0585——与 1.00mL 硝酸银标准滴定溶液的浓度 [c ($AgNO_3$) = 1.000mol/L] 相当于氯化钠的质量，单位为克 (g)。

计算结果保留两位有效数字。

6.3.5　精密度

在重复性条件下获得的两次独立测定结果的绝对差值不超过算术平均值的 3%。

6.4　水溶性蛋白质

吸取 10.0mL 试液 (6.2.4)，按 GB/T5009.5-2003 "第一法" 测定。蛋白质换算系数为 5.71。

6.5　总酸

6.5.1　原理

腐乳中含有多种有机酸，用氢氧化钠标准溶液滴定，以酸度计测定终点，结果以乳酸表示。

6.5.2　试剂

氢氧化钠标准滴定溶液 [c (NaOH) =0.0500mol/L]。

6.5.3　仪器

同 6.2.3。

6.5.4　分析步骤

按 6.5.2 操作，量取 80mL 水，同时做试剂空白试验。

6.5.5　结果计算

试样中总酸含量按附式 (2-9) 计算：

$$X_4 = \frac{(V_1 - V_2) \times c \times 0.090}{m/200 \times 10} \times 100 \tag{2-9}$$

式中，X_4——试样中总酸的含量 (以乳酸计)，单位为克每百克 (g/100g)；

V_1——测定式样时消耗 0.0500mol/L 氢氧化钠标准滴定溶液的体积，单位为毫升 (mL)；

V_2——空白试验时消耗 0.0500mol/L 氢氧化钠标准滴定溶液的体积，单位为毫升（mL）；

m——称取试样的质量，单位为克（g）；

c——氢氧化钠标准滴定溶液的浓度，单位为摩尔每升（mol/L）；

0.090——与 1.00mL 氢氧化钠标准滴定溶液［c（NaOH）＝1.000 mol/L］相当的乳酸的质量，单位为克（g）。

计算结果保留三位有效数字。

6.6 总砷、铅、黄曲霉毒素 B_1、食品添加剂

按 GB/T5009.52 测定。

6.7 大肠菌群、致病菌

按 GB/T4789.23 检验。

6.8 包装净含量检验

按 JJF1070 的规定检测。

7 检验规则

7.1 组批

以同一条件、同一天生产的同一品种、同一规格的产品为一批。

7.2 抽样

从成品库同批产品的不同部位随即抽取 6 瓶（坛）分别做感官要求、理化指标、卫生指标检验，留样。

7.3 检验分类

7.3.1 出厂检验

（1）产品出厂前，应由生产企业的质量检验部门按标准逐批检验。检验合格

并签发质量合格证的产品，方可出厂。

(2) 出厂检验项目包括：净含量、感官要求、大肠菌群、水分、氨基酸态氮、水溶性蛋白质、总酸、食盐。

7.3.2　型式检验

型式检验的项目包括：本标准中规定的全部要求。型式检验每半年进行一次。有下列情况之一时，亦应进行：

(1) 新产品试制鉴定时；

(2) 正式成产后，如原料、工艺有较大变化，可能影响产品质量时；

(3) 产品长期停产后，恢复生产时；

(4) 国家质量监督机构提出要求时。

7.4　半定规则

7.4.1　卫生指标如有一项不符合要求时，判整批产品不合格

7.4.2　净含量、感官要求及理化指标，如有一项或两项不符合要求时，可以在同批产品中抽取两倍量的样品复检，以复检结果为准，若仍有一项不合格时，则判整批产品不合格

8　标志、包装、运输、贮存

8.1　标志

8.1.1　标签的标注内容应符合 GB7718 的规定

8.1.2　外包装箱上除应标明产品名称、制造者的名称和地址外，还应标明单位包装的净含量和总数量

8.2　包装

包装材料和容器应符合相应的卫生标准和有关规定。

8.3 运输

产品在运输过程中应轻拿轻放，避免日晒、雨淋。运输工具应清洁卫生。不得与有毒、有害、有异味或影响产品质量的物品混装运输。

8.4 贮存

产品应贮存于干燥、通风良好的场所。不得与有毒、有害、有异味、易挥发、易腐蚀性的物品同处贮存。

味精卫生标准的分析方法 GB/T5009.43-2003

1 范围

本标准规定了味精卫生指标的分析方法。

本标准适用于以粮食原料经发酵提纯的麸氨酸钠结晶卫生指标的分析。

2 规范性引用文件

下列文件中的条款通过本标准的引用而成为本标准的条款，凡是注日期的引用文件，其随后所有的修改单（不包括勘误的内容）或修订版均不适用于本标准，然而，鼓励根据本标准达成协议的各方研究是否使用这些文件的最新版本。凡是不注日期的引用文件，其最新版本适用于本标准。

GB/T5009.11 食品中总砷及无机砷的测定

GB/T5009.12 食品中铅的测定

GB/T5009.14 食品中锌的测定

GB/T5009.39-2003 酱油卫生标准的分析方法

3 感官检验

将味精试样平铺在一张白纸上，观察其颜色应为白色结晶，无夹杂物。尝其味应为无异味。

4　理化检验

4.1　麸氨酸钠

4.1.1　旋光计法

4.1.1.1　原理

麸氨酸钠分子结构含有一个不对称碳原子，具有旋转偏光振动平面的能力，即具有光学活动性，旋转通过其间的偏振光线的偏光平面的能力，以角度表示叫做旋光度，可用旋光计观察。

4.1.1.2　试剂

盐酸溶液（1+1，盐酸及水各占 5%）。

4.1.1.3　仪器

旋光计。

4.1.1.4　分析步骤

称取约 5.0g 充分混匀试样，至于烧杯中，加 20～30mL 水，再加 16mL 盐酸溶液（1+1，盐酸及水各占 50%），溶解后移入 50mL 容量瓶中加水至刻度线，摇匀。

将该溶液置于 2dm 旋光管内观察旋光度，同时需测定旋光管内溶液的温度。如温度低于或高于 2℃，需要校正计算。

4.1.1.5　结果计算

4.1.1.5.1　当温度为 20℃时直接按附式（2-10）计算。

$$X = \frac{d_{20} \times 50 \times 187.13}{5 \times 2 \times 32 \times 147.13} \times 100 \qquad (2\text{-}10)$$

式中，X——试样中麸氨酸钠的含量（含 1 分子结晶水），单位为克每百克（g/100g）；

d_{20}——20℃观察所得的旋光度；

32——纯麸酸 20℃时比旋度；

187.13——麸氨酸钠含 1 分子结晶水相对分子质量；

147.13——麸酸相对分子质量；

2——旋光管长度

如温度不在 20℃，测定应加以校正，麸酸校正值为 0.060。

4.1.1.5.2　t℃时，纯麸酸之比旋光度按附式（2-11）计算。

$$d_t = [32 + 0.06(20 - t)] \times 147.13/187.13 = 25.16 + 0.047(20 - t) \tag{2-11}$$

4.1.1.5.3　试样中麸氨酸钠的含量（含 1 分子结晶水），按附式（2-12）计算。

$$X_2 = \frac{d_t \times 50 \times 1000}{5 \times 2 \times [25.16 + 0.047(20 - t)]} \tag{2-12}$$

式中，X_2——试样中麸氨酸钠的含量（含 1 分子结晶水），单位为克每百克（g/100g）；

d_t——t℃时观察所得的旋光度；

t——测定时的温度，单位为摄氏度（℃）。

计算结果保留三位有效数字。

4.1.1.6　精密度

在重复条件下获得的两次独立测定结果的绝对差值不得超过算术平均值的 10%。

4.1.2　酸度计法

4.1.2.1　原理、试剂、仪器

同 GB/T5009.39-2003 中 4.2.1.1～4.2.1.3。

4.1.2.2　分析步骤

称取 0.50g 试样置于 200mL 的烧杯中，加 60mL 水，开动磁力搅拌器，用氢氧化钠标准溶液（0.050mol/L）滴定到酸度计指示 pH8.2 [记下消耗氢氧化钠标准溶液（0.050mol/L）的毫升数，可计算总酸含量]。

加入 10mL 甲醛溶液，混匀。再用氢氧化钠标准溶液（0.050 mol/L）继续滴定至 pH9.2，记下消耗氢氧化钠标准溶液 0.050 mol/L 的毫升数。

同时取 60mL 水，先用氢氧化钠标准溶液（0.050mol/L）调节至 pH8.2，再加 10mL 甲醛溶液，再用氢氧化钠标准溶液（0.050mol/L）滴定至 pH9.2，做试剂空白试验。

4.1.2.3　结果计算

试样中麸氨酸钠的含量（含 1 分子结晶水）按附式（2-13）进行计算。

$$X_3 = \frac{(V_1 - V_2) \times C \times 0.187}{M} \times 100 \tag{2-13}$$

式中，X_3——试样中麸氨酸钠的含量（含 1 分子结晶水），单位为克每百克（g/100g）；

M——试样质量，单位为克（g）；

V_1——测定用试样稀释液加入甲醛后消耗氢氧化钠标准溶液的体积，单位为毫升（mL）；

V_2——试剂空白试验加入甲醛后消耗氢氧化钠标准溶液的体积，单位为毫升（mL）；

C——氢氧化钠标准滴定溶液的浓度，单位为摩尔每升（mol/L）；

0.187——与 1.00mL，氢氧化钠标准滴定液［c（NaOH）＝1.000mol/L］相当于 1 分子结晶水麸氨酸钠的质量，单位为克（g）。

计算结果保留三位有效数字。

4.1.2.4　精密度

在重复条件下获得的两次独立测定结果绝对差值不得超过算术平均值 10%。

4.2　铅

按 GB/T5009.12 操作。

4.3　砷

按 GB/T5009.11 操作。

4.4　锌

按 GB/T5009.14 操作。

调味品卫生管理办法

（1990 年 11 月 20 日卫生部令第 5 号发布）

第一条　为贯彻执行《中华人民共和国食品卫生法（试行）》，加强对调味品的卫生监督管理，制定本办法。

第二条　本办法管理范围系指酱油、食醋、味精、食盐（其中包括海、井、矿、湖盐）、复合调味品等。

第三条　生产加工调味品不得使用变质或未除去有毒物质的原料。生产用水应符合 GB5749《生活饮用水卫生标准》。使用食品添加剂应符合 GB2760《食品添加剂使用卫生标准》。

第四条　调味品生产要不断改革工艺，使机械化、密闭化生产逐步代替手工操作。在采用新工艺生产新产品时，须经省、自治区、直辖市食品卫生监督机构审查同意，方能投产。使用新菌种时，应按《新资源食品卫生管理办法》进行审批后，方能投产。

第五条 调味品生产车间应整洁、不积水，地面墙裙应用不透水材料建筑。制曲车间应便于洗涮和定期消毒，所使用的菌种应定期进行鉴定，防止污染和变异产毒。

第六条 生产、加工、贮存、运输、销售过程中所用的容器、用具、管道、包装用品和涂料必须符合相应的卫生标准。容器、用具应经常洗涮、消毒。

原料、半成品、成品应存放在清洁干燥的室内，食用盐成品应有包装，防止污染。

第七条 酱油、食醋成品应采取有效的消毒措施。

第八条 不得用味精废液配制酱油。用酸解法生产酱油，须经省级食品卫生监督机构批准。

第九条 各生产部门应对原料、半成品、成品进行检验，成品符合卫生标准方可出厂。

第十条 碘缺乏病地区，应根据卫生部门的要求，在食盐中加入适量碘，加碘食盐应有小包装，并在标签上注明加碘量。

第十一条 食品卫生监督机构对生产经营者应加强经常卫生监督，根据需要无偿抽取样品进行检验，并给予正式收据。

第十二条 违反本办法的，根据《中华人民共和国食品卫生法（试行）》的有关规定追究法律责任。

第十三条 本办法由卫生部负责解释。